고득점 합격의 지름길

수학

과일나무가 한여름의 뜨거운 더위와 가을의 세찬 바람을 견디어 귀한 열매를 맺듯 고졸검정의 귀한 열매를 위해 오늘도 열심히 공부하는 수험생 여러분! 기대하시기 바랍니다. 곧 더위와 태풍을 견디고 합격의 탐스러운 열매가 맺힐 것입니다.

고졸 검정고시를 준비하는 많은 분들이 다른 과목에 비하여 수학을 특히 부담스러워 합니다. 수학 과목 특성상 이전의 개념과 내용이 숙달되지 못하면 그 다음 단원으로의 학습이 어렵기 때문일 것입니다. 하지만 이전의 개념과 내용이 잘 숙달되어 있다면 어떨까요? 다음의 새로운 내용을 쉽고 빠르게 학습할 수 있겠죠?

고졸 검정고시 수학에서 문제의 난이도는 생각만큼 어렵지 않습니다. 고등과정에서 꼭 알아야 할 기본 내용들을 질문하고 있습니다. 그럼 왜 수험생은 수학 과목에 힘들어할까요? 그것은 고등과정 이전 중등과정의 기초와 개념이 부족하기 때문입니다. 본 교재에서는 고등과정에 앞서 중등과정에서의 기본이 되는 내용을 설명해 놓았습니다. 중등과정의 쉬운 내용부터 하나하나 익혀가며 학습하다 보면 어느새 고졸검정의 합격 열매가 맺혀있을 것입니다.

첫째, 교재 내용은 새롭게 개정된 교육과정을 반영하였고, 교과 내용을 완벽히 분석하여 구성한 최신간입니다.

둘째, 각 단원마다 중요한 개념과 원리를 정확히 이해하고 쉽게 응용할 수 있도록 교과 내용을 체계적이고 논리적으로 정리하였습니다.

셋째, 기본 이론에 대한 보충 설명을 추가하여 심화 학습을 할 수 있도록 하였으며, 학습한 내용을 바로 확인할 수 있도록 관련 문제를 수록하였습니다.

넷째, 각 단원별 기출문제를 분석한 실전예상문제와 문제 해결력·응용력을 길러 줄 수 있는 고난도 유형의 문제를 상세한 해설과 함께 제시하였습니다.

좋은 거름과 농부의 땀은 풍성한 열매의 결실을 거두듯이 좋은 교재와 강사의 노력은 수험생 여러분들에게 합격의 열매를 맺게 해드릴 수 있을 것입니다.

- 편저자 일동

1 시험 과목 및 합격 결정

시험 과목 (7과목)	필수	국어, 수학, 영어, 사회, 과학, 한국사(6과목)
	선택	도덕, 기술 · 가정, 체육, 음악, 미술 과목 중 1과목
배점 및 문항	문항 수	과목별 25문항(단, 수학 20문항)
	배점	문항당 4점(단, 수학 5점)
합격 결정	고시 합격	각 과목을 100점 만점으로 하여 평균 60점(소수점 셋째 자리에서 절사) 이상을 취득한 자를 합격자로 결정(단, 평균이 60점 이상이라 하더라도 결시과목이 있을 경우에는 불합격 처리)
	과목 합격	시험성적 60점 이상인 과목은 과목합격을 인정하고, 본인이 원할 경우 다음 차수의 시험부터 해당 과목의 시험을 면제하며, 그 면제되는 과목의 성적은 이를 고시성적에 합산함 ※ 과목합격자에게는 신청에 의하여 과목합격증명서 교부

2 응시 자격

① 중학교 졸업자 및 이와 같은 수준 이상의 학력이 있다고 인정된 사람

※ 3년제 고등기술학교 졸업(예정)자의 경우에도 중학교 졸업자 및 이와 동등 이상의 학력이 있다고 인정된 사람이어야 함

② 고등학교에 준하는 각종 학교 졸업자 또는 졸업 예정자와 중학교 또는 동등 이상의 학력이 있는 자를 대상으로 하는 3년제 직업훈련 과정의 수료자

③ 초 · 중등교육법 시행령 제97조, 제101조, 제102조에 해당하는 사람

④ 보호소년 등의 처우에 관한 법률 시행령 제69조제3호에 해당하는 사람

※본 공고문에서 졸업 예정자는 최종 학년에 재학 중인 사람을 말함

응시자격 제한

1. 고등학교 또는 초 · 중등교육법 시행령 제98조제1항제2호의 학교를 졸업한 사람 또는 재학 중인 사람(휴학 중인 사람 포함)
2. 공고일 이후 중학교 또는 초 · 중등교육법 시행령 제97조제1항제2호의 학교를 졸업한 사람
3. 고시에 관하여 부정행위를 한 사람으로서 처분일로부터 응시자격 제한 기간이 경과되지 않은 사람
4. 공고일 기준으로 이후에 1의 학교에 재학 중 제적된 사람(단, 장애인복지법 제32조의 규정에 의하여 등록된 장애인으로서 신체적 · 정신적 장애로 학업을 계속하는 것이 불가능하여 자퇴한 사람은 제외)

3 제출서류(현장접수)

① 응시원서(소정서식) 1부

② 동일한 사진 2매(탈모 상반신, 3.5cm×4.5cm, 3개월 이내 촬영)

③ 본인의 해당 최종학력증명서 1부

- 졸업(졸업예정)증명서(소정서식)
  ※ 상급학교 진학여부가 표시된 검정고시용에 한함
  졸업 후 배정받은 상급학교에 진학하지 않은 사람은 미진학사실확인서 추가 제출
- 중 · 고등학교 재학 중 중퇴자는 제적증명서
- 중학교 의무교육 대상자 중 정원 외 관리대상자는 정원 외 관리증명서
- 중학교 의무교육 대상자 중 면제자는 면제증명서(소정서식)
- 평생교육법 제40조에 따른 학력인정 대상자는 학력인정서
- 초 · 중등교육법 시행령 제96조제1항제2호 및 제97조제1항제3호에 따른 학력인정 대상자는 학력인정증명서(초졸 및 중졸검정고시 합격자는 합격증서사본 또는 합격증명서)
- 합격과목의 시험 면제를 원하는 사람은 과목합격증명서 또는 성적증명서
  ※ 과목합격자가 응시하는 경우, 학력이 직전 응시원서에 기재된 것과 같은 때에는 과목합격증명서의 제출로서 본인의 해당 최종학력증명서를 갈음함
- 3년제 고등공민학교, 중 · 고등학교에 준하는 각종 학교와 직업훈련원의 졸업(수료, 예정)자는 졸업(졸업예정, 수료)증명서
- 3년제 고등기술학교 및 졸업(예정)자는 직전학교 졸업증명서

④ 신분증 : 주민등록증, 외국인등록증, 운전면허증, 대한민국 여권, 청소년증 중 하나

시험에 관한 자세한 사항은 한국교육과정평가원 홈페이지(http://www.kice.re.kr)
또는 ARS(043-931-0603) 및 각 시 · 도 교육청 홈페이지에서 확인하시기 바랍니다.

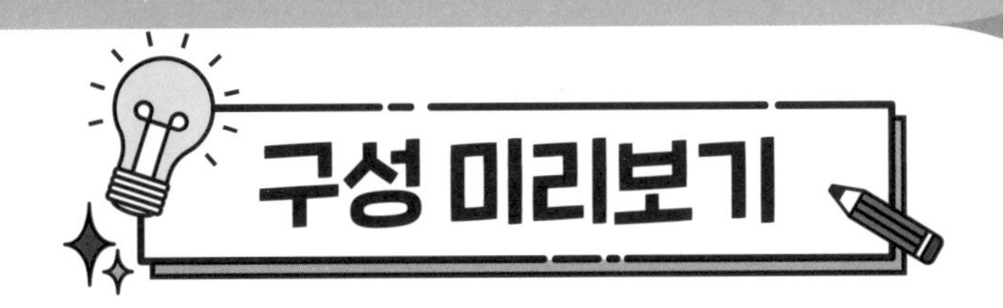

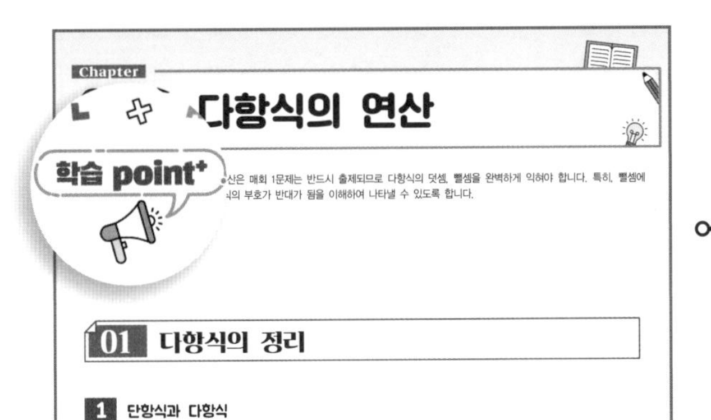
Chapter

다항식의 연산

학습 point+

…산은 매회 1문제는 반드시 출제되므로 다항식의 덧셈, 뺄셈을 완벽하게 익혀야 합니다. 특히, 뺄셈에 …식의 부호가 반대가 됨을 이해하여 나타낼 수 있도록 합니다.

01 다항식의 정리

1 단항식과 다항식

(1) 단항식과 다항식의 정의

학습 point+

단원 별 학습 point를 분석하여 좀 더 쉽고 효율적으로 학습할 수 있는 방법을 제시하였습니다.

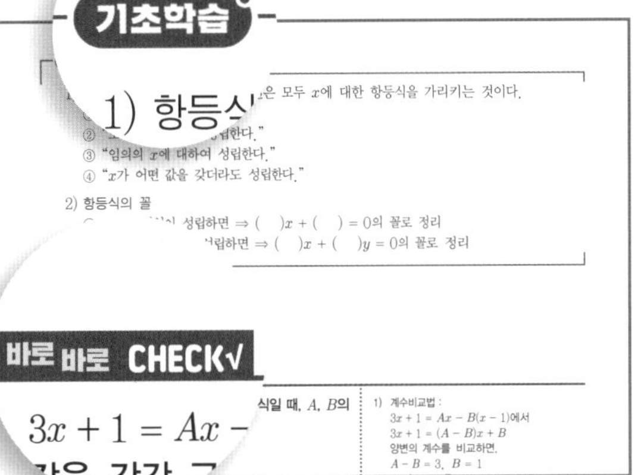
기초학습

1) 항등식 …은 모두 x에 대한 항등식을 가리키는 것이다.

② … 립한다."

③ "임의의 x에 대하여 성립한다."

④ "x가 어떤 값을 갖더라도 성립한다."

2) 항등식의 꼴

… 성립하면 ⇒ ( )x + ( ) = 0의 꼴로 정리

… 립하면 ⇒ ( )x + ( )y = 0의 꼴로 정리

바로 바로 CHECK√

$3x+1=Ax$ − … 식일 때, A, B의 값을 각각 구 …

1) 계수비교법 :

$3x+1=Ax-B(x-1)$에서

$3x+1=(A-B)x+B$

양변의 계수를 비교하면,

$A-B=3$, $B=1$

기초학습

다양한 문제풀이에 필요한 지식의 기초를 쌓을 수 있도록 하였어요.

바로 바로 CHECK

핵심 내용을 얼마나 정확히 이해하였는지 스스로 점검해 보며 실력을 확인하는 시간을 가져 보세요.

심화학습

… 정식이 실근을 갖는다는 것은 $D \geq 0$일 때를 말한다.

… 실근을 갖는다는 의미와는 다르다).

2) 이차 … $ax^2+bx+c=0$에서 $ac<0$이면 이 방정식은 항상 서로 다른 두 실근을 가진다.

3) 계수가 실수인 방정식에서 허근은 반드시 짝수 개 존재하고, 켤레근으로 존재한다.

4) 이차방정식의 계수 a, b, c가 실수일 때 한해서 판별식은 의미가 있다.

5) 허수인 계수를 포함하는 이차방정식은 복소수의 상등의 성질을 이용한다.

바로 바로 CHECK√

01 이차방정식 $x^2+4x+k-1=0$이 중근을 가질 때, 실수 k의 값은?

① −5 ② 0

③ 5 ④ 10

01 $\frac{D}{4}=b'^2-ac=0$

$2^2-(k-1)=0$

$4-k+1=0$

$\therefore k=5$

답 ③

02 이차방정식 $x^2-2(1+m)x+m^2=0$이 중근을 가질 …

02 $\frac{D}{4}=b'^2-ac=0$

심화학습

이론에 대해 더 심층적으로 학습하여 내용을 더 깊게 이해할 수 있도록 하였어요.

1 복소수의 상등 중요+

실수 a, b, c, d에 대하여

(1) $a+bi=0$이기 위해서는 $a=0$, $b=0$

(2) $a+bi=c+di$이기 위해서는 $a=c$, $b=d$

바로 바로 CHECK√

01 실수 x, y에 대하여 $x+yi=1+3i$가 성립할 때, $x-y$의 값은? (단, $i=\sqrt{-1}$)

① -2 ② 0
③ 1 ④ 2

01 실수 x, y에 대하여 $x+yi=1+3i$가 성립하기 위해서는 실수부분은 실수부분끼리, 허수부분은 허수부분끼리 같아야 하므로
$x=1$, $y=3$
$\therefore x-y=1-3=-2$
답 ①

02 실수 a, b에 대하여 $3a+bi=6-i$가 성립할 때, $a+b$의 값은? (단, $i=\sqrt{-1}$)

① -1 ② 1
③ 3 ④ 5

02 $3a=6$, $b=-1$
$a=2$, $b=-1$
$\therefore a+b=2+(-1)=1$
답 ②

2 복소수의 연산

(1) 복소수의 사칙 중요+ b, c, d가 실수일 때,

① $(a+bi)+(c+di)=(a+c)+(b+d)i$
② $(a+bi)-(c+di)=(a-c)+(b-d)i$
③ $(a+bi)(c+di)=(ac-bd)+(ad+bc)i$
④ $\dfrac{a+bi}{c+di}=\dfrac{(a+bi)(c-di)}{(c+di)(c-di)}=\dfrac{ac+bd}{c^2+d^2}+\dfrac{bc-ad}{c^2+d^2}i$ (단, $c+di\neq0$)

중요

특히 출제될 가능성이 높은 교과 내용에 대해 중요 표시를 하였어요.

실력 탄탄 다지기

실전 예상문제

01 다음 각 식을 인수분해하여라.

(1) $a^2(x-y)+a(y-x)$

(2) $9a^2-24ab+16b^2$

(3) $(a+b)^2-(b-c)^2$

01
(1) $a^2(x-y)$
$=a^2(x$ … $ab+(4b)^2$
$=(x$ … $c)^2$
$(a+b-c)(a+b-b+c)$
$=(a+c)(a+2b-c)$

02 다음 각 식을 인수분해하여라.

(1) $x(x+3)-10$

(2) $10x^2+19xy-15y^2$

02
(1) $x(x+3)-10$
$=x^2+3x-10$
$=(x+5)(x-2)$
(2) $2 \quad +5 \to +25$
$5 \quad -3 \to -6$
$10x^2+19xy-15y^2$
$=(2x+5y)(5x-3y)$

03 다항식 $3x^3-4x^2-3x+a$가 $x-1$로 나누어떨어질 때, 다음 물음에 답하시오.

03
(1) $f(x)=3x^3-4x^2-3x+a$로 놓으면
$f(x)$가 $x-1$로 나누어떨어지므로
$f(1)=0$이다. 즉,
$f(1)=3-4-3+a=0$

실전예상문제

실제 출제된 기출문제를 바탕으로 한 적중률 높은 예상문제를 통해 실력을 점검해 보세요.

정답 및 해설

'왜 정답이 아닌지' 상세하게 설명한 해설을 통해 이론 학습에서 놓친 부분을 한 번 더 살펴보세요.

PART Ⅰ 다항식

PART Ⅱ 방정식과 부등식

PART Ⅲ 도형의 방정식

PART Ⅳ 집합과 명제

PART Ⅴ 함 수

PART Ⅵ 순열과 조합

PART I

다항식

01 다항식의 연산

학습 point+

다항식의 연산은 매회 1문제는 반드시 출제되므로 다항식의 덧셈, 뺄셈을 완벽하게 익혀야 합니다. 특히, 뺄셈에서는 빼는 식의 부호가 반대가 됨을 이해하여 나타낼 수 있도록 합니다.

01 다항식의 정리

1 단항식과 다항식

(1) 단항식과 다항식의 정의

몇 개의 문자와 수의 곱으로 된 식을 단항식이라 하고, 단항식의 합 또는 차로 이루어진 식을 다항식이라 한다.

(2) 다항식에 관한 여러 가지 용어의 정의

예컨대, 3차식 x^3-4x^2+5x-3에서 각 용어의 정의는 다음과 같다.

① **항** : 다항식을 이루고 있는 각각의 단항식 예 x^3, $-4x^2$, $5x$, -3

② **항의 차수** : 항에서 특정한 문자가 곱해진 개수 예 $x^3 \to 3$차, $-4x^2 \to 2$차, $5x \to 1$차

③ **다항식의 차수** : 특정한 문자에 대해서 각 항의 차수 중 가장 높은 것 예 x^3

④ **계수** : 항에서 특정한 문자를 제외한 나머지 부분

예 3차항의 계수는 1, 2차항의 계수는 -4, 1차항의 계수는 5

⑤ **상수항** : 특정한 문자를 포함하지 않은 항 예 -3

⑥ **동류항** : 특정한 문자에 대한 차수가 같은 항

예 2차식 $ax^2-bx^2-cx+2dx$에서 ax^2과 $-bx^2$, $-cx$와 $2dx$는 각각 동류항이다.

2 다항식의 정리

다항식은 동류항끼리 모아 정리하여 간단히 나타낼 수 있다. 이때, 어느 한 문자에 대하여 다음과 같은 방법으로 정리한다.

(1) **내림차순** : 한 문자에 대하여 차수가 높은 항부터 낮은 항의 순서대로 나타내는 것

(2) **오름차순** : 한 문자에 대하여 차수가 낮은 항부터 높은 항의 순서대로 나타내는 것

예 $2x^2+3xy+y^2-5x+2y-3$에서,
1) x에 대한 내림차순으로 정리하면, $2x^2+(3y-5)x+y^2+2y-3$
2) x에 대한 오름차순으로 정리하면, $y^2+2y-3+(3y-5)x+2x^2$

02 다항식의 덧셈과 뺄셈

1 다항식 연산의 기본법칙

A, B, C를 다항식이라 할 때 다음이 성립한다.

(1) **교환법칙** : $A+B=B+A$, $AB=BA$

(2) **결합법칙** : $(A+B)+C=A+(B+C)$, $(AB)C=A(BC)$

(3) **분배법칙** : $A(B+C)=AB+AC$

2 다항식의 덧셈과 뺄셈의 계산 방법 중요+

(1) 덧셈, 뺄셈을 할 때에는 한 문자에 대해서 정리하여 계산한다.

(2) 괄호 안을 먼저 계산하거나 괄호를 풀어 계산하고, 분배법칙을 이용하여 동류항을 간단히 한다.

(3) 연산의 기본법칙을 이용하여 계산한 후, 내림차순으로 다항식을 정리한다.

수 학

기초학습 다항식의 연산 시 괄호의 규칙에 주의

$A+(B-C)=A+B-C,\ A-(B-C)=A-B+C$

1) 괄호 앞의 부호가 +이면 괄호 안의 부호는 그대로 둔다.
2) 괄호 앞의 부호가 −이면 괄호 안의 부호를 바꾼다.

바로 바로 CHECK√

01 두 다항식 $A=x+2y$, $B=2x-y$에 대하여 $A+B$를 계산하면?

① $3x+y$　② $3x-y$
③ $2x+y$　④ $2x+3y$

02 두 다항식 $A=2x-y+1$, $B=-x+3y$에 대하여 $2A+B$를 계산하면?

① $-4x+y$　② $4x-2y-1$
③ $-3x-y+1$　④ $3x+y+2$

03 x에 관한 다항식 $(3x^2+2x)+(2x^2+x)$를 ax^2+bx로 나타낼 때, $a+b$의 값은? (단, a, b는 상수)

① 5　② 6
③ 7　④ 8

01 $A+B$
$=x+2y+2x-y$
$=3x+y$

답 ①

02 $2A+B$
$=2(2x-y+1)+(-x+3y)$
$=4x-2y+2-x+3y$
$=3x+y+2$

답 ④

03 $(3x^2+2x)+(2x^2+x)$
$=(3+2)x^2+(2+1)x$
$=5x^2+3x=ax^2+bx$
$a=5,\ b=3$
$\therefore\ a+b=5+3=8$

답 ④

03 다항식의 곱셈과 나눗셈

1 간단한 지수법칙

m, n이 양의 정수라 할 때 다음이 성립한다.

(1) $a^m \times a^n = a^{m+n}$

(2) $(a^m)^n = a^{mn}$

(3) $(ab)^m = a^m b^m$

(4) $a^m \div a^n$ (단, $a \neq 0$)

① $(m > n)$일 때, a^{m-n}
② $(m = n)$일 때, $a^{m-n} = a^0 = 1$
③ $(m < n)$일 때, $\dfrac{1}{a^{n-m}}$

(5) $a^{-m} = \dfrac{1}{a^m} = \left(\dfrac{1}{a}\right)^m$ (단, $a \neq 0$)

(6) $\left(\dfrac{b}{a}\right)^m = \dfrac{b^m}{a^m}$ (단, $a \neq 0$)

바로 바로 CHECK√

다음 식을 간단히 하여라.

(1) $(-a)^3 \times (-a)^6$

(2) $(3a^2b^3c^4)^2 \times (-4ab^3)^2$

(3) $\{(a^l)^m\}^n$

(4) $(-x^2y^3z)^5 \div (-xy^2z^4)^3$

(1) $(-a)^3 \times (-a)^6$
$= (-a)^{3+6} = (-a)^9 = -a^9$

(2) $(3a^2b^3c^4)^2 \times (-4ab^3)^2$
$= 3^2a^{2\times2}b^{3\times2}c^{4\times2} \times (-4)^2a^2b^{3\times2}$
$= 144a^{4+2}b^{6+6}c^8 = 144a^6b^{12}c^8$

(3) $\{(a^l)^m\}^n = (a^{lm})^n = a^{lmn}$

(4) $(-x^2y^3z)^5 \div (-xy^2z^4)^3$
$= (-x^{2\times5}y^{3\times5}z^5) \div (-x^3y^{2\times3}z^{4\times3})$
$= \dfrac{-x^{10}y^{15}z^5}{-x^3y^6z^{12}} = \dfrac{x^{10-3}y^{15-6}}{z^{12-5}}$
$= \dfrac{x^7y^9}{z^7}$

2 다항식의 곱셈

다항식의 곱셈을 계산할 때 다항식 연산의 기본법칙과 지수법칙을 이용한다.

(1) (단항식) × (다항식)의 계산

단항식을 m, 다항식을 $a+b$라 하면

$$m(a+b) = ma + mb$$

이므로, 이는 분배법칙을 활용하여 식을 전개한 것이다.

바로 바로 CHECK√

다음 각 식을 전개하여라.

(1) $x(2x^2+4x+1)$

(2) $-2(x^3-y)+3y(-x+y)$

(1) $x(2x^2+4x+1)$
$= x \times 2x^2 + x \times 4x + x \times 1$
$= 2x^3 + 4x^2 + x$

(2) $-2(x^3-y)+3y(-x+y)$
$= -2 \times x^3 - 2 \times (-y) + 3y \times (-x) + 3y \times y$
$= -2x^3 + 2y - 3xy + 3y^2$

(2) (다항식) × (다항식)의 계산

a, b, c, d를 단항식이라 할 때, 기본꼴은 $(a+b)(c+d)$와 같이 나타내어진다. 이 식의 전개방법은 다음과 같다.

$$(a+b)(c+d)$$
$$= \underset{①}{ac} + \underset{②}{ad} + \underset{③}{bc} + \underset{④}{bd}$$

바로 바로 CHECK√

01 다음 각 식을 전개하여라.

(1) $(x+2)(x+3)$

(2) $(x^2-3)(x^2-2x+1)$

02 $(x^2+3x-2)(2x+3)$을 전개하였을 때, 모든 항의 계수의 합은?

① 10　② 12
③ 14　④ 16

01 (1) $(x+2)(x+3)$
$= x^2+3x+2x+6$
$= x^2+5x+6$

(2) $(x^2-3)(x^2-2x+1)$
$= x^2(x^2-2x+1)-3(x^2-2x+1)$
$= x^4-2x^3+x^2-3x^2+6x-3$
$= x^4-2x^3-2x^2+6x-3$

02 $(x^2+3x-2)(2x+3)$
$= x^2(2x+3)+3x(2x+3)-2(2x+3)$
$= 2x^3+3x^2+6x^2+9x-4x-6$
$= 2x^3+9x^2+5x-6$
$\therefore\ 2+9+5-6=10$

답 ①

3 다항식의 나눗셈

(1) (다항식) ÷ (단항식)의 계산

단항식을 $m(m \neq 0)$, 다항식을 $a+b$라 하면

$$(a+b) \div m = (a+b) \times \frac{1}{m} = \frac{a}{m} + \frac{b}{m}$$

바로 바로 CHECK√

다음 각 식을 계산하여라.

(1) $(2x^3+4x^2+6x) \div 2x$

(2) $(3a^4b^2+a^3b^2-2a^2b^4) \div (ab)^2$

(1) $(2x^3+4x^2+6x) \div 2x$
$= \frac{2x^3}{2x} + \frac{4x^2}{2x} + \frac{6x}{2x}$
$= x^2+2x+3$

(2) $(3a^4b^2+a^3b^2-2a^2b^4) \div (ab)^2$
$= \frac{3a^4b^2}{a^2b^2} + \frac{a^3b^2}{a^2b^2} - \frac{2a^2b^4}{a^2b^2}$
$= 3a^2+a-2b^2$

(2) (다항식) ÷ (다항식)의 계산

(다항식) ÷ (다항식)에서는 먼저 주어진 다항식을 내림차순으로 정리한 다음, 정수의 나눗셈과 같은 방법으로 계산한다. 이때, 차수가 비어있는 경우 자릴를 비워놓고 나눗셈을 한다.

$$\begin{array}{rll} & 4x+13 & \Leftarrow \text{몫} \\ x-2 \,\big)\!\! & \overline{4x^2+5x-7} & \\ & \underline{4x^2-8x} & \Leftarrow (x-2)\times 4x \\ & 13x-7 & \\ & \underline{13x-26} & \Leftarrow (x-2)\times 13 \\ & 19 & \Leftarrow \text{나머지} \end{array}$$

$$\begin{array}{rrrrl} & 4 & 13 & & \Leftarrow \text{몫, } 4x+13 \\ 1-2 \,\big) & 4 & 5 & -7 & \\ & \underline{4} & \underline{-8} & & \\ & & 13 & -7 & \\ & & \underline{13} & \underline{-26} & \\ & & & 19 & \Leftarrow \text{나머지} \end{array}$$

다항식 A를 다항식 $B(B \neq 0)$로 나눌 때의 몫을 Q, 나머지를 R이라고 하면
$A = BQ + R$(단, R의 차수 < B의 차수)이 성립하며, 특히 $R = 0$이면 A는 B로 나누어 떨어진다고 한다.

바로 바로 CHECK√

다음을 계산하여라.

$(20 + 3x^3 - 2x) \div (2 - 3x + x^2)$

두 다항식을 각각 내림차순으로 정리하면 $20 + 3x^3 - 2x = 3x^3 - 2x + 20$, $2 - 3x + x^2 = x^2 - 3x + 2$이므로 다음과 같은 순서로 계산하면

$$\begin{array}{rll} & \text{㉯}\ \ \text{㉲} & \\ & 3x+9 & \\ x^2-3x+2 \,\big)\!\! & \overline{3x^3 \qquad\ \ -2x+20} & \cdots\cdots \text{㉮} \\ & \underline{3x^3-9x^2+6x} & \cdots\cdots \text{㉰} \\ & 9x^2-8x+20 & \cdots\cdots \text{㉱} \\ & \underline{9x^2-27x+18} & \cdots\cdots \text{㉳} \\ & 19x+2 & \cdots\cdots \text{㉴} \end{array}$$

$$\begin{array}{rrrrrl} & 3 & 9 & & & \Leftarrow \text{몫, } 3x+9 \\ 1-3+2 \,\big) & 3 & 0 & -2 & 20 & \\ & \underline{3} & \underline{-9} & \underline{6} & & \\ & & 9 & -8 & 20 & \\ & & \underline{9} & \underline{-27} & \underline{18} & \\ & & & 19 & 2 & \Leftarrow \text{나머지, } 19x+2 \end{array}$$

$3x^3$을 x^2으로 나눈 몫이 ㉯이고, ㉰는 $3x(x^2 - 3x + 2)$이며, ㉮ − ㉰ = ㉱이다. 또한, $9x^2$을 x^2으로 나눈 몫이 ㉲이고, ㉳는 $9(x^2 - 3x + 2)$이며, ㉱ − ㉳ = ㉴이다.

∴ 몫 : $3x + 9$, 나머지 : $19x + 2$

04 곱셈 공식

1 곱셈 공식

(1) 기본적인 곱셈 공식

① $(a+b)^2 = a^2 + 2ab + b^2$

② $(a-b)^2 = a^2 - 2ab + b^2$

③ $(a+b)(a-b) = a^2 - b^2$

④ $(x+a)(x+b) = x^2 + (a+b)x + ab$

⑤ $(ax+b)(cx+d) = acx^2 + (ad+bc)x + bd$

바로 바로 CHECK√

곱셈 공식을 이용하여 $(x+3y)(x-2y)$ 을 전개하여라.

$(x+3y)(x-2y)$
$= x^2 + (3y-2y) \times x + 3y \times (-2y)$
$= x^2 + xy - 6y^2$

(2) 곱셈 공식

① $(a+b)^3 = a^3 + 3a^2b + 3ab^2 + b^3$

② $(a-b)^3 = a^3 - 3a^2b + 3ab^2 - b^3$

③ $(a+b)(a^2 - ab + b^2) = a^3 + b^3$

④ $(a-b)(a^2 + ab + b^2) = a^3 - b^3$

⑤ $(a+b+c)^2 = a^2 + b^2 + c^2 + 2(ab+bc+ca)$

⑥ $(x+a)(x+b)(x+c) = x^3 + (a+b+c)x^2 + (ab+bc+ca)x + abc$

⑦ $(x-a)(x-b)(x-c) = x^3 - (a+b+c)x^2 + (ab+bc+ca)x - abc$

⑧ $(a+b+c)(a^2+b^2+c^2-ab-bc-ca) = a^3+b^3+c^3-3abc$

⑨ $(a^2+ab+b^2)(a^2-ab+b^2) = a^4 + a^2b^2 + b^4$

바로 바로 CHECK√

곱셈 공식을 이용하여 다음을 전개하여라.

(1) $(3x-2y)^3$

(2) $(2x-3)(4x^2+6x+9)$

(1) $(3x-2y)^3$
$=(a-b)^3$
$=a^3-3a^2b+3ab^2-b^3$
$=(3x)^3-3\times(3x)^2\times(2y)+3\times(3x)\times(2y)^2-(2y)^3$
$=27x^3-54x^2y+36xy^2-8y^3$

(2) $(2x-3)(4x^2+6x+9)$
$=(a-b)(a^2+ab+b^2)$
$=(2x-3)\{(2x)^2+(2x)\times3+3^2\}$
$=(2x)^3-3^3$
$=8x^3-27$

2 곱셈 공식의 변형

(1) 기본적인 곱셈 공식의 변형

① $a^2+b^2=(a+b)^2-2ab$

② $a^2+b^2=(a-b)^2+2ab$

③ $(a+b)^2=(a-b)^2+4ab$

④ $(a-b)^2=(a+b)^2-4ab$

⑤ $a^2+\dfrac{1}{a^2}=\left(a+\dfrac{1}{a}\right)^2-2$

⑥ $a^2+\dfrac{1}{a^2}=\left(a-\dfrac{1}{a}\right)^2+2$

바로 바로 CHECK√

$a+b=4$, $ab=2$일 때, 다음 식의 값을 구하여라.

(1) a^2+b^2

(2) $(a-b)^2$

(1) a^2+b^2
$=(a+b)^2-2ab$
$=4^2-2\times2=12$

(2) $(a-b)^2$
$=(a+b)^2-4ab$
$=4^2-4\times2=8$

(2) 곱셈 공식의 변형

① $a^3+b^3=(a+b)^3-3ab(a+b)$

② $a^3-b^3=(a-b)^3+3ab(a-b)$

③ $a^2+b^2+c^2=(a+b+c)^2-2(ab+bc+ca)$

④ $a^3+\frac{1}{a^3}=\left(a+\frac{1}{a}\right)^3-3\left(a+\frac{1}{a}\right)$

⑤ $a^3-\frac{1}{a^3}=\left(a-\frac{1}{a}\right)^3+3\left(a-\frac{1}{a}\right)$

바로 바로 CHECK√

$a+b+c=3$, $ab+bc+ca=4$일 때, $a^2+b^2+c^2$의 값은?

① 1　　② 2

③ 3　　④ 4

$a^2+b^2+c^2$
$=(a+b+c)^2-2(ab+bc+ca)$
$=3^2-2\times4=1$

답 ①

01 다음 다항식의 [ ] 안의 문자에 대하여 차수와 계수를 각각 말하여라.

(1) $-x^3y^2$ [x]

(2) $5x^4y^2z^3$ [y]

(3) ab^2c^2 [a]

(4) $2ax^2y^4$ [y]

01
계수는 항에서 해당하는 문자를 제외한 나머지 항들을 모두 생각한다.

02 다항식 $2x^3-x^2y^3-5y^2-3$에 대하여 다음 물음에 답하여라.

(1) x에 대한 이차항은?

(2) x에 대한 삼차항의 계수는?

02
한 문자에 대한 차수를 정할 때는 다른 문자는 상수로 생각한다.

03 다음 다항식의 동류항을 정리하여 간단히 나타내어라.

(1) $2x-x^2-x+3x^2-1$

(2) $x^2+2xy-y-3xy+2x^2$

03
차수가 같은 항끼리 계산한 후 내림차순으로 나열한다.

ANSWER

01. (1) 3차, $-y^2$ (2) 2차, $5x^4z^3$
(3) 1차, b^2c^2 (4) 4차, $2ax^2$

02. (1) $-x^2y^3$ (2) 2

03. (1) $2x^2+x-1$ (2) $3x^2-xy-y$

04 기출 $(3x+4y)+(2x-3y)$를 $mx+ny$로 나타낼 때, $m+n$의 값은?

① 3 ② 4
③ 5 ④ 6

05 기출 두 다항식 $A=x^2+1$, $B=-x-1$에 대하여 $A+B$는?

① x ② $x+2$
③ x^2-2 ④ x^2-x

06 기출 두 다항식 $A=x^2+x$, $B=3x+4$에 대하여 $3A-B$는?

① $3x^2-4$ ② $3x^2+x$
③ $3x^2-x-4$ ④ $3x^2+2x+2$

07 다음 각 식을 간단히 하여라.

(1) $(-x^2y)^3\times(-3x^2)$

(2) $3x^3y^2\times 2yz^2\div(-x^2z)$

08 $a+b=4$, $ab=3$일 때, $(a+1)(b+1)$의 값은?

① 5 ② 6
③ 7 ④ 8

04

$(3x+4y)+(2x-3y)$
$=(3+2)x+(4-3)y$
$=5x+y=mx+ny$
$\therefore\ m+n=5+1=6$

05

$A+B$
$=x^2+1-x-1$
$=x^2-x$

06

$3A-B$
$=3(x^2+x)-(3x+4)$
$=3x^2+3x-3x-4$
$=3x^2-4$

07

(1) $(-x^2y)^3\times(-3x^2)$
$=-x^{2\cdot 3}y^3\times(-3x^2)$
$=3x^{6+2}y^3=3x^8y^3$

(2) $3x^3y^2\times 2yz^2\div(-x^2z)$
$=\dfrac{3x^3y^2\times 2yz^2}{-x^2z}$
$=-6x^{3-2}y^{2+1}z^{2-1}$
$=-6xy^3z$

08

$(a+1)(b+1)=ab+a+b+1$
$=3+4+1=8$

ANSWER

04. ④ 05. ④ 06. ①
07. (1) $3x^8y^3$ (2) $-6xy^3z$
08. ④

09 $x+y=xy=1$, $a+b=ab=2$일 때, (고난도) $(ax+by)(bx+ay)$의 값은?

① -1　② 2
③ 1　④ -2

10 $(2x^2-x+3)(x+1)$을 전개했을 때, x^2의 계수는?

① -2　② -1
③ 0　④ 1

11 다음 각 식을 간단히 하여라.

(1) $(6x^2yz^2-9xy^7z^5)\div 3xyz^2$

(2) $(3ab^4c^4-2ab^3c+ab^2c^2)\div ab^2c$

12 다음 각 식을 전개하여라.

(1) $(x+2)^2$　(2) $(2x-3y)^2$

(3) $(2x+y)(2x-y)$　(4) $(x+3y)(x-5y)$

(5) $(2x+5)(3x-1)$　(6) $(a+2b-3c)^2$

(7) $(x+2)^3$　(8) $(x-1)(x^2+x+1)$

09

$(ax+by)(bx+ay)$
$=abx^2+a^2xy+b^2xy+aby^2$
$=ab(x^2+y^2)+xy(a^2+b^2)$ ⋯ ㉮
$x^2+y^2=(x+y)^2-2xy$
$=1^2-2\times 1=-1$
$a^2+b^2=(a+b)^2-2ab$
$=2^2-2\times 2=0$
㉮식에 대입하면
$2\times(-1)+1\times 0=-2$

10

(i) $(2x^2-x+3)(x+1)$
$=2x^3+2x^2-x^2-x+3x+3$
$=2x^3+x^2+2x+3$
(ii) 두 다항식의 각 항끼리 곱했을 때 x^2이 되는 경우만 생각하면
$2x^2\times 1-x\times x=2x^2-x^2=x^2$

11

(1) $(6x^2yz^2-9xy^7z^5)\div 3xyz^2$
$=\dfrac{6x^2yz^2}{3xyz^2}-\dfrac{9xy^7z^5}{3xyz^2}$
$=2x-3y^6z^3$

(2) $(3ab^4c^4-2ab^3c+ab^2c^2)\div ab^2c$
$=\dfrac{3ab^4c^4}{ab^2c}-\dfrac{2ab^3c}{ab^2c}+\dfrac{ab^2c^2}{ab^2c}$
$=3b^2c^3-2b+c$

ANSWER

09. ④　10. ④
11. (1) $2x-3y^6z^3$　(2) $3b^2c^3-2b+c$
12. (1) x^2+4x+4
(2) $4x^2-12xy+9y^2$
(3) $4x^2-y^2$
(4) $x^2-2xy-15y^2$
(5) $6x^2+13x-5$
(6) $a^2+4b^2+9c^2+4ab-12bc-6ca$
(7) $x^3+6x^2+12x+8$
(8) x^3-1

13 다음 나눗셈의 몫과 나머지를 구하여라.

(1) $(2x^3 - 5x^2 - 1) \div (2x - 1)$

(2) $(2x^3 - 7x + 1) \div (x^2 - 3x + 1)$

14 기출 그림은 네 개의 작은 직사각형을 붙여서 정사각형 $ABCD$를 만든 것이다. 정사각형 $ABCD$의 넓이를 식으로 나타낸 것은? (단, $x > 0$)

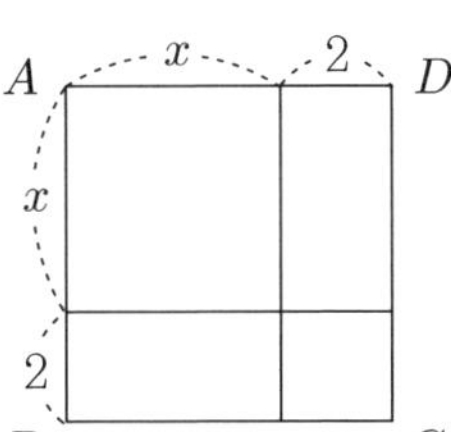

① $x^2 - 4x + 4$
② $x^2 + 4x + 4$
③ $x^2 - 4x + 5$
④ $x^2 + 4x + 5$

15 기출 $x + \frac{1}{x} = 2$일 때, $x^2 + \frac{1}{x^2}$의 값은?

① 1　② 2
③ 3　④ 4

16 $x^2 + y^2 + z^2 = 5$, $x + y + z = 3$일 때, $xy + yz + zx$의 값은?

① 1　② 2
③ 3　④ 4

13

(1)

$$\begin{array}{r} x^2 - 2x - 1 \\ 2x - 1 \overline{)\, 2x^3 - 5x^2 \qquad - 1} \\ \underline{2x^3 - x^2 \qquad\qquad} \\ -4x^2 \qquad - 1 \\ \underline{-4x^2 + 2x \quad} \\ -2x - 1 \\ \underline{-2x + 1} \\ -2 \end{array}$$

∴ 몫 : $x^2 - 2x - 1$, 나머지 : -2

(2)

$$\begin{array}{r} 2x + 6 \qquad\qquad \\ x^2 - 3x + 1 \overline{)\, 2x^3 \qquad - 7x + 1} \\ \underline{2x^3 - 6x^2 + 2x \quad} \\ 6x^2 - 9x + 1 \\ \underline{6x^2 - 18x + 6} \\ 9x - 5 \end{array}$$

∴ 몫 : $2x + 6$, 나머지 : $9x - 5$

14

정사각형 $ABCD$의 가로 길이는 $(x + 2)$, 세로 길이는 $(x + 2)$ 이므로 넓이는 $(x + 2)(x + 2) = x^2 + 4x + 4$이다.

15

$x^2 + \frac{1}{x^2} = (x + \frac{1}{x})^2 - 2 \times x \times \frac{1}{x}$

$= (x + \frac{1}{x})^2 - 2$

$= 2^2 - 2 = 2$

16

$(x + y + z)^2 = x^2 + y^2 + z^2 + 2(xy + yz + zx)$

$3^2 = 5 + 2(xy + yz + zx)$

∴ $xy + yz + zx = 2$

ANSWER

13. (1) 몫 : $x^2 - 2x - 1$, 나머지 : -2
(2) 몫 : $2x + 6$, 나머지 : $9x - 5$
14. ② 15. ② 16. ②

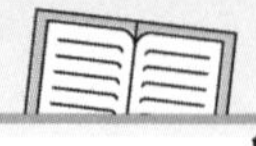

Chapter

02 항등식과 나머지정리

항등식의 성질이나 나머지정리를 이용한 문제가 출제되고 있습니다. 다항식이 어떤 형태로 되어 있는지 살펴본 후 양변의 계수를 비교하여 미지수를 구하는 연습을 해야 하며 다항식을 일차식으로 나누었을 때의 나머지는 나머지정리를 이용하여 구할 수 있도록 합니다. 또한, 조립제법은 그 방법을 정확하게 이해해야 빈칸에 들어갈 숫자를 구할 수 있으므로 평소에 연습을 해 두도록 합니다.

01 항등식과 미정계수법

1 항등식 중요+

(1) 항등식의 정의

① 등식 : 항등식과 방정식으로 구분한다.

② 항등식 : 등식에 포함되어 있는 문자에 어떠한 값을 대입하여도 그 등식이 항상 성립할 때, 그 등식을 그 문자에 관한 항등식이라 한다.

③ 방정식 : 문자에 특정한 값을 대입할 때만 성립하는 등식을 방정식이라 한다.

(2) 항등식의 성질(조건)

a, b, c, a', b', c'가 상수일 때, 임의의 실수 x에 대하여

① $ax+b=0$이 x에 대한 항등식 $\Longleftrightarrow a=0,\ b=0$

② $ax+b=a'x+b'$이 x에 대한 항등식 $\Longleftrightarrow a=a',\ b=b'$

③ $ax^2+bx+c=0$이 x에 대한 항등식 $\Longleftrightarrow a=0,\ b=0,\ c=0$

④ $ax^2+bx+c=a'x^2+b'x+c'$이 x에 대한 항등식 $\Longleftrightarrow a=a',\ b=b',\ c=c'$

바로 바로 CHECK√

01 모든 실수 x, y에 대하여 $a(x+2y)+b(x+3y)=2x+y$가 성립하도록 a, b의 값을 구하면?

① $a=5,\ b=-3$　② $a=5,\ b=3$
③ $a=-5,\ b=-3$　④ $a=-5,\ b=3$

02 등식 $(a-1)x^2+(b+2)x+c-3=4x^2-5x+3$이 x에 대한 항등식일 때, $a+b+c$의 값은?

① 1　② 2
③ 3　④ 4

03 $(3x+1)(2x-1)=6x^2+ax-1$일 때, a의 값은?

① -2　② -1
③ 2　④ 5

01 $a(x+2y)+b(x+3y)=2x+y$
$ax+2ay+bx+3by-2x-y=0$
$(a+b-2)x+(2a+3b-1)y=0$
x, y에 대한 항등식이므로
$a+b-2=0,\ 2a+3b-1=0$
$\therefore\ a=5,\ b=-3$

답 ①

02 $a-1=4$
$b+2=-5$
$c-3=3$
$a=5,\ b=-7,\ c=6$
$\therefore\ a+b+c=5+(-7)+6=4$

답 ④

03 좌변과 우변이 같아야 하는 항등식이므로 먼저 좌변을 정리하면
$(3x+1)(2x-1)$
$=6x^2-3x+2x-1$
$=6x^2-x-1\cdots$ ㉮
㉮식과 $6x^2+ax-1$이 같아야 하므로
$\therefore\ a=-1$

답 ②

2 미정계수법

(1) 미정계수법의 정의

항등식의 성질을 이용하여 항등식에 포함된 미지의 계수를 결정하는 방법을 미정계수법이라 한다.

(2) 미정계수법의 구분

① 계수비교법 : 항등식의 양변에 있는 같은 차수의 항의 계수는 서로 같으므로 이 성질을 이용하여 양변의 계수를 비교하여 결정한다. 즉, 식을 전개하여 정리한 다음 양변의 계수를 비교한다.

② **수치대입법** : 항등식은 미지수에 어떤 값을 대입하여도 항상 성립하므로 적당한 수치(곱의 인수를 0으로 하는 값)를 대입하여 계수를 결정한다.

기초학습 **항등식의 표현**

1) 항등식의 중요 표현 : 다음 표현은 모두 x에 대한 항등식을 가리키는 것이다.
   ① "x에 관계없이 성립한다."
   ② "모든 x에 대하여 성립한다."
   ③ "임의의 x에 대하여 성립한다."
   ④ "x가 어떤 값을 갖더라도 성립한다."

2) 항등식의 꼴
   ① x에 관계없이 성립하면 ⇒ $(\quad)x + (\quad) = 0$의 꼴로 정리
   ② x, y에 관계없이 성립하면 ⇒ $(\quad)x + (\quad)y = 0$의 꼴로 정리

바로바로 CHECK√

$3x + 1 = Ax - B(x - 1)$이 x에 대한 항등식일 때, A, B의 값을 각각 구하여라.

1) 계수비교법 :
$3x + 1 = Ax - B(x - 1)$에서
$3x + 1 = (A - B)x + B$
양변의 계수를 비교하면,
$A - B = 3,\ B = 1$
$\therefore\ A = 4,\ B = 1$

2) 수치대입법 :
주어진 식에 $x = 0$을 대입하면
$0 + 1 = 0 - B(0 - 1) \Rightarrow B = 1$
원식에 $x = 1$을 대입하면,
$3 + 1 = A - B(1 - 1) \Rightarrow A = 4$
$\therefore\ A = 4,\ B = 1$

02 나머지정리와 인수정리

1 나머지정리 중요+

x에 관한 다항식 $f(x)$를 일차식 $x-\alpha$로 나누었을 때의 몫을 $Q(x)$, 나머지를 R라 하면

$$f(x) = (x-\alpha)Q(x) + R$$

으로 표현된다. 이때, 위의 등식은 x에 대한 항등식이므로 양변에 $x=\alpha$를 대입하면

$$f(\alpha) = (\alpha-\alpha)Q(\alpha) + R = 0 \times Q(\alpha) + R = R$$

이 성립한다.

바로바로 CHECK√

01 x에 대한 다항식 x^2-3x+4를 $x-1$로 나눈 나머지는?

① 2　② 4
③ 6　④ 8

02 $2x^3-2x^2+4x-5=(x-1)Q(x)+R$가 x에 대한 항등식일 때, R의 값은?

① 2　② 1
③ 0　④ -1

01 주어진 식에 $x=1$을 대입하면
$R = f(1)$
$= 1^2 - 3 \times 1 + 4 = 2$

답 ①

02 $2x^2-2x^2+4x-5$로 나누었을 때의 몫이 $Q(x)$, 나머지가 R이므로 $x=1$을 양변에 대입하면
$2 \times 1^3 - 2 \times 1^2 + 4 \times 1 - 5$
$= (1-1)Q(1) + R$
$\therefore R = -1$

답 ④

2 인수정리 중요+

x에 관한 다항식 $f(x)$가 $x-\alpha$로 나누어떨어지기 위한 필요충분조건은 $f(\alpha)=0$이다.

$$f(\alpha)=0 \iff f(x)=(x-\alpha)\times Q(x)$$

따라서 $f(x)$가 $x-\alpha$로 나누어떨어지면 $x-\alpha$를 인수를 갖는다.

바로 바로 CHECK√

01 함수 $f(x)=ax^2+4x+6$이 $x+3$으로 나누어떨어지도록 하는 a의 값은?

① $-\frac{3}{2}$ ② $-\frac{2}{3}$

③ $\frac{2}{3}$ ④ $\frac{3}{2}$

02 x에 관한 이차식 x^2+kx+3이 $x-1$로 나누어떨어질 때, 상수 k의 값은?

① -4 ② -2

③ 0 ④ 4

03 x^3-x^2+ax+2를 $x-1$로 나눈 나머지가 15일 때, 상수 a의 값은?

① 13 ② -13

③ 25 ④ 35

01 나누어떨어진다는 것은 나머지가 '0'이라는 것을 의미한다.

$f(-3)=a\times(-3)^2+4\times(-3)+6$
$=9a-12+6=0$

$9a=6$

$\therefore a=\frac{2}{3}$

답 ③

02 $f(x)=x^2+kx+3$으로 놓으면

$f(1)=0$이므로

$1^2+k\times1+3=0$

$4+k=0$

$\therefore k=-4$

답 ①

03 $f(x)=x^3-x^2+ax+2$로 놓으면

$f(1)=1^3-1^2+a\times1+2=15$

$a+2=15$

$\therefore a=13$

답 ①

3 조립제법

다항식을 일차식으로 나눌 때 보통 쓰이는 방법으로, 예컨대 $2x^3-3x+5$를 $x-3$으로 나누는 방법은 다음과 같다.

(1) $2x^3-3x+5$에서 각 항의 계수 2, 0, −3, 5와 $x-3$에서 $x=3(x-3=0)$을 오른쪽과 같이 쓴 다음, ㉮는 그대로 내리고, ㉰, ㉲, ㉴는 화살표 방향으로 더하며, ㉯, ㉱, ㉳는 화살표 방향으로 곱한다.

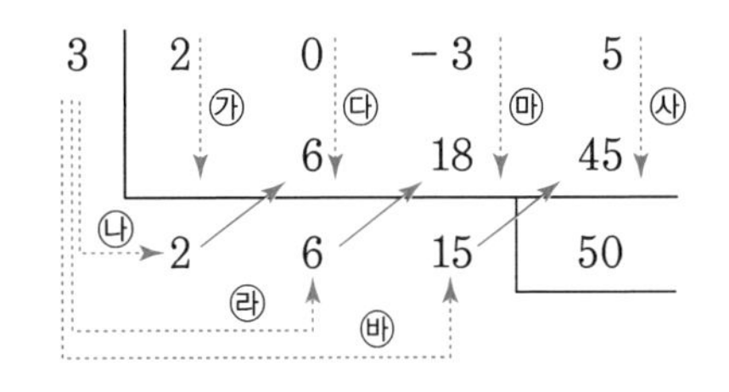

(2) ㉮, ㉯, ㉰, ⋯, ㉴의 순서로 계산해 나가면 맨 아랫줄의 2, 6, 15가 몫의 계수가 되고, 맨 아랫줄 끝수 50이 나머지가 된다.

∴ 몫 : $2x^2+6x+15$, 나머지 : 50

바로 바로 CHECK√

조립제법을 이용하여 $x^3-6x^2+5x+12$를 $x-2$로 나눈 몫과 나머지를 각각 구하여라.

2	1	−6	5	12
		2	−8	−6
	1	−4	−3	$6=R$

∴ 몫 : x^2-4x-3

나머지 : 6

01 **기출** 다음 중 x에 대한 항등식은?

① $x = 1$
② $2x^2 - x = 0$
③ $(x+2)^2 = 2x + 5$
④ $x(x+2) = x^2 + 2x$

02 등식 $x^2 - 6x + 16 = ax^2 + bx + c$가 x에 대한 항등식일 때, a, b, c의 값은?

① $a = 1,\ b = -6,\ c = 16$
② $a = -1,\ b = 6,\ c = -16$
③ $a = 1,\ b = -6,\ c = -16$
④ $a = -1,\ b = 6,\ c = 16$

03 등식 $A(x-1) + B(x-2) = 2x - 3$에서 미정계수 A, B의 값은?

① $A = 1,\ B = 1$ ② $A = -1,\ B = 1$
③ $A = 1,\ B = -1$ ④ $A = -1,\ B = -1$

01
$a = a'$, $b = b'$, $c = c'$일 때, $ax^2 + bx + c = a'x^2 + b'x + c'$은 x에 대한 항등식이다.

02
계수비교법
- 이차항 계수 = 이차항 계수
- 일차항 계수 = 일차항 계수
- 상수항 = 상수항

$\therefore\ a = 1,\ b = -6,\ c = 16$

03
$A(x-1) + B(x-2)$
$= Ax - A + Bx - 2B$
$= (A+B)x - (A+2B)$
$= 2x - 3$
$A + B = 2,\ A + 2B = 3$
$\therefore\ A = 1,\ B = 1$

ANSWER
01. ④ 02. ① 03. ①

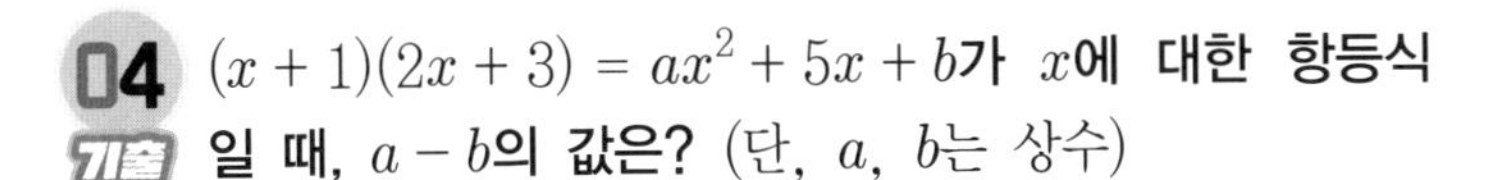

04 기출 $(x+1)(2x+3) = ax^2 + 5x + b$가 x에 대한 항등식일 때, $a-b$의 값은? (단, a, b는 상수)

① -5　　② -1
③ 1　　④ 5

04
$2x^2 + 3x + 2x + 3 = ax^2 + 5x + b$
$2x^2 + (3+2)x + 3 = ax^2 + 5x + b$
좌변과 우변이 같아야 하므로
$a = 2,\ b = 3$
$\therefore\ a - b = 2 - 3 = -1$

05 기출 등식 $2(x^2 + x + 2) = ax^2 + 2x + b$가 x에 대한 항등식일 때, 두 상수 a, b에 대하여 $a+b$ 값은?

① 2　　② 4
③ 6　　④ 8

05
$2(x^2 + x + 2) = ax^2 + 2x + b$
$2x^2 + 2x + 4 = ax^2 + 2x + b$
좌변과 우변이 같아야 하므로
$a = 2,\ b = 4$
$\therefore\ a + b = 6$

06 등식 $a(x-2) + b(x-3) = x$가 x에 대한 항등식이 되도록 하는 상수 a, b의 값은?

① $a = 3,\ b = 2$
② $a = -3,\ b = 2$
③ $a = 3,\ b = -2$
④ $a = -3,\ b = -2$

06
$a(x-2) + b(x-3) = x$
$ax + bx - 2a - 3b = x$
$(a+b)x - (2a+3b) = x$
$a + b = 1,\ 2a + 3b = 0$
$\therefore\ a = 3,\ b = -2$

ANSWER
04. ②　05. ③　06. ③

07 $a(x-1)(x-2)+b(x-2)+c=x^2$에서 a, b, c는?

고난도

① $a=-1$, $b=-3$, $c=-4$
② $a=1$, $b=3$, $c=4$
③ $a=2$, $b=-3$, $c=-5$
④ $a=2$, $b=3$, $c=5$

07

수치대입법을 이용하여
$x=2$를 대입하면 $c=4$
$x=1$을 대입하면
$-b+4=1 \Rightarrow b=3$
$x=0$을 대입하면
$2a-6+4=0 \Rightarrow a=1$
$\therefore a=1,\ b=3,\ c=4$

08 등식 $3x-4y+ax-by+c-1=0$이 x, y의 값에 관계없이 항상 성립할 때, $a-b+c$의 값은?

① -1 ② 0
③ 1 ④ 2

08

x와 y에 관한 항등식이므로
$(3+a)x+(-4-b)y+(c-1)=0$
$3+a=0 \Rightarrow a=-3$
$-4-b=0 \Rightarrow b=-4$
$c-1=0 \Rightarrow c=1$
$\therefore a-b+c=-3-(-4)+1=2$

09 다항식 x^2-x-3을 $x-2$로 나누었을 때의 나머지는?

기출

① -2 ② -1
③ 1 ④ 3

09

$f(x)=x^2-x-3$이라 하면 $f(x)$를 $x-2$로 나누었을 때의 나머지는 $f(2)$이므로
$f(2)=2^2-2-3=-1$
따라서 나머지는 -1이다.

ANSWER

07. ② 08. ④ 09. ②

10 다항식 $x^2 - ax + 1$이 $x - 1$로 나누어떨어질 때, 이 다항식을 $x + 1$로 나눈 나머지를 구하면?

① 2　② 4
③ 6　④ 8

10
$f(x) = x^2 - ax + 1$이라 하면 $f(x)$가 $x - 1$로 나누어떨어진다고 했으므로
$f(1) = 1^2 - a \times 1 + 1 = 0$
$a = 2$이므로 $f(x) = x^2 - 2x + 1$
따라서 $f(x)$를 $x+1$로 나눈 나머지를 구하면
$f(-1) = (-1)^2 - 2 \times (-1) + 1 = 4$

11 x에 대한 다항식 $f(x) = x^2 + kx + 1$을 $x + 2$로 나눈 나머지와 $x - 1$로 나눈 나머지가 서로 같을 때, k의 값은?

① -1　② 0
③ 1　④ 2

11
$f(-2) = (-2)^2 + k \times (-2) + 1$
$= 5 - 2k$
$f(1) = 1^2 + k \times 1 + 1 = 2 + k$
$f(-2) = f(1)$이므로
$5 - 2k = 2 + k$
$-3k = -3$
$\therefore k = 1$

12 기출 다항식 $x^3 - 3x^2 + ax + 5$가 $x - 1$로 나누어떨어질 때, 상수 a의 값은?

① -4　② -3
③ -2　④ -1

12
$f(x) = x^3 - 3x^2 + ax + 5$가 $x - 1$로 나누어떨어지므로 $f(1) = 0$이다. 즉,
$f(1) = 1^3 - 3 \times 1^2 + a \times 1 + 5$
$= a + 3 = 0$
$\therefore a = -3$

ANSWER
10. ② 11. ③ 12. ②

13 다항식 $f(x) = 2x^3 + ax + 5$가 $x + 1$로 나누어떨어질 때, 상수 a의 값은?

① 1　② 2
③ 3　④ 4

14 삼차 이상의 다항식 $f(x)$에 대하여 $f(1) = 1$, $f(2) = 2$ 일 때, $f(x)$를 $(x - 1)(x - 2)$로 나누었을 때의 나머지를 구하면?

고난도

① $x - 1$　② $x - 2$
③ x　④ $x + 1$

15 다항식 $x^2 - x + k$를 $x - 1$로 나눈 나머지가 4일 때, 상수 k의 값은?

기출

① 1　② 2
③ 3　④ 4

13

$f(-1) = 2 \times (-1)^3 + a \times (-1) + 5 = 0$
$3 - a = 0$
$\therefore a = 3$

14

$f(x)$를 $(x - 1)(x - 2)$로 나누었을 때의 몫을 $Q(x)$, 나머지를 $ax + b$라 하면
$f(x) = (x - 1)(x - 2)Q(x) + ax + b$
$x = 1$ 대입, $f(1) = a + b = 1$ ··· ㉮
$x = 2$ 대입, $f(2) = 2a + b = 2$ ··· ㉯
㉮, ㉯를 연립하여 풀면
$a = 1$, $b = 0$이므로 나머지는 x이다.

15

다항식 $x^2 - x + k$를 $x - 1$로 나누었을 때의 몫을 $Q(x)$라고 하면,
$x^2 - x + k = (x - 1) \times Q(x) + 4$
위의 식은 항등식이므로 양변에 $x = 1$을 대입하면, $1^2 - 1 + k = 4$
$\therefore k = 4$

ANSWER

13. ③　14. ③　15. ④

16 다항식 $x^3 - px + q$가 $x-1$, $x-2$로 나누어떨어질 때 상수 p, q에 대하여 $p+q$의 값은?

① 6 ② 7
③ 13 ④ 15

17 $f(x) = x^3 + px^2 + 5x - 6$을 $x-2$로 나눈 나머지와 $x-3$으로 나눈 나머지가 같을 때, p의 값은?

① $-\frac{24}{5}$ ② $\frac{24}{5}$
③ $\frac{5}{24}$ ④ $-\frac{5}{24}$

18 다음은 조립제법을 이용하여 다항식 $x^3 - x + 8$을 $x+4$로 나누었을 때의 몫과 나머지를 구하는 과정이다. $a+b+c+d$의 값은? (단, a, b, c, d는 상수이다.)

$$\begin{array}{r|rrrr} a & 1 & b & -1 & 8 \\ & & -4 & c & -60 \\ \hline & 1 & -4 & 15 & d \end{array}$$

① -36 ② -38
③ -40 ④ -42

16
$f(x) = x^3 - px + q$로 놓으면
$f(x)$가 $x-1$, $x-2$로 나누어떨어지므로
$f(1) = 1 - p + q = 0 \cdots$ ㉮
$f(2) = 8 - 2p + q = 0 \cdots$ ㉯
㉮, ㉯를 연립하여 풀면
$p = 7$, $q = 6$
$\therefore p + q = 7 + 6 = 13$

17
$f(2) = f(3)$이므로
$f(2) = 4p + 12$
$f(3) = 9p + 36$
$4p + 12 = 9p + 36$
$\therefore p = -\frac{24}{5}$

18

$$\begin{array}{r|rrrr} -4 & 1 & 0 & -1 & 8 \\ & & -4 & 16 & -60 \\ \hline & 1 & -4 & 15 & -52 \end{array}$$

$a = -4$, $b = 0$, $c = 16$, $d = -52$
$\therefore a + b + c + d$
$= (-4) + 0 + 16 + (-52)$
$= -40$

ANSWER
16. ③ 17. ① 18. ③

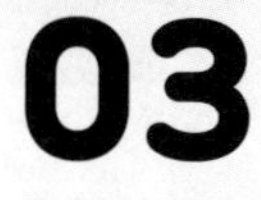

Chapter

03 인수분해

학습 point+

인수분해는 그 자체로 출제되지는 않지만 뒤에 나올 이차방정식이나 이차함수, 고차방정식과 다항함수 등의 여러 단원에서 사용되는 아주 중요한 내용입니다. 소홀히 하지 말고 정확하고 빠르게 인수분해하는 연습을 해야 합니다.

1 인수분해의 정의

(1) 인 수

곱을 이루는 각 식을 다항식의 인수라 한다.

예 $(x+2)$, $(x+3)$, $(x+2)(x+3)$은 x^2+5x+6의 인수이다.

(2) 인수분해

하나의 다항식을 2개 이상의 다항식의 곱으로 나타내는 것을 인수분해라 한다. 인수분해는 전개의 역으로 생각하면 된다.

예 $(x+2)(x+3)=x^2+5x+6$에서 $(x+2)(x+3) \underset{\text{인수분해}}{\overset{\text{전 개}}{\rightleftarrows}} x^2+5x+6$

2 인수분해 공식 및 인수분해 방법

(1) 기본적인 인수분해 공식

① $a^2+2ab+b^2=(a+b)^2$

② $a^2-2ab+b^2=(a-b)^2$

③ $a^2-b^2=(a+b)(a-b)$

④ $x^2+(a+b)x+ab=(x+a)(x+b)$

⑤ $acx^2+(ad+bc)x+bd=(ax+b)(cx+d)$

(2) 인수분해 공식

① $a^2 + b^2 + c^2 + 2ab + 2bc + 2ca = (a + b + c)^2$

② $a^3 + b^3 = (a + b)(a^2 - ab + b^2)$

③ $a^3 - b^3 = (a - b)(a^2 + ab + b^2)$

④ $a^3 + 3a^2b + 3ab^2 + b^3 = (a + b)^3$

⑤ $a^3 - 3a^2b + 3ab^2 - b^3 = (a - b)^3$

⑥ $a^3 + b^3 + c^3 - 3abc = (a + b + c)(a^2 + b^2 + c^2 - ab - bc - ca)$

$= \frac{1}{2}(a + b + c)\{(a - b)^2 + (b - c)^2 + (c - a)^2\}$

⑦ $a^4 + a^2b^2 + b^4 = (a^2 + ab + b^2)(a^2 - ab + b^2)$

(3) 인수분해 방법

① 공통인수를 묶어낼 수 있는지를 살펴본다.

② 인수분해 공식을 이용할 수 있는지를 파악한다.

③ 인수분해 공식을 이용할 수 있다면 공식을 이용한다.

④ 인수분해 공식을 이용할 수 없다면 다음과 같이 해결한다.

㉠ 치환을 이용 : 다항식 중 공통부분은 치환하여 전개한다.

㉡ 한 문자로 내림차순하여 정리 : 복잡한 식일 때 이용

ⓐ 차수가 낮은 한 문자에 관하여 내림차순으로 정리한다.

ⓑ 공통부분이 있으면 치환하여 인수분해한다.

ⓒ 상수항이 길면 상수항만 따로 인수분해한 다음 전체를 인수분해한다.

㉢ 복이차식꼴의 인수분해의 기본공식 이용(4차 · 2차 · 상수꼴, 4차 · 상수꼴)

ⓐ $x^2 = X$로 치환하여 기본공식을 적용할 수 있는가를 검토한다.

ⓑ $x^2 = X$의 방법이 안될 때, 더하고 빼거나 쪼개어서 $A^2 - B^2$꼴로 변형한 다음 인수분해한다.

바로 바로 CHECK√

01 다음 식을 인수분해하여라.

(1) $25x^2+20xy+4y^2$

(2) x^3-8

(3) $x^3+6x^2+12x+8$

(4) $x^3+6x^2y+12xy^2+8y^3$

(5) $a^2+b^2+c^2-2ab-2bc+2ca$

(6) x^4-5x^2+4

(7) x^4+2x^2+9

(8) $(x+2)^2+2(x+2)-3$

02 다항식 $x^3-xy^2-y^2z+x^2z$를 인수분해하였을 때, 다음 중 인수가 아닌 것은?

① $x+y$ ② $x-y$

③ $x+z$ ④ $y+z$

01 (1) $25x^2+20xy+4y^2$
$=(5x)^2+2\times(5x)\times(2y)+(2y)^2$
$=(5x+2y)^2$

(2) $x^3-8=x^3-2^3$
$=(x-2)(x^2+2x+4)$

(3) $x^3+6x^2+12x+8$
$=x^3+3\times x^2\times 2+3\times x\times 2^2+2^3$
$=(x+2)^3$

(4) $x^3+6x^2y+12xy^2+8y^3$
$=x^3+3\times x^2\times(2y)+3\times x\times(2y)^2+(2y)^3$
$=(x+2y)^3$

(5) $a^2+b^2+c^2-2ab-2bc+2ca$
$=a^2+(-b)^2+c^2+2a(-b)+2(-b)c+2ca$
$=(a-b+c)^2$

(6) $x^2=X$로 놓으면
x^4-5x^2+4
$=X^2-5X+4$
$=(X-1)(X-4)=(x^2-1)(x^2-4)$
$=(x+1)(x-1)(x+2)(x-2)$

(7) $4x^2$을 더하고 빼서 A^2-B^2 꼴로 변형하여 인수분해하면
x^4+2x^2+9
$=(x^4+6x^2+9)-4x^2$
$=(x^2+3)^2-(2x)^2$
$=(x^2+2x+3)(x^2-2x+3)$

(8) $(x+2)^2+2(x+2)-3$에서
$x+2=X$로 놓으면,
$(x+2)^2+2(x+2)-3$
$=X^2+2X-3$
$=(X+3)(X-1)$
$=\{(x+2)+3\}\{(x+2)-1\}$
$=(x+5)(x+1)$

02 $x^3-xy^2-y^2z+x^2z$
$=x(x^2-y^2)+z(x^2-y^2)$
$=(x^2-y^2)(x+z)$
$=(x+y)(x-y)(x+z)$

답 ④

(4) 인수분해 공식 적용 방법

① 공통인수를 찾을 것 : $ma + mb = m(a + b)$

② 항이 2개일 때

㉠ 제곱 형태이면 제곱의 합·차 공식 이용 : $a^2 - b^2 = (a + b)(a - b)$

㉡ 세제곱 형태이면 세제곱의 합·차 공식 이용 : $a^3 \pm b^3 = (a \pm b)(a^2 \mp ab + b^2)$

예 1) $25x^2 - 9y^2 = (5x)^2 - (3y)^2 = (5x + 3y)(5x - 3y)$
2) $x^3 - 27 = x^3 - 3^3 = (x - 3)(x^2 + 3x + 9)$

③ 항이 3개일 때 : 이차항의 계수와 상수항을 적당히 쪼개어 일차항의 계수가 나오도록 한다.

예 $9x^2 - 4x - 5 \rightarrow$ 1 ↗ $-1 \rightarrow -9 \rightarrow (x - 1)(9x + 5)$
9 ↘ $5 \rightarrow 5$

④ 항이 4개일 때

㉠ 2개씩 짝을 맞춘 다음 공통인수를 찾는다.

㉡ 완전제곱꼴을 찾아서 $A^2 - B^2$의 합·차 공식 이용

예 1) $ab + a - b - 1 = a(b + 1) - (b + 1) = (a - 1)(b + 1)$
2) $x^2 - y^2 - z^2 - 2yz = x^2 - (y^2 + 2yz + z^2) = x^2 - (y + z)^2 = (x + y + z)(x - y - z)$

⑤ 문자가 여러 개일 때

㉠ 먼저 차수가 낮은 문자에 관하여 정리해 본다.

㉡ 차수가 같을 때에는 어느 한 문자에 관하여 정리해 본다.

예 $x(a - b) + ay - by = x(a - b) + y(a - b) = (a - b)(x + y)$

3 인수정리를 이용한 인수분해

삼차 이상의 다항식이 일차식을 인수로 갖는 경우에는 인수정리를 이용하여 그 인수를 찾아 인수분해할 수 있다.

(1) 인수정리를 이용하여 인수 찾기

$f(x) = x^3 - 4x^2 + 5x - 2$가 다음과 같이 계수가 정수인 두 다항식의 곱으로 인수분해된다고 하자.

$x^3 - 4x^2 + 5x - 2 = (x - \alpha)(x^2 + ax + b)$

양변에 $x = 0$을 대입하면 $\alpha b = 2$이다. 따라서 α의 값은 2의 약수인 ± 1, ± 2 중의 하나이어야 한다.

(2) 조립제법을 이용하여 인수분해하기

$f(x) = x^3 - 4x^2 + 5x - 2$에서 $f(1) = 1 - 4 + 5 - 2 = 0$이므로

1	1	−4	5	−2
		1	−3	2
	1	−3	2	0

$x^3 - 4x^2 + 5x - 2$
$= (x-1)(x^2 - 3x + 2)$
$= (x-1)(x-1)(x-2)$
$= (x-1)^2(x-2)$

바로 바로 CHECK√

다항식 $x^3 + 3x^2 + ax - 4$가 $x - 1$로 나누어떨어지도록 상수 a의 값을 정하려고 한다. 물음에 답하여라

(1) 상수 a의 값을 구하여라.

(2) 다항식 $f(x)$를 인수분해하여라.

(1) $f(x) = x^3 + 3x^2 + ax - 4$는 $x - 1$을 인수로 갖고 있으므로 $f(1) = 0$이다. 즉, $f(1) = 1 + 3 + a - 4 = 0$이므로 $a = 0$이다.

(2) 조립제법에 의하여

1	1	3	0	−4
		1	4	4
−2	1	4	4	0
		−2	−4	
	1	2	0	

$x^3 + 3x^2 - 4$
$= (x-1)(x^2 + 4x + 4)$
$= (x-1)(x+2)^2$

01 다음 각 식을 인수분해하여라.

(1) $a^2(x-y)+a(y-x)$

(2) $9a^2-24ab+16b^2$

(3) $(a+b)^2-(b-c)^2$

02 다음 각 식을 인수분해하여라.

(1) $x(x+3)-10$

(2) $10x^2+19xy-15y^2$

03 다항식 $3x^3-4x^2-3x+a$가 $x-1$로 나누어떨어질 때, 다음 물음에 답하시오.

(1) 상수 a의 값을 구하여라.

(2) 위의 (1)에서 구한 상수 a의 값을 대입한 후 주어진 다항식을 인수분해하여라.

01

(1) $a^2(x-y)+a(y-x)$
$=a^2(x-y)-a(x-y)$
$=(x-y)(a^2-a)$
$=a(a-1)(x-y)$

(2) $9a^2-24ab+16b^2$
$=(3a)^2-2\times 3a\times 4b+(4b)^2$
$=(3a-4b)^2$

(3) $(a+b)^2-(b-c)^2$
$=(a+b)^2-(b-c)^2$
$=(a+b+b-c)(a+b-b+c)$
$=(a+c)(a+2b-c)$

02

(1) $x(x+3)-10$
$=x^2+3x-10$
$=(x+5)(x-2)$

(2) $2 \quad +5 \rightarrow +25$
$5 \quad -3 \rightarrow -6$
$10x^2+19xy-15y^2$
$=(2x+5y)(5x-3y)$

03

(1) $f(x)=3x^3-4x^2-3x+a$로 놓으면
$f(x)$가 $x-1$로 나누어떨어지므로
$f(1)=0$이다. 즉,
$f(1)=3-4-3+a=0$
$\therefore a=4$

(2) $3x^3-4x^2-3x+4$
$=3x^3-3x-4x^2+4$
$=3x(x^2-1)-4(x^2-1)$
$=(3x-4)(x^2-1)$
$=(3x-4)(x+1)(x-1)$

ANSWER

01. **(1)** $a(a-1)(x-y)$
(2) $(3a-4b)^2$
(3) $(a+c)(a+2b-c)$

02. **(1)** $(x+5)(x-2)$
(2) $(2x+5y)(5x-3y)$

03. **(1)** $a=4$
(2) $(3x-4)(x+1)(x-1)$

04 다음 다항식 중 a^6-b^6의 인수가 <u>아닌</u> 것은?

① $a+b$ ② $a-b$
③ a^2+b^2 ④ a^2+ab+b^2

05 다항식 x^4-13x^2+4를 인수분해하면?
고난도
① $(x^2+2x+3)(x^2+2x-3)$
② $(x^2+2x+3)(x^2+2x+3)$
③ $(x^2+3x-2)(x^2-3x-2)$
④ $(x^2+2x-3)(x^2-2x-3)$

06 다항식 $x^3-(k+2)x^2-x+6$이 $x-2$로 나누어떨어질 때, 상수 k의 값은?

① -2 ② -1
③ 1 ④ 2

07 다항식 $(x-2)(x-1)(x+3)(x+4)+6$이 $(x^2+ax+b)(x^2+cx+d)$꼴로 인수분해 될 때, $ad+bc$의 값은?
고난도

① -16 ② -18
③ -20 ④ -22

04

(ⅰ) $a^6-b^6=(a^3)^2-(b^3)^2$
$=(a^3+b^3)(a^3-b^3)$
$=(a+b)(a-b)(a^2-ab+b^2)(a^2+ab+b^2)$

(ⅱ) $a^6-b^6=(a^2)^3-(b^2)^3$
$=(a^2-b^2)(a^4+a^2b^2+b^3)$
$=(a+b)(a-b)\{(a^2+b^2)^2-(ab)^2\}$
$=(a+b)(a-b)(a^2+ab+b^2)(a^2-ab+b^2)$

05

$x^2=X$로 놓으면
$X^2-13X+4$
$=X^2-4X+4-9X$
$=(X-2)^2-9X$
$=(x^2-2)^2-9x^2$
$=(x^2-2)^2-(3x)^2$
$=(x^2+3x-2)(x^2-3x-2)$

06

다항식 $x^3-(k+2)x^2-x+6$이 $x-2$로 나누어떨어지므로, $x^3-(k+2)x^2-x+6$에 $x=2$를 대입하면,
$2^3-(k+2)\times2^2-2+6=0$
$\therefore k=1$

07

$(x-2)(x-1)(x+3)(x+4)+6$
$=(x-2)(x+4)(x-1)(x+3)+6$
$=(x^2+2x-8)(x^2+2x-3)+6$
$x^2+2x=A$로 치환하면
$(A-8)(A-3)+6$
$=A^2-11A+30$
$=(A-6)(A-5)$
$=(x^2+2x-6)(x^2+2x-5)$
$a=2,\ b=-6,\ c=2,\ d=-5$
$\therefore ad+bc=-10-12=-22$

ANSWER
04. ③ 05. ③ 06. ③ 07. ④

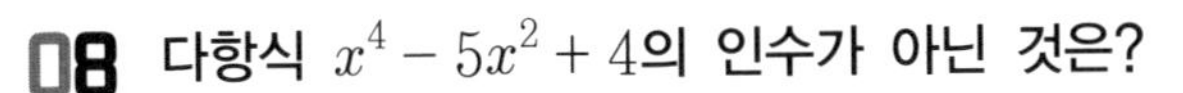

08 다항식 $x^4 - 5x^2 + 4$의 인수가 아닌 것은?

① $x - 1$　　② $x + 2$
③ $x^2 - 4$　　④ $x^2 + 3x - 2$

08
$x^4 - 5x^2 + 4$
$= (x^2 - 1)(x^2 - 4)$
$= (x - 1)(x + 1)(x - 2)(x + 2)$

09 다음 〈보기〉에서 인수분해가 올바르게 된 것만을 있는 대로 고른 것은?

보기
ㄱ. $x^3 - x^2 - 10x - 8 = (x + 1)(x + 2)(x - 4)$
ㄴ. $x^3 + 8 = (x + 2)(x^2 + 2x + 4)$
ㄷ. $(x - 1)^2 - 6(x - 1) + 8 = (x - 3)(x - 5)$

① ㄱ　　② ㄴ
③ ㄱ, ㄷ　　④ ㄱ, ㄴ, ㄷ

09
ㄱ. $x^3 - x^2 - 10x - 8$
$= (x + 1)(x + 2)(x - 4)$ (O)

−1	1	−1	−10	−8
		−1	2	8
−2	1	−2	−8	0
		−2	8	
	1	−4	0	

ㄴ. $x^3 + 8 = (x + 2)(x^2 - 2x + 4)$ (X)
ㄷ. $(x - 1)^2 - 6(x - 1) + 8$에서
$x - 1 = A$로 놓으면
$A^2 - 6A + 8$
$= (A - 2)(A - 4)$
$= \{(x - 1) - 2\}\{(x - 1) - 4\}$
$= (x - 3)(x - 5)$ (O)

10 x에 대한 다항식 $x^3 + ax^2 - 5x + b$가 $(x + 1)^2$으로 나누어떨어질 때, 상수 a, b에 대하여 $a - b$의 값은?

고난도

① 1　　② 2
③ 3　　④ 4

10
$x^3 + ax^2 - 5x + b$
$= (x + 1)^2(x + c)$라 하면
$(x + 1)^2(x + c)$
$= (x^2 + 2x + 1)(x + c)$
$= x^3 + (2 + c)x^2 + (1 + 2c)x + c$
$1 + 2c = -5 \Rightarrow c = -3$
$2 + c = a \Rightarrow a = -1$
$b = c \Rightarrow b = -3$
$\therefore\ a - b = -1 + 3 = 2$

ANSWER
08. ④　09. ③　10. ②

NOTE

방정식과 부등식

Chapter 01 복소수

학습 point⁺

복소수에 대한 문제는 간단한 복소수의 연산이나 복소수의 상등에 대한 문제가 주로 출제됩니다. 복소수의 연산은 실수와 같으므로 허수 i의 뜻을 정확하게 기억하도록 합니다.

01 복소수

1 허수와 복소수

(1) 허수 단위 i

실수를 제곱하면, 음수든 양수든 항상 0보다 크거나 같다. 허수는 이와는 반대로 제곱했을 때 음수가 된다. 이때, 제곱하여 -1이 되는 새로운 하나의 수를 i로 나타내기로 약속한다.

$$i^2 = -1 \ (i = \sqrt{-1})$$

i : 허수 단위

$x^2 = -1$의 근은 $x = \sqrt{-1} = i$ 또는 $x = -\sqrt{-1} = -i$

$$(-i)^2 = i^2 = -1$$

기초학습 허수의 표현

1) 임의의 양수 a에 대하여
   ① $\sqrt{-a} = \sqrt{a}\,i$
   ② $-a$의 제곱근은 $\pm\sqrt{a}\,i$

2) $\sqrt{-1} = i,\ i^2 = -1,\ i^3 = -i,\ i^4 = i^2 \times i^2 = 1$

(2) 허수와 복소수

① 임의의 실수 a, b에 대하여 $a+bi$꼴로 나타내는 수를 복소수라 하고 a를 실수부분, b를 허수부분이라 한다.

② 임의의 실수 a는 $a+0\times i$의 꼴로 나타낼 수 있으므로 실수 전체의 집합은 복소수 전체의 집합에 포함된다.

③ 실수가 아닌 복소수 $a+bi(b\neq 0)$를 허수라 하고, 특히 실수부분이 0인 허수 $bi(b\neq 0)$를 순허수라고 한다.

> a, b를 실수라 할 때, 복소수 $a+bi$
> - 실수 $a\ (b=0)$
> - 허수 $a+bi\ (b\neq 0)$
>   - 순허수 $bi\ (a=0,\ b\neq 0)$
>   - 기타 허수 $a+bi\ (a\neq 0,\ b\neq 0)$

2 켤레복소수

복소수 $z=a+bi(a,\ b$는 실수)에 대하여 허수부분의 부호를 바꾼 복소수 $a-bi$를 $a+bi$의 켤레복소수라 하고, 기호로는 $\overline{a+bi}$로 나타낸다. 즉, $z=\overline{a+bi}=a-bi$

바로 바로 CHECK√

복소수 $2-5i$의 켤레복소수는? (단, $i=\sqrt{-1}$)

① $2+5i$ ② $5-2i$
③ $-2+5i$ ④ $-2-5i$

켤레복소수는 실수부분은 같고, 허수부분의 부호만 다른 복소수를 말한다. $2-5i$에서 실수부분은 '2'이며, 허수부분은 '$-5i$'이다. 그러므로 $2-5i$의 켤레복소수는 $2+5i$이다.

답 ①

02 복소수의 사칙연산

1 복소수의 상등 중요+

실수 a, b, c, d에 대하여

(1) $a+bi=0$이기 위해서는 $a=0$, $b=0$

(2) $a+bi=c+di$이기 위해서는 $a=c$, $b=d$

바로바로 CHECK√

01 실수 x, y에 대하여 $x+yi=1+3i$가 성립할 때, $x-y$의 값은? (단, $i=\sqrt{-1}$)

① -2 ② 0

③ 1 ④ 2

02 실수 a, b에 대하여 $3a+bi=6-i$가 성립할 때, $a+b$의 값은? (단, $i=\sqrt{-1}$)

① -1 ② 1

③ 3 ④ 5

01 실수 x, y에 대하여 $x+yi=1+3i$가 성립하기 위해서는 실수부분은 실수부분끼리, 허수부분은 허수부분끼리 같아야 하므로
$x=1$, $y=3$
$\therefore x-y=1-3=-2$

답 ①

02 $3a=6$, $b=-1$
$a=2$, $b=-1$
$\therefore a+b=2+(-1)=1$

답 ②

2 복소수의 연산

(1) **복소수의 사칙연산** 중요+ : a, b, c, d가 실수일 때,

① $(a+bi)+(c+di)=(a+c)+(b+d)i$

② $(a+bi)-(c+di)=(a-c)+(b-d)i$

③ $(a+bi)(c+di)=(ac-bd)+(ad+bc)i$

④ $\dfrac{a+bi}{c+di}=\dfrac{(a+bi)(c-di)}{(c+di)(c-di)}=\dfrac{ac+bd}{c^2+d^2}+\dfrac{bc-ad}{c^2+d^2}i$ (단, $c+di\neq 0$)

(2) 복소수의 연산에 관한 성질

① 사칙연산 : 복소수 전체의 집합 C는 덧셈, 뺄셈, 곱셈, 나눗셈에 관하여 닫혀 있다 (단, 나눗셈에서는 0으로 나누는 것을 제외).

② 연산의 기본법칙 : 복소수 전체의 집합 C의 임의의 원소 z_1, z_2, z_3에 대하여

㉠ 교환법칙 : $z_1 + z_2 = z_2 + z_1$, $z_1z_2 = z_2z_1$

㉡ 결합법칙 : $(z_1 + z_2) + z_3 = z_1 + (z_2 + z_3)$, $(z_1z_2)z_3 = z_1(z_2z_3)$

㉢ 분배법칙 : $z_1(z_2 + z_3) = z_1z_2 + z_1z_3$

바로 바로 CHECK√

01 두 복소수 $x = 4 + i$, $y = 3 - 2i$에 대하여 $x + y$의 값은? (단, $i = \sqrt{-1}$)

① $5 - i$　② $7 - i$
③ $5 + i$　④ $7 + i$

02 등식 $(3 - i) + (1 + 2i) = a + bi$를 만족하는 두 실수 a, b에 대하여 $a + b$의 값은?

① 1　② 3
③ 5　④ 7

01 $x + y = (4 + i) + (3 - 2i)$
$= 4 + 3 + (1 - 2)i$
$= 7 - i$

답 ②

02 $a + bi = (3 - i) + (1 + 2i)$
$= (3 + 1) + (-1 + 2)i$
$= 4 + i$
$a = 4$, $b = 1$이므로
$\therefore a + b = 4 + 1 = 5$

답 ③

3 허수 i의 거듭제곱

i, i^2, i^3, i^4, i^5, i^6, i^7, i^8, ⋯의 값을 차례대로 구하면 $i = i$, $i^2 = -1$, $i^3 = -i$, $i^4 = 1$, $i^5 = i$, $i^6 = -1$, $i^7 = -i$, $i^8 = 1$, ⋯와 같이 i^n(n은 자연수)은 i, -1, $-i$, 1이 반복되어 나타나는 것을 알 수 있다. 따라서 i의 거듭제곱에 대한 다음의 규칙성을 찾을 수 있다.

$$i^{4k} = 1,\ i^{4k+1} = i,\ i^{4k+2} = -1,\ i^{4k+3} = -i \text{ (단, } k\text{는 자연수)}$$

위의 식을 이용하면

$i^{4k+1} = i$, $i^{4k+3} = -i$ 이므로

$i^{4k+1} + i^{4k+3} = 0$

$i^{n+1} + i^{n+3} = 0$

$i^{4k} = 1$, $i^{4k+2} = -1$이므로

$i^{4k} + i^{4k+2} = 0$

$i^{n} + i^{n+2} = 0$

바로 바로 CHECK√

01 i^4의 값은? (단, $i = \sqrt{-1}$)

① $-i$ ② i

③ -1 ④ 1

02 다음 식을 간단히 하여라.

(1) i^{101} (2) i^{999}

01 $i^4 = (i^2)^2 = (-1)^2 = 1$

답 ④

02 (1) $i^{101} = (i^4)^{25} \times i = 1^{25} \times i = i$

(2) $i^{999} = (i^4)^{249} \times i^3 = 1^{249} \times i^3 = -i$

4 음수의 제곱근

(1) 음수의 제곱근

$a > 0$일 때, $\sqrt{-a} = \sqrt{a}\,i$로 정의하면 $-a$의 제곱근은 $\pm\sqrt{a}\,i$가 된다.

(2) 음수의 제곱근의 성질

① 곱셈 : 제곱근의 곱셈에 대하여 다음과 같은 결과를 알 수 있다.

㉠ $a > 0$, $b > 0$일 때, $\sqrt{a}\sqrt{b} = \sqrt{ab}$ 예 $\sqrt{2}\sqrt{3} = \sqrt{2\times3} = \sqrt{6}$

㉡ $a > 0$, $b < 0$일 때, $\sqrt{a}\sqrt{b} = \sqrt{ab}$ 예 $\sqrt{2}\sqrt{-3} = \sqrt{2}\sqrt{3}i = \sqrt{6}i = \sqrt{-6}$

㉢ $a < 0$, $b > 0$일 때, $\sqrt{a}\sqrt{b} = \sqrt{ab}$ 예 $\sqrt{-2}\sqrt{3} = \sqrt{2}i\sqrt{3} = \sqrt{6}i = \sqrt{-6}$

㉣ $a < 0$, $b < 0$일 때, $\sqrt{a}\sqrt{b} = -\sqrt{ab}$ 예 $\sqrt{-2}\sqrt{-3} = \sqrt{2}i\sqrt{3}i = -\sqrt{6}$

② 나눗셈 : 제곱근의 나눗셈에 대하여 다음과 같은 결과를 알 수 있다.

㉠ $a>0,\ b>0$일 때, $\dfrac{\sqrt{a}}{\sqrt{b}}=\sqrt{\dfrac{a}{b}}=\dfrac{\sqrt{a}\sqrt{b}}{b}=\dfrac{\sqrt{ab}}{b}$

예 $\dfrac{\sqrt{2}}{\sqrt{3}}=\dfrac{\sqrt{2}\sqrt{3}}{\sqrt{3}\sqrt{3}}=\dfrac{\sqrt{6}}{3}$

㉡ $a>0,\ b<0$일 때, $\dfrac{\sqrt{a}}{\sqrt{b}}=\dfrac{\sqrt{a}\sqrt{b}}{\sqrt{b}\sqrt{b}}=\dfrac{\sqrt{a}\sqrt{b}}{-b}=-\dfrac{\sqrt{ab}}{b}$

예 $\dfrac{\sqrt{2}}{\sqrt{-3}}=\dfrac{\sqrt{2}\sqrt{-3}}{\sqrt{-3}\sqrt{-3}}=\dfrac{\sqrt{2}\sqrt{3}i}{\sqrt{3}i\sqrt{3}i}=\dfrac{\sqrt{6}i}{3i^2}=\dfrac{\sqrt{6}i}{-3}=-\dfrac{\sqrt{6}i}{3}$

㉢ $a<0,\ b>0$일 때, $\dfrac{\sqrt{a}}{\sqrt{b}}=\sqrt{\dfrac{a}{b}}=\dfrac{\sqrt{a}\sqrt{b}}{b}=\dfrac{\sqrt{ab}}{b}$

예 $\dfrac{\sqrt{-2}}{\sqrt{3}}=\dfrac{\sqrt{-2}\sqrt{3}}{\sqrt{3}\sqrt{3}}=\dfrac{\sqrt{2}i\sqrt{3}}{\sqrt{3}\sqrt{3}}=\dfrac{\sqrt{6}i}{3}$

㉣ $a<0,\ b<0$일 때, $\dfrac{\sqrt{a}}{\sqrt{b}}=\sqrt{\dfrac{a}{b}}=\dfrac{\sqrt{a}\sqrt{b}}{b}=\dfrac{\sqrt{ab}}{b}$

예 $\dfrac{\sqrt{-2}}{\sqrt{-3}}=\dfrac{\sqrt{-2}\sqrt{-3}}{\sqrt{-3}\sqrt{-3}}=\dfrac{\sqrt{2}i\sqrt{3}i}{\sqrt{3}i\sqrt{3}i}=\dfrac{\sqrt{6}i^2}{3i^2}=\dfrac{-\sqrt{6}}{-3}=\dfrac{\sqrt{6}}{3}$

바로 바로 CHECK√

다음 식을 간단히 하여라.

(1) $\sqrt{32}\sqrt{-8}$

(2) $\dfrac{\sqrt{27}}{\sqrt{-3}}$

(3) $\dfrac{\sqrt{-12}}{\sqrt{-2}}$

(1) $\sqrt{32}\sqrt{-8}=\sqrt{32}\times\sqrt{8}i=\sqrt{256}i$
$=\sqrt{16^2}i=16i$

(2) $\dfrac{\sqrt{27}}{\sqrt{-3}}=\dfrac{\sqrt{27}\times\sqrt{-3}}{\sqrt{-3}\times\sqrt{-3}}$
$=\dfrac{\sqrt{27\times3}i}{\sqrt{3}i\times\sqrt{3}i}=\dfrac{\sqrt{9^2}i}{\sqrt{3^2}i^2}$
$=\dfrac{9i}{-3}=-3i$

(3) $\dfrac{\sqrt{-12}}{\sqrt{-2}}=\dfrac{2\sqrt{3}i}{\sqrt{2}i}=\dfrac{2\sqrt{3}}{\sqrt{2}}$
$=\dfrac{2\sqrt{3}\times\sqrt{2}}{\sqrt{2}\times\sqrt{2}}=\dfrac{2\sqrt{6}}{2}$
$=\sqrt{6}$

01 다음 수의 제곱근을 각각 구하여라.

(1) -8　　　　(2) -16

02 다음 복소수의 실수부분과 허수부분을 각각 구하여라.

(1) $3+2i$　　　　(2) $4i$

03 기출 복소수 $a-2i$의 켤레복소수를 $3+bi$라고 할 때, $a+b$의 값은? (단, a, b는 실수, $i=\sqrt{-1}$)

① 1　　② 3

③ 5　　④ 7

01

(1) $x^2=-8$

$\therefore x=\pm 2\sqrt{2}i$

(2) $x^2=-16$

$\therefore x=\pm 4i$

03

$z=a-2i$이면 $\bar{z}=a+2i$이다.
따라서 $a+2i=3+bi$이므로
$a=3$, $b=2$이다.
$\therefore a+b=3+2=5$

ANSWER

01. (1) $\pm 2\sqrt{2}i$　(2) $\pm 4i$
02. (1) 실수부분 : 3, 허수부분 : 2
(2) 실수부분 : 0, 허수부분 : 4
03. ③

04 두 실수 x, y에 대하여 $(x-3)+(y+2)i=0$이 성립할 때, $x+y$의 값은? (단, $i=\sqrt{-1}$)
기출

① -5 ② -1
③ 1 ④ 5

05 등식 $(3-2i)+(1+4i)=x+yi$를 만족하는 두 실수 x, y에 대하여 $x-y$의 값은? (단, $i=\sqrt{-1}$)
기출

① -1 ② 0
③ 1 ④ 2

06 두 복소수 $x=1+2i$, $y=2-2i$에 대하여 $x+y$의 값은? (단, $i=\sqrt{-1}$)
기출

① 1 ② 3
③ $4i$ ④ $-4i$

04
$x-3=0$, $y+2=0$ 이므로
$x=3$, $y=-2$이다.
$\therefore x+y=3+(-2)=1$

05
$(3-2i)+(1+4i)$
$=(3+1)+(-2+4)i$
$=4+2i=x+yi$
$x=4$, $y=2$
$\therefore x-y=4-2=2$

06
$x+y=(1+2i)+(2-2i)=3$

ANSWER
04. ③ 05. ④ 06. ②

07 복소수 $\frac{1}{i}$을 $a+bi$(a, b는 실수)꼴로 나타낼 때, $a+b$의 값은? (단, $i=\sqrt{-1}$)

① -1　② 0
③ 1　④ 2

08 $i(3-2i)=a+3i$일 때, 실수 a의 값은?
기출 (단, $i=\sqrt{-1}$)

① -3　② -2
③ 2　④ 3

09 $\frac{1+2i}{1-2i}$를 간단히 하면? (단, $i=\sqrt{-1}$)

① $\frac{3+4i}{5}$　② $\frac{-3+4i}{5}$
③ $\frac{3-4i}{5}$　④ $\frac{-3-4i}{5}$

07

$\frac{1}{i}=\frac{1\times i}{i\times i}=\frac{i}{i^2}=\frac{i}{-1}=-i$

따라서 $-i$를 $a+bi$의 형태로 바꾸면 $0+(-1)\times i$가 되므로 $a=0$, $b=-1$

$\therefore a+b=0+(-1)=-1$

08

$i(3-2i)=3i-2i^2$
$=2+3i=a+3i$

$\therefore a=2$

09

$$\frac{1+2i}{1-2i}=\frac{(1+2i)^2}{(1-2i)(1+2i)}=\frac{1^2+4i+(2i)^2}{1^2-(2i)^2}=\frac{1+4i-4}{1-(-4)}=\frac{-3+4i}{5}$$

ANSWER
07. ①　08. ③　09. ②

10 $x = 3 - i,\ y = 3 + i$일 때, $x^2 + xy + y^2$의 값은?

고난도

① 22 ② 24

③ 26 ④ 28

11 $i + i^3 + i^5 + i^7$ 을 간단히 하면?

① $-i$ ② i

③ 0 ④ 1

12 $\left(\frac{1+i}{1-i}\right)^{100}$ 을 간단히 하면?

① 1 ② -1

③ i ④ $-i$

13 $(1 + i)(x - yi) = 2 + i$ 를 만족할 때, $x - y$의 값은? (단, x, y는 실수)

① 1 ② -1

③ 2 ④ -2

10

$x + y = 6,\ xy = 10$이므로

$$x^2 + xy + y^2 = (x + y)^2 - xy = 6^2 - 10 = 26$$

11

$$i + i^3 + i^5 + i^7 = i - i + i - i = 0$$

12

먼저 괄호 안을 풀면

$$\frac{1+i}{1-i} = \frac{(1+i)^2}{(1-i)(1+i)} = \frac{1+2i+i^2}{1^2 - i^2} = \frac{2i}{2} = i$$

$$\therefore \left(\frac{1+i}{1-i}\right)^{100} = i^{100} = (i^4)^{25} = 1^{25} = 1$$

$(\because\ i^4 = 1)$

13

$$(1 + i)(x - yi) = x - yi + xi - yi^2 = (x + y) + (x - y)i = 2 + i$$

$\therefore\ x + y = 2,\ x - y = 1$

ANSWER

10. ③ 11. ③ 12. ① 13. ①

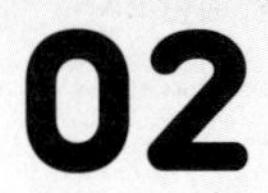

Chapter

02 이차방정식

이차방정식은 뒤에 나올 이차함수나 연립이차방정식 등에 사용되는 기초 개념이므로 출제 비중이 높은 편은 아닙니다. 하지만 인수분해와 마찬가지로 가장 중요한 개념 중 하나이므로 근의 공식을 비롯한 방정식의 풀이 방법 등을 익히도록 합니다.

01 일차방정식

1 방정식

(1) 방정식

등식에 포함된 미지수의 값에 따라 참이 되기도 하고 거짓이 되기도 하는 등식을 방정식이라 한다. 또 방정식을 성립시키는 x의 값을 해 또는 근이라 하며, 해 전체의 집합을 해집합이라 하고 방정식의 해를 구하는 것을 “방정식을 푼다.”라고 한다.

(2) 등식의 성질

등식의 양변에 같은 수를 더하거나, 빼거나, 곱하거나, 나누어도 등호는 항상 성립한다 (단, 나눌 때는 0이 아닌 수로 나눈다).

① $A = B$이면 $A + m = B + m$

② $A = B$이면 $A - m = B - m$

③ $A = B$이면 $Am = Bm$

④ $A = B$이면 $\dfrac{A}{m} = \dfrac{B}{m}$ (단, $m \neq 0$)

2 일차방정식의 풀이

(1) 방정식 $ax = b$의 해(근)

미지수를 포함하는 항을 좌변으로, 상수항을 우변으로 이항하여 $ax = b$(표준형)꼴로 유도한 후 양변을 a로 나눈다.

① $a \neq 0$일 때

$$x = \frac{b}{a} \text{(하나의 근)}$$

② $a = 0$일 때

불능 : $b \neq 0$이면, $0 \times x = b$(해가 없다)
부정 : $b = 0$이면, $0 \times x = 0$(해가 무수히 많다)

바로바로 CHECK√

01 다음 방정식의 해를 구하여라.

(1) $a(x-1) = x+2$

(2) $ax - a^2 = bx - b^2$

02 x에 대한 일차방정식 $a(x-2) = x+2$의 해가 $x = 6$일 때, 상수 a의 값은?

① -4 ② -2
③ 2 ④ 4

01 (1) $a(x-1) = x+2$에서
$ax - a = x + 2$
$(a-1)x = a+2$
$\therefore$ $a \neq 1$일 때 $x = \frac{a+2}{a-1}$
$a = 1$일 때 해는 없다.

(2) $ax - a^2 = bx - b^2$에서
$ax - bx = a^2 - b^2$
$(a-b)x = (a+b)(a-b)$
$\therefore$ $a \neq b$일 때 $x = a+b$
$a = b$일 때 해는 무수히 많다.

02 주어진 방정식의 해가 6이므로 $x = 6$을 대입하면
$a(6-2) = 6+2$, $4a = 8$
$\therefore$ $a = 2$

답 ③

(2) 절댓값 기호(| |)를 포함한 일차방정식

① 절댓값 기호가 1개 있는 경우 : 절댓값 기호가 1개 있는 방정식은 다음 성질을 이용하여 절댓값 기호를 없앤 다음 계산한다.

$$\sqrt{A^2} = |A| = \begin{cases} A \geq 0\text{일 때} : & A \\ A < 0\text{일 때} : & -A \end{cases}$$

② 절댓값 기호가 2개 있는 경우 : $|x-\alpha| + |x-\beta| = K(\alpha < \beta)$

㉠ (절댓값) = 0인 x의 값을 구한다. ($x = \alpha$ 또는 $x = \beta$)

㉡ x의 값을 경계로 '크거나 같을 때', '작을 때'로 구분한다(수직선을 활용).

ⓐ $x < \alpha$일 때, $|x-\alpha| = -(x-\alpha)$, $|x-\beta| = -(x-\beta)$

ⓑ $\alpha \leq x < \beta$일 때, $|x-\alpha| = x-\alpha$, $|x-\beta| = -(x-\beta)$

ⓒ $x \geq \beta$일 때, $|x-\alpha| = x-\alpha$, $|x-\beta| = x-\beta$

㉢ 각각의 범위(조건)와 결과의 공통범위를 답으로 한다(결과의 값이 각각의 범위에서 적합한지 반드시 확인).

바로 바로 CHECK√

방정식 $|x-1|+|x-2| = x+3$의 해는?

① $x = 2$ 또는 $x = 3$　　② $x = 0$ 또는 $x = 5$

③ $x = 1$ 또는 $x = 5$　　④ $x = 0$ 또는 $x = 6$

$x-1=0$, $x-2=0$에서 $x=1, 2$

- $x < 1$일 때,
  $|x-1| = -(x-1)$
  $|x-2| = -(x-2)$
  $-(x-1)-(x-2) = x+3$
  $\therefore x = 0$ (조건에 적합)
- $1 \leq x < 2$일 때,
  $|x-2| = -(x-2)$
  $x-1-(x-2) = x+3$
  $\therefore x = -2$ (조건에 부적합)
- $x \geq 2$일 때,
  $x-1+x-2 = x+3$
  $\therefore x = 6$ (조건에 적합)

따라서 $x = 0$ 또는 $x = 6$

답 ④

02 이차방정식

1 이차방정식

(1) 이차방정식 $ax^2+bx+c=0$에서는 $a \neq 0$이라는 뜻을 포함하고 있다.

(2) 방정식 $ax^2+bx+c=0$에서는 $a \neq 0$일 때 이차방정식, $a=0$일 때 일차방정식

2 이차방정식의 풀이

(1) 인수분해에 의한 방법

x에 대한 이차방정식 $ax^2+bx+c=0$이 $a(x-\alpha)(x-\beta)=0$의 꼴로 인수분해될 때, 근은 $x=\alpha$ 또는 $x=\beta$이다.

(2) 완전제곱식에 의한 방법

x에 대한 이차방정식 $ax^2+bx+c=0(a \neq 0)$의 좌변이 인수분해되지 않는 경우, 이는 $(x+p)^2=q$꼴로 변형하여 푼다. 이때의 근은 $x=-p \pm \sqrt{q}$이다.

예 $x^2-6x-3=0 \rightarrow x^2-6x+9=12 \rightarrow (x-3)^2=12$에서 $x=3 \pm 2\sqrt{3}$

(3) 근의 공식에 의한 방법 : a, b, b', c가 실수일 때,

① 일반적인 경우 : $ax^2+bx+c=0(a \neq 0)$

$$x=\frac{-b \pm \sqrt{b^2-4ac}}{2a}$$

② x의 계수가 짝수인 경우 : $ax^2 + 2b'x + c = 0(a \neq 0)$

$$x = \frac{-b' \pm \sqrt{b'^2 - ac}}{a}$$

기초학습 근의 공식의 유도

이차방정식 $ax^2 + bx + c = 0$에서 $a \neq 0$이므로 양변을 a로 나누면,

$$x^2 + \frac{b}{a}x + \frac{c}{a} = 0$$

완전제곱식으로 변형하기 위해 양변에 $\left(\frac{b}{2a}\right)^2$을 더하면

$$x^2 + \frac{b}{a}x + \left(\frac{b}{2a}\right)^2 - \left(\frac{b}{2a}\right)^2 + \frac{c}{a} = 0$$

$$\left(x + \frac{b}{2a}\right)^2 = \frac{b^2 - 4ac}{4a^2}$$

$$x + \frac{b}{2a} = \pm\sqrt{\frac{b^2 - 4ac}{4a^2}}$$

$$x = -\frac{b}{2a} \pm \sqrt{\frac{b^2 - 4ac}{4a^2}}$$

$$\therefore\ x = \frac{-b \pm \sqrt{b^2 - 4ac}}{2a}$$

이때, x의 계수 b가 짝수일 때, 즉 $b = 2b'$이면

$b^2 - 4ac = (2b')2 - 4ac = 4(b'2 - ac)$

$$\therefore\ x = \frac{-b \pm \sqrt{b^2 - 4ac}}{2a} = \frac{-2b' \pm 2\sqrt{b'^2 - ac}}{2a} = \frac{-b' \pm \sqrt{b'^2 - ac}}{a}$$

바로 바로 CHECK√

01 이차방정식 $x^2 - 4x - 5 = 0$의 근을 구하면?

① $x = 1$ 또는 $x = 5$

② $x = 1$ 또는 $x = -5$

③ $x = -1$ 또는 $x = 5$

④ $x = -1$ 또는 $x = -5$

02 다음 이차방정식을 풀어라.

(1) $x^2 + 2 = 0$

(2) $3x^2 - 16x + 22 = 0$

01 $x^2 - 4x - 5 = 0$을 인수분해하면
$(x+1)(x-5) = 0$
$x + 1 = 0$ 또는 $x - 5 = 0$
$\therefore x = -1$ 또는 $x = 5$

답 ③

02 (1) $x^2 + 2 = 0$에서 $x^2 = -2$
$x = \pm\sqrt{-2} = \pm\sqrt{2}i$

(2) $3x^2 - 16x + 22 = 0$에서 근의 공식을 이용해서 풀면

$$x = \frac{-(-8) \pm \sqrt{(-8)^2 - 3\times 22}}{3} = \frac{8 \pm \sqrt{-2}}{3} = \frac{8 \pm \sqrt{2}i}{3}$$

03 이차방정식의 판별식

1 이차방정식의 판별식

(1) 판별식

① 이차방정식 $ax^2 + bx + c = 0(a \neq 0)$에서 $b^2 - 4ac$는 주어진 방정식이 실근인지, 허근인지를 판별하는 역할을 한다. 따라서, $b^2 - 4ac$를 판별식(Discriminant)이라 한다.

$$D = b^2 - 4ac$$

② 이차방정식의 일차항의 계수가 짝수일 때, 즉 $ax^2 + 2b'x + c = 0$일 때는 D 대신 $\frac{D}{4} = b'^2 - ac$를 쓴다.

(2) 이차방정식의 근의 판별

계수가 실수인 이차방정식 $ax^2+bx+c=0$(a, b, c는 실수, $a \neq 0$)에서 판별식에 따른 근의 개수와 형태는 다음과 같다.

> $D=b^2-4ac>0$이면 서로 다른 두 실근
> $D=b^2-4ac=0$이면 중근
> $D=b^2-4ac<0$이면 서로 다른 두 허근

기초학습 판별식 $D=0$을 사용하는 경우

1) 중근을 가질 때
2) 완전제곱식이 될 때
3) 이차곡선과 직선이 접할 때

(3) 완전제곱식

이차식 ax^2+bx+c가 x에 대한 완전제곱식이 되기 위한 조건은 $D=b^2-4ac=0$이다.

(4) 판별식과 그래프와의 관계

판별식 $D=b^2-4ac$	$D>0$	$D=0$	$D<0$
그래프와의 위치 관계 ($y=ax^2+bx+c$)	x축과 두 점에서 만난다.	x축과 접한다.	x축과 만나지 않는다.
근의 개수	서로 다른 두 실근	중근	서로 다른 두 허근

심화학습

1) 일반적으로 이차방정식이 실근을 갖는다는 것은 $D \geq 0$일 때를 말한다.
   (서로 다른 두 실근을 갖는다는 의미와는 다르다).
2) 이차방정식 $ax^2 + bx + c = 0$에서 $ac < 0$이면 이 방정식은 항상 서로 다른 두 실근을 가진다.
3) 계수가 실수인 방정식에서 허근은 반드시 짝수 개 존재하고, 켤레근으로 존재한다.
4) 이차방정식의 계수 a, b, c가 실수일 때 한해서 판별식은 의미가 있다.
5) 허수인 계수를 포함하는 이차방정식은 복소수의 상등의 성질을 이용한다.

바로 바로 CHECK√

01 이차방정식 $x^2 + 4x + k - 1 = 0$이 중근을 가질 때, 실수 k의 값은?

① -5　② 0
③ 5　④ 10

01 $\frac{D}{4} = b'^2 - ac = 0$
$2^2 - (k-1) = 0$
$4 - k + 1 = 0$
$\therefore k = 5$

답 ③

02 이차방정식 $x^2 - 2(1+m)x + m^2 = 0$이 중근을 가질 때, m의 값은?

① -1　② 1
③ $-\frac{1}{2}$　④ 2

02 $\frac{D}{4} = b'^2 - ac = 0$
$\{-(1+m)\}^2 - m^2 = 0$
$(m+1)^2 - m^2 = 0$
$m^2 + 2m + 1 - m^2 = 0$, $2m = -1$
$\therefore m = -\frac{1}{2}$

답 ③

03 이차방정식 $x^2 + 2x - k = 0$이 서로 다른 두 실근을 가지기 위한 k값의 범위는?

① $k < -1$　② $k > -1$
③ $k < -4$　④ $k > -4$

03 이차방정식이 서로 다른 두 실근을 가질 조건은 $D > 0$ 이어야 한다.
이때, 일차항의 계수가 짝수이므로
$\frac{D}{4} = 1^2 - (-k) > 0$
$\therefore k > -1$

답 ②

04 근과 계수의 관계

1 이차방정식의 근과 계수의 관계

(1) 근과 계수의 관계 중요+

이차방정식 $ax^2+bx+c=0(a\neq 0)$의 두 근을 α, β라 하면

$$\alpha+\beta=-\frac{b}{a},\ \alpha\beta=\frac{c}{a}$$

심화학습 이차방정식 $ax^2+bx+c=0$의 두 근이 α, β일 때

1) $\alpha+\beta=-\frac{b}{a}$, $\alpha\beta=\frac{c}{a}$
2) $\alpha^2+\beta^2=(\alpha\pm\beta)^2\mp 2\alpha\beta$ (복부호 동순)
3) $\alpha^3\pm\beta^3=(\alpha\pm\beta)^3\mp 3\alpha\beta(\alpha\pm\beta)$ (복부호 동순)
4) $(\alpha\pm\beta)^2=(\alpha\mp\beta)^2\pm 4\alpha\beta$ (복부호 동순)

바로 바로 CHECK√

01 이차방정식 $x^2-5x+4=0$의 두 근을 α, β라 할 때, $\alpha+\beta-\alpha\beta$의 값은?

① 9　② 1　③ −1　④ −9

02 이차방정식 $x^2-4x+3=0$의 두 근을 a, b라 할 때, a^2+b^2의 값은?

① 6　② 8　③ 10　④ 12

01 이차방정식 $ax^2+bx+c=0(a\neq 0)$의 두 근이 α, β일 때,

$\alpha+\beta=-\frac{b}{a}$, $\alpha\beta=\frac{c}{a}$이므로

$\alpha+\beta=5$, $\alpha\beta=4$

$\therefore\ \alpha+\beta-\alpha\beta=5-4=1$

답 ②

02 $a^2+b^2=(a+b)^2-2ab$ ⋯ ㉮

이차방정식 $x^2-4x+3=0$의 두 근이 a, b일 때, 두 근의 합과 곱을 구하면

$a+b=4$, $ab=3$

이것을 ㉮에 대입하면

$\therefore\ a^2+b^2=4^2-2\times 3=10$

답 ③

(2) 이차식의 인수분해

① 이차방정식 $ax^2 + bx + c = 0(a \neq 0)$의 두 근을 α, β라 하면

$$ax^2 + bx + c = a(x - \alpha)(x - \beta)$$

② 이차식 $ax^2 + bx + c$를 인수분해하려면 다음과 같이 한다.

㉠ 이차방정식 $ax^2 + bx + c = 0$의 두 근 α, β를 구한다.

㉡ $x - \alpha$, $x - \beta$를 곱하고 a배 한다.

바로바로 CHECK√

이차식 $x^2 - 2x + 5$를 복소수의 범위에서 인수분해하여라.

$x^2 - 2x + 5 = 0$의 근을 근의 공식을 이용하여 구하면
$a = 1$, $b' = -1$, $c = 5$이므로
$x = 1 \pm \sqrt{(-1)^2 - 5} = 1 \pm \sqrt{-4}$
$= 1 \pm 2i$
따라서 $x^2 - 2x + 5$
$= \{x - (1 + 2i)\}\{x - (1 - 2i)\}$
$= (x - 1 - 2i)(x - 1 + 2i)$

(3) 두 근이 주어진 이차방정식 만들기

x^2의 계수가 1이고 두 근이 α, β인 x의 이차방정식은

$$x^2 - (\alpha + \beta)x + \alpha\beta = 0$$

바로바로 CHECK√

-1과 2를 두 근으로 하고 x^2의 계수가 1인 이차방정식은?

① $x^2 + 2x - 1 = 0$　② $x^2 - 2x - 1 = 0$
③ $x^2 - x - 2 = 0$　④ $x^2 + x + 2 = 0$

α, β를 두 근으로 하는 계수가 1인 이차방정식은
$x^2 - (\alpha + \beta)x + \alpha\beta = 0$이다.
$\alpha + \beta = (-1) + 2 = 1$
$\alpha\beta = (-1) \times 2 = -2$
$\therefore x^2 - x - 2 = 0$

답 ③

(4) 결레근을 갖는 이차방정식

① $ax^2+bx+c=0(a\neq 0)$의 계수 a, b, c가 유리수일 때 한 근이 $p+q\sqrt{m}$이면 나머지 근은 $p-q\sqrt{m}$이다(단, p, q는 유리수, $\sqrt{m}$은 무리수, $q\neq 0$).

② $ax^2+bx+c=0(a\neq 0)$의 계수 a, b, c가 실수일 때 한 근이 $p+qi$이면 다른 근은 $p-qi$이다(단, p, q는 실수, $q\neq 0$).

바로 바로 CHECK√

이차방정식 $x^2-ax+b=0$의 한 근이 $2-\sqrt{3}$라 할 때, 유리수 a, b에 대하여 $a-b$의 값은?

① 1 ② 2
③ 3 ④ 4

주어진 이차방정식의 한 근이 $2-\sqrt{3}$이므로 다른 한 근은 $2+\sqrt{3}$이다. 즉,
$a=2-\sqrt{3}+2+\sqrt{3}=4$,
$b=(2-\sqrt{3})(2+\sqrt{3})=1$
$\therefore\ a-b=3$

답 ③

2 실근의 부호와 그래프와의 관계

(1) 두 근이 모두 양일 때는 아래의 두 그래프에 해당한다.

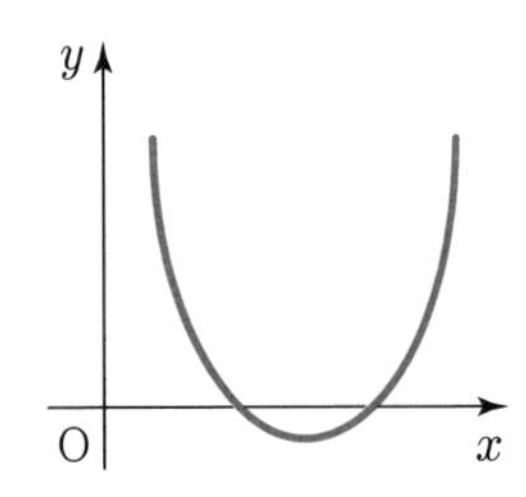

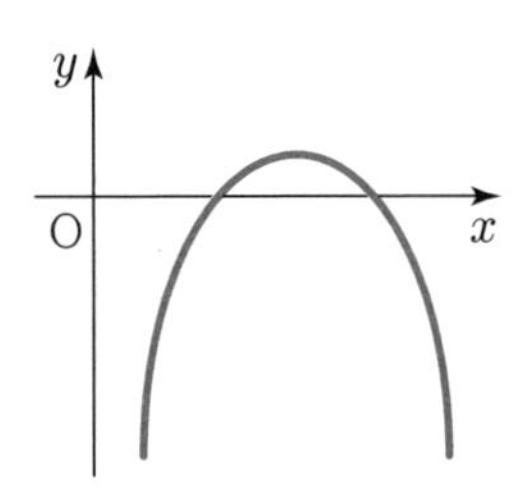

이차방정식의 두 근이 모두 양일 조건은 $\alpha+\beta>0$, $\alpha\beta>0$, $D\geq 0$의 공통범위가 된다.

(2) 두 근이 모두 음일 때는 아래의 두 그래프에 해당한다.

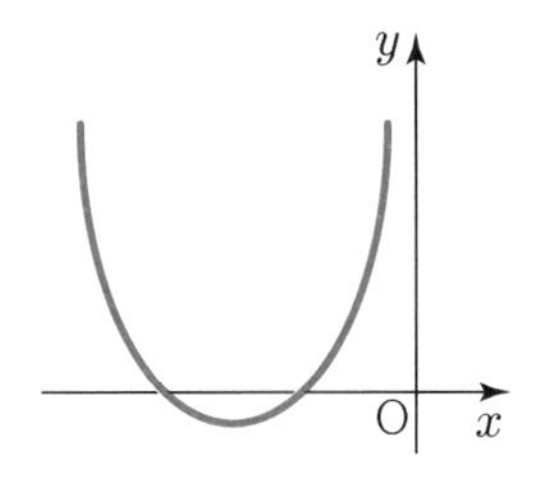

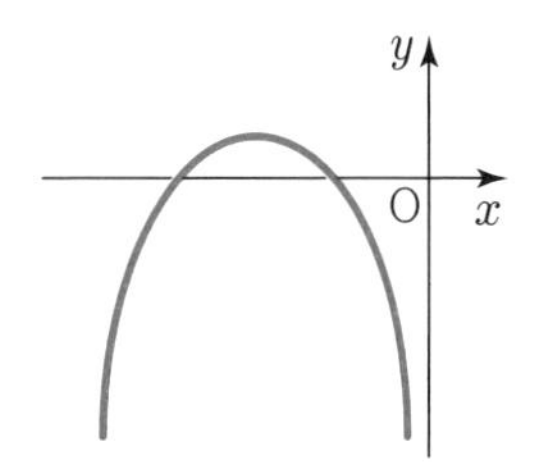

이차방정식의 두 근이 모두 음일 조건은 $\alpha + \beta < 0$, $\alpha\beta > 0$, $D \geq 0$의 공통범위가 된다.

(3) 두 근이 서로 다른 부호일 때는 아래의 두 그래프에 해당한다.

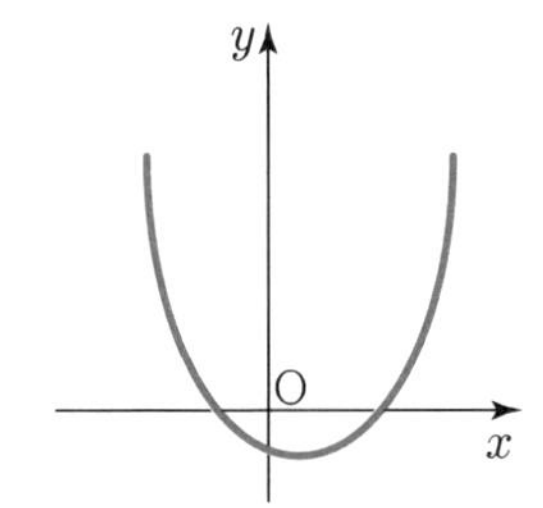

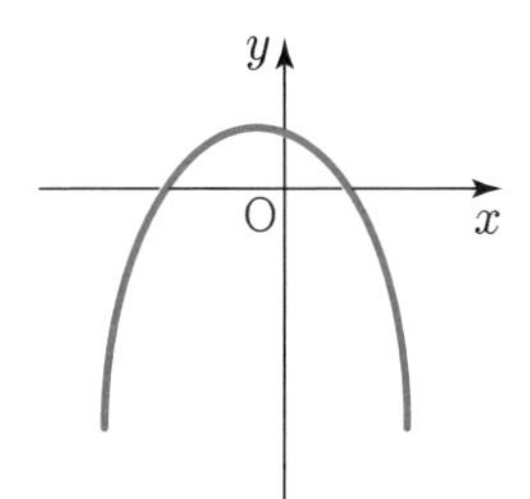

앞의 그래프는 $\alpha + \beta > 0$이고, 뒤의 그래프는 $\alpha + \beta < 0$이다. 이와 같이 두 근이 서로 다른 부호일 때는 $\alpha + \beta$의 부호가 일정하지 않다. 따라서 두 근이 서로 다른 부호일 조건은 $\alpha\beta < 0$일 때이며, $\alpha + \beta$와는 무관하다.

심화학습

1) 두 근의 절댓값이 같고 부호가 반대일 조건

$$\begin{cases} \alpha+\beta=0 \\ \alpha\beta<0 \end{cases}$$

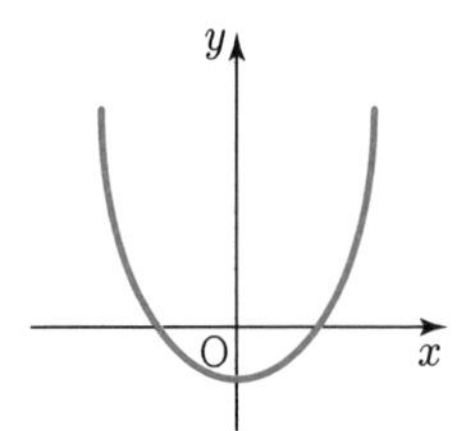

2) 음의 근의 절댓값이 양의 근보다 클 조건

$$\begin{cases} \alpha+\beta<0 \\ \alpha\beta<0 \end{cases}$$

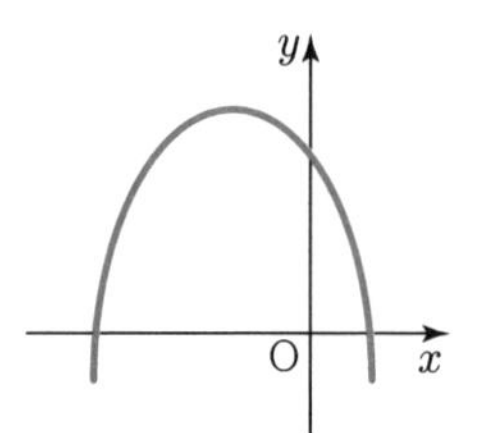

3) 음의 근의 절댓값이 양의 근보다 작을 조건

$$\begin{cases} \alpha+\beta>0 \\ \alpha\beta<0 \end{cases}$$

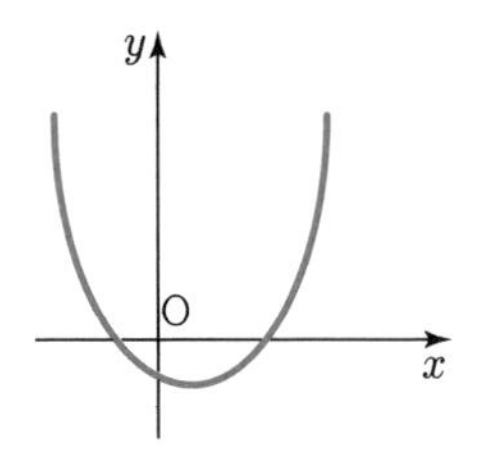

4) 한 근만이 0일 조건

$$\begin{cases} \alpha\beta=0 \\ \alpha+\beta\neq 0 \end{cases}$$

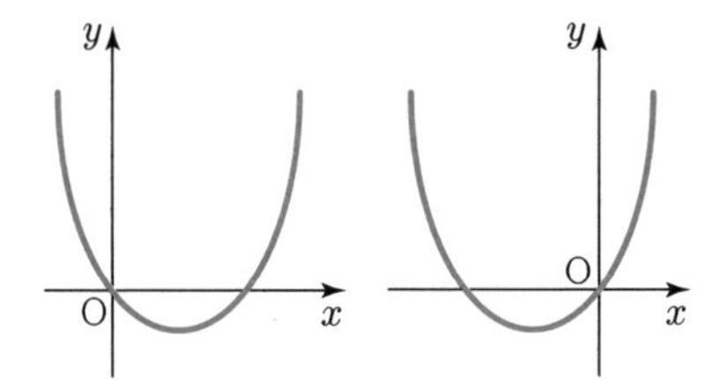

실전 예상문제

01 다음 일차방정식을 풀어라.

(1) $-3(x+1)+2(3x-2)=5x-1$

(2) $1-\dfrac{5-3x}{2}=\dfrac{3}{4}(x-2)$

02 다음 방정식을 풀어라.

(1) $|x-1|=2$

(2) $|x-1|=|2x|$

03 방정식 $2x^2-3x-5=0$을 풀면?

① $x=\dfrac{2}{5}$ 또는 $x=-1$ ② $x=\dfrac{5}{2}$ 또는 $x=1$

③ $x=\dfrac{5}{2}$ 또는 $x=-1$ ④ $x=\dfrac{2}{5}$ 또는 $x=1$

04 이차방정식 $4x^2-12x+9=0$의 해를 구하면?

① $x=\dfrac{2}{3}$ ② $x=\dfrac{3}{2}$

③ $x=-\dfrac{2}{3}$ ④ $x=-\dfrac{3}{2}$

01

(1) $-3x-3+6x-4=5x-1$

$3x-7=5x-1$

$-2x=6$

$\therefore x=-3$

(2) 양변에 4를 곱하면

$4-2(5-3x)=3(x-2)$

$4-10+6x=3x-6$

$3x=0$

$\therefore x=0$

02

(1) $x-1=\pm 2$

$x=1\pm 2$

$\therefore x=3$ 또는 $x=-1$

(2) $x-1=\pm 2x$

$\therefore x=-1$ 또는 $x=\dfrac{1}{3}$

03

$2x^2-3x-5=0$

$(x+1)(2x-5)=0$

$\therefore x=-1$ 또는 $x=\dfrac{5}{2}$

04

$4x^2-12x+9=0$

$(2x-3)^2=0$

$\therefore x=\dfrac{3}{2}$(중근)

ANSWER

01. (1) $x=-3$ (2) $x=0$

02. (1) $x=3$ 또는 $x=-1$

(2) $x=-1$ 또는 $x=\dfrac{1}{3}$

03. ③ 04. ②

05 이차방정식 $x^2+4x+5=0$의 근을 구하기 위하여 $(x+2)^2=k$의 꼴로 변형하였을 때, k의 값은?

① -2　② -1
③ 1　④ 2

06 다음 이차방정식을 근의 공식을 이용하여 풀어라.

(1) $x^2+5x+1=0$

(2) $9x^2-6\sqrt{2}x+2=0$

07 이차방정식 $4x^2-5x+2=0$의 해를 구하면?

① $x=\dfrac{5\pm\sqrt{7}i}{8}$　② $x=\dfrac{7\pm\sqrt{5}i}{6}$
③ $x=\dfrac{-5\pm\sqrt{7}i}{8}$　④ $x=\dfrac{-7\pm\sqrt{5}i}{6}$

08 이차방정식 $(x+2)^2-3(x+2)-4=0$의 근은?

① $x=2$ 또는 $x=3$
② $x=-2$ 또는 $x=3$
③ $x=2$ 또는 $x=-3$
④ $x=-2$ 또는 $x=-3$

05

$x^2+4x+5=0$
$x^2+4x+2^2-2^2+5=0$
$(x+2)^2+1=0$
$(x+2)^2=-1$
$\therefore k=-1$

06

(1) $x=\dfrac{-b\pm\sqrt{b^2-4ac}}{2a}$
$=\dfrac{-5\pm\sqrt{5^2-4\times1\times1}}{2\times1}$
$=\dfrac{-5\pm\sqrt{21}}{2}$

(2) $x=\dfrac{-b'\pm\sqrt{b'^2-ac}}{a}$
$=\dfrac{-(-3\sqrt{2})\pm\sqrt{(-3\sqrt{2})^2-9\times2}}{9}$
$=\dfrac{\sqrt{2}}{3}$(중근)

07

$x=\dfrac{-(-5)\pm\sqrt{(-5)^2-4\times4\times2}}{2\times4}$
$=\dfrac{5\pm\sqrt{-7}}{8}=\dfrac{5\pm\sqrt{7}i}{8}$

08

$x+2=A$로 놓으면
$A^2-3A-4=0$
$(A-4)(A+1)=0$
$A=4$ 또는 $A=-1$
$x+2=4$ 또는 $x+2=-1$
$\therefore x=2$ 또는 $x=-3$

ANSWER

05. ②
06. (1) $x=\dfrac{-5\pm\sqrt{21}}{2}$
(2) $x=\dfrac{\sqrt{2}}{3}$(중근)
07. ①　08. ③

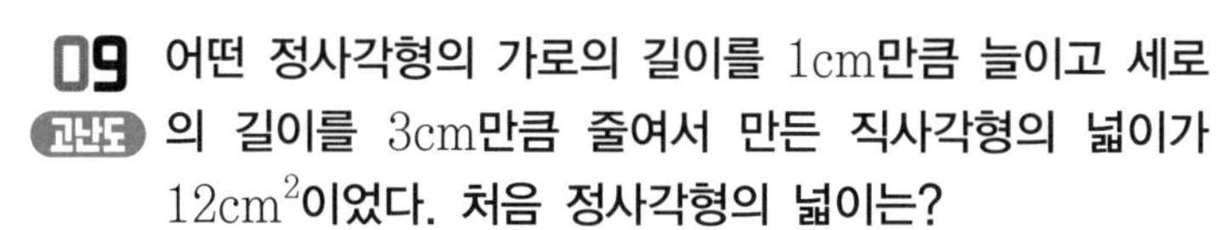

09 고난도 어떤 정사각형의 가로의 길이를 1cm만큼 늘이고 세로의 길이를 3cm만큼 줄여서 만든 직사각형의 넓이가 12cm^2이었다. 처음 정사각형의 넓이는?

① 20cm^2 ② 25cm^2
③ 28cm^2 ④ 30cm^2

09

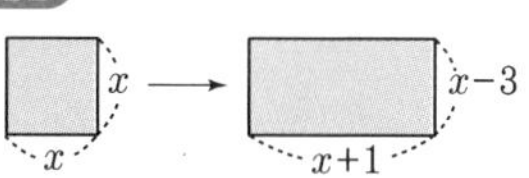

$(x+1)(x-3)=12$
$x^2-2x-15=0$
$(x+3)(x-5)=0$
$x=5(\because x>0)$
따라서 처음 정사각형의 넓이는
$5\times5=25(\text{cm}^2)$

10 x에 관한 이차방정식 $3x^2-(2a-5)x-3a-1=0$의 한 근이 2일 때, 다른 한 근은?

① $-\dfrac{1}{3}$ ② $-\dfrac{2}{3}$
③ $-\dfrac{4}{3}$ ④ $-\dfrac{5}{3}$

10

방정식 한 근이 2이므로
$x=2$를 대입하면
$3\times2^2-(2a-5)\times2-3a-1=0$
$-7a+21=0\Rightarrow a=3$
따라서 주어진 방정식은
$3x^2-x-10=0$
$(3x+5)(x-2)=0$
$\therefore x=-\dfrac{5}{3}$ 또는 $x=2$

11 이차방정식 $x^2-2ax+9=0$이 중근을 갖도록 하는 모든 실수 a값의 합은?

① -3 ② 0
③ 3 ④ 6

11

$x^2-2ax+9=0$이 중근을 가지려면
$\dfrac{D}{4}=b'^2-ac=0$
$(-a)^2-9=0$
$a^2=9\Rightarrow a=\pm3$
$\therefore 3+(-3)=0$

ANSWER
09. ② 10. ④ 11. ②

12 이차식 $x^2-2kx+k+2$가 완전제곱식이 될 때, k의 값은?

① $k=1$ 또는 $k=2$　② $k=-1$ 또는 $k=4$
③ $k=1$ 또는 $k=4$　④ $k=-1$ 또는 $k=2$

12
완전제곱식 → 중근을 갖는다.
$\frac{D}{4}=b'^2-ac=0$
$(-k)^2-1\times(k+2)=0$
$k^2-k-2=0$
$(k+1)(k-2)=0$
$\therefore k=-1$ 또는 $k=2$

13 고난도 이차방정식 $x^2-(k-1)x+k+2=0$의 두 근의 부호가 서로 다를 때, 실수 k값의 범위는?

① $k>2$　② $k<-2$
③ $k>-2$　④ $k<-1$, $k>20$

13
$ax^2+bx+c=0$에서 두 근의 부호가 다를 조건은
$\frac{c}{a}<0$
$k+2<0$
$\therefore k<-2$

14 기출 이차방정식 $x^2+x+1=0$의 근에 대한 설명으로 옳은 것은?

① 중근을 갖는다.
② 서로 다른 두 실근을 갖는다.
③ 서로 다른 두 허근을 갖는다.
④ 실근과 허근을 각각 한 개씩 갖는다.

14
$x^2+x+1=0$에서 판별식
$D=1^2-4\times1\times1=1-4=-3$
즉, $D<0$이므로 주어진 이차방정식은 서로 다른 두 허근을 가진다.

15 이차방정식 $x^2+ax+a+3=0$이 서로 다른 두 허근을 가질 때, a의 값의 범위는?

① $2<a<6$　② $-2<a<6$
③ $-6<a<2$　④ $-6<a<-2$

15
$x^2+ax+a+3=0$이
서로 다른 두 허근을 가지려면
$D=b^2-4ac<0$이어야 한다.
$a^2-4(a+3)<0$
$a^2-4a-12<0$
$(a-6)(a+2)<0$
$\therefore -2<a<6$

ANSWER
12. ④　13. ②　14. ③　15. ②

16 이차식 $x^2-2(k+1)x-k^2+4k+5$가 완전제곱식이 되도록 하는 모든 실수 k의 값의 합은?

고난도

① 2　　② -1

③ 1　　④ 2

17 두 수 1, 3을 근으로 하고, x^2의 계수가 1인 이차방정식은?

기출

① $x^2+1=0$　　② $x^2+3x=0$

③ $x^2-x-3=0$　　④ $x^2-4x+3=0$

18 이차방정식 $x^2+ax+b=0$에 대하여 한 근이 $3+\sqrt{2}$일 때, 유리수 a, b에 대하여 $a+b$의 값은?

① 1　　② -1

③ 2　　④ -2

19 이차방정식 $2x^2+7x+6=0$의 두 근이 α, β일 때, $\alpha\beta$의 값은?

기출

① $-\frac{7}{2}$　　② $\frac{7}{2}$

③ -3　　④ 3

16

완전제곱식 → 중근을 갖는다.

$\frac{D}{4}=b'^2-ac=0$

$\{-(k+1)\}^2-1\times(-k^2+4k+5)=0$

$k^2+2k+1+k^2-4k-5=0$

$k^2-k-2=0$

따라서 근과 계수의 관계에 의해 모든 실수 k의 값의 합은 1이다.

17

x^2의 계수가 1이고 α, β를 두 근으로 하는 이차방정식은 $x^2-(\alpha+\beta)x+\alpha\beta=0$

$\alpha+\beta=1+3=4$

$\alpha\beta=1\times3=3$

$\therefore\ x^2-4x+3=0$

18

유리수 계수일 때, 한 근이 $3+\sqrt{2}$이면 다른 한 근은 $3-\sqrt{2}$가 된다.

$\alpha=3+\sqrt{2}$, $\beta=3-\sqrt{2}$

$x^2-(\alpha+\beta)x+\alpha\beta=0$

$x^2-6x+7=0$

$a=-6$, $b=7$

$\therefore\ a+b=(-6)+7=1$

19

근과 계수의 관계에 의해

$\alpha\beta=\frac{c}{a}$이므로 $\alpha\beta=\frac{6}{2}=3$

ANSWER

16. ③ 17. ④ 18. ① 19. ④

20 기출 이차방정식 $x^2+x-2=0$의 두 근이 α, β일 때, $\frac{1}{\alpha}+\frac{1}{\beta}$의 값은?

① $-\frac{1}{2}$　② $\frac{1}{2}$
③ $\frac{3}{2}$　④ $\frac{5}{2}$

20
근과 계수의 관계에 의해
$\alpha+\beta=-1$, $\alpha\beta=-2$
$\therefore \frac{1}{\alpha}+\frac{1}{\beta}=\frac{\alpha+\beta}{\alpha\beta}$
$=\frac{-1}{-2}=\frac{1}{2}$

21 기출 이차방정식 $x^2-3x+4=0$의 두 근이 α, β일 때, $\alpha\beta(\alpha+\beta)$의 값은?

① -12　② -3
③ 4　④ 12

21
근과 계수의 관계에 의해
$\alpha+\beta=-\frac{b}{a}=-\left(\frac{-3}{1}\right)=3$
$\alpha\beta=\frac{c}{a}=\frac{4}{1}=4$
$\therefore \alpha\beta(\alpha+\beta)=4\times 3=12$

22 $-1+\sqrt{3}$, $-1-\sqrt{3}$을 두 근으로 하고, x^2의 계수가 1인 이차방정식을 구하면?

① $x^2+2x-2=0$　② $x^2-2x-2=0$
③ $x^2+2x+2=0$　④ $x^2-2x+3=0$

22
$x^2-(\alpha+\beta)x+\alpha\beta=0$
$x-(-1+\sqrt{3}-1-\sqrt{3})x$
$+(-1+\sqrt{3})\times(-1-\sqrt{3})=0$
$\therefore x^2+2x-2=0$

23 이차방정식 $x^2+ax+b=0$의 한 근이 $1+2i$일 때, 실수 a, b에 대하여 이차방정식 $x^2-bx-a=0$의 두 근을 α, β라 하자. $\alpha^2+\beta^2$의 값은? (단, $i=\sqrt{-1}$)

① 5　② 13
③ 18　④ 21

23
a, b가 실수이고,
이차방정식 $x^2+ax+b=0$의 한 근이 $1+2i$이므로 다른 한 근은 $1-2i$이다.
근과 계수와의 관계에 의해
$-a=1+2i+1-2i$ $\therefore a=-2$
$b=(1+2i)(1-2i)=5$
$x^2-bx-a=0 \Rightarrow x^2-5x+2=0$
$\alpha+\beta=5$, $\alpha\beta=2$이므로
$\alpha^2+\beta^2=(\alpha+\beta)^2-2\alpha\beta$
$=5^2-2\times 2$
$=25-4=21$

ANSWER
20. ② 21. ④ 22. ① 23. ④

24 이차방정식 $x^2 + ax + b = 0$의 두 근이 2, 3일 때, 이차방정식 $ax^2 + bx + 2 = 0$의 두 근의 합은?

① $\frac{3}{5}$　② $\frac{4}{5}$
③ $\frac{6}{5}$　④ $\frac{8}{5}$

24

$2 + 3 = -a$, $2 \times 3 = b$
$\therefore a = -5$, $b = 6$
이를 이차방정식 $ax^2 + bx + 2 = 0$에 대입하면,
$-5x^2 + 6x + 2 = 0$
$5x^2 - 6x - 2 = 0$
$\therefore$ 두 근의 합 $= -\frac{(-6)}{5} = \frac{6}{5}$

25 이차방정식 $x^2 - x + 2 = 0$의 두 근이 α, β일 때, $\alpha + \beta$, $\alpha\beta$를 두 근으로 하고 x^2의 계수가 1인 이차방정식은?

① $x^2 + 3x + 2 = 0$　② $x^2 - 3x + 2 = 0$
③ $x^2 - 2x + 3 = 0$　④ $x^2 + 2x + 2 = 0$

25

$\alpha + \beta = 1$, $\alpha\beta = 2$
1과 2를 두 근으로 하는 이차방정식은
$x^2 - (1 + 2)x + 1 \times 2 = 0$
$\therefore x^2 - 3x + 2 = 0$

26 이차방정식 $x^2 + (k + 9)x + (2k + 7) = 0$의 두 근의 제곱의 합이 34일 때, 모든 k값의 합은?

고난도

① 8　② -8
③ 14　④ -14

26

주어진 2차 방정식의 두 근을 α, β라 하면 제곱의 합이 34이므로
$\alpha^2 + \beta^2 = (\alpha + \beta)^2 - 2\alpha\beta = 34$ ⋯ ㉮
$\alpha + \beta = -(k + 9)$, $\alpha\beta = 2k + 7$
이를 ㉮에 대입하면
$\{-(k + 9)\}^2 - 2(2k + 7) = 34$
$k^2 + 18k + 81 - 4k - 14 - 34 = 0$
$k^2 + 14k + 33 = 0$
따라서 근과 계수의 관계에 의해
모든 k값의 합은 $-\frac{14}{1} = -14$

ANSWER
24. ③　25. ②　26. ④

Chapter

03 이차방정식과 이차함수

학습 point⁺

이차함수 부분에서는 범위가 주어진 이차함수의 최댓값 또는 최솟값을 구하는 문제로 출제됩니다. 대부분 그래프가 주어지므로 어느 경우에 최댓값 또는 최솟값을 갖는지 파악할 수만 있으면 됩니다. 꼭짓점의 x좌표가 주어진 범위에 포함될 경우에는 구하는 방법이 달라지므로 주의하세요.

01 이차방정식과 이차함수의 관계

1 이차방정식과 이차함수의 그래프

(1) 이차방정식의 해와 이차함수의 그래프

① 이차함수의 그래프와 x축과의 교점 : 이차방정식 $ax^2+bx+c=0(a \neq 0)$의 실근은 곡선 $y=ax^2+bx+c(a \neq 0)$가 x축과 만나는 점의 x좌표이므로 다음과 같이 정리할 수 있다. 즉, 함수 $y=ax^2+bx+c(a \neq 0)$의 그래프는 판별식 $D=b^2-4ac$라 할 때,

㉠ $D>0$: x축과 서로 다른 두 점에서 만난다.

㉡ $D=0$: x축에 접한다.

㉢ $D<0$: x축과 만나지 않는다.

② 이차방정식의 해와 이차함수의 그래프의 관계 : $f(x)=ax^2+bx+c(a>0)$의 두 실근을 α, $\beta(\alpha \leq \beta)$라 하고 판별식을 $D=b^2-4ac$라 할 때,

$a>0$일 때	$D>0$	$D=0$	$D<0$
$y=f(x)$의 그래프	α β x	α x	x
$f(x)=0$의 해	$x=\alpha$, $x=\beta$	$x=\alpha$(중근)	허근

바로 바로 CHECK√

01 이차함수 $y = x^2 + kx + 4$의 그래프가 x축과 접할 때, k의 값은? (단, $k < 0$)

① -4 ② 4
③ 2 ④ -2

01 x축에 접하므로 $D = 0$
$k^2 - 4 \times 1 \times 4 = 0 \Rightarrow k = \pm 4$
그런데 k가 음수이므로
$\therefore k = -4$

답 ①

02 이차함수 $y = x^2 + kx + 1$의 그래프가 x축과 서로 다른 두 점에서 만나도록 하는 상수 k의 값의 범위는?

① $k < 1$ ② $-2 < k < 2$
③ $k > 1$ ④ $k < -2$ 또는 $k > 2$

02 서로 다른 두 점에서 만나기 위해서는 $D > 0$
$k^2 - 4 \times 1 \times 1 > 0$
$(k-2)(k+2) > 0$
$\therefore k < -2$ 또는 $k > 2$

답 ④

03 이차함수 $y = x^2 + kx + \frac{1}{4}k$의 그래프가 x축과 만나지 않도록 하는 상수 k의 값의 범위는?

① $k < 1$ ② $k > 1$
③ $k < 0$ 또는 $k > 1$ ④ $0 < k < 1$

03 x축과 만나지 않으려면 $D < 0$
$k^2 - 4 \times 1 \times \frac{1}{4}k < 0$
$k^2 - k < 0$
$k(k-1) < 0$
$\therefore 0 < k < 1$

답 ④

(2) 이차식 $ax^2 + bx + c$의 값의 부호

이차식은 그 그래프가 x축과 만나지 않을 때, 그 값이 항상 양이거나 음이 되며, 그 부호는 x^2의 계수의 부호와 일치한다. 이를 정리하면 다음과 같다.

$f(x) = ax^2 + bx + c(a \neq 0)$에서

① 모든 실수 x에 대하여 항상 $f(x) > 0 : a > 0,\ D < 0$

② 모든 실수 x에 대하여 항상 $f(x) \geq 0 : a > 0,\ D \leq 0$

③ 모든 실수 x에 대하여 항상 $f(x) < 0 : a < 0,\ D < 0$

④ 모든 실수 x에 대하여 항상 $f(x) \leq 0 : a < 0,\ D \leq 0$

잠깐! $f(x) = ax^2 + bx + c$에서 $a \neq 0$이라는 조건이 없을 경우 모든 실수 x에 대하여 $f(x)$가 항상 양일 조건($f(x) > 0$)은 $a > 0,\ D < 0$ 또는 $a = 0,\ b = 0,\ c > 0$이다.

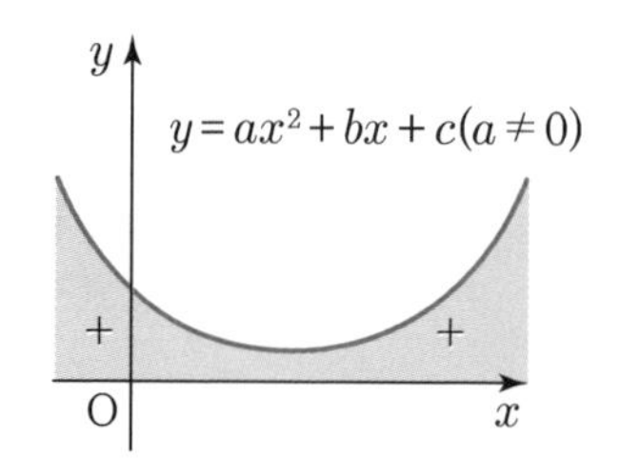

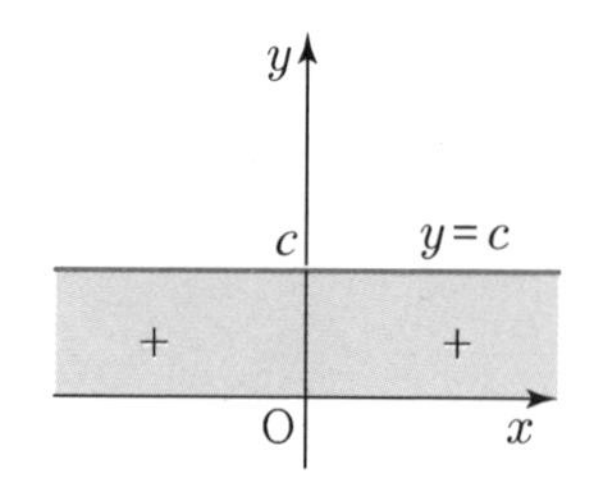

2 이차함수의 그래프와 직선의 위치 관계

(1) 이차함수의 그래프와 직선의 교점에 대한 성질

이차함수 $y = ax^2 + bx + c(a \neq 0)$의 그래프와 직선 $y = mx + n$의 교점의 x좌표는 이차방정식 $ax^2 + bx + c = mx + n$, 즉 $ax^2 + (b - m)x + (c - n) = 0$의 실근과 같다.

(2) 이차함수의 그래프와 직선의 위치 관계

① 이차함수의 그래프와 직선의 위치 관계는 두 점에서 만나는 경우, 접하는 경우, 만나지 않는 경우의 세 가지로 나누어 볼 수 있다.

② 이차함수의 그래프와 직선의 방정식

$y = ax^2 + bx + c(a \neq 0) \cdots$ ㉮, $y = mx + n \cdots$ ㉯에서 y를 소거하여 교점의 x좌표를 구하는 식을 만들면 $ax^2 + bx + c = mx + n(a \neq 0)$이다.

즉, $ax^2 + (b - m)x + (c - n) = 0(a \neq 0) \cdots$ ㉰이고, 이 방정식의 판별식을 D라 하면

㉠ $D > 0$: ㉰는 서로 다른 두 실근 → ㉮, ㉯는 두 점에서 만난다.

㉡ $D = 0$: ㉰는 중근 → ㉮, ㉯는 한 점에서 만난다(접한다).

㉢ $D < 0$: ㉰는 서로 다른 두 허근 → ㉮, ㉯는 만나지 않는다.

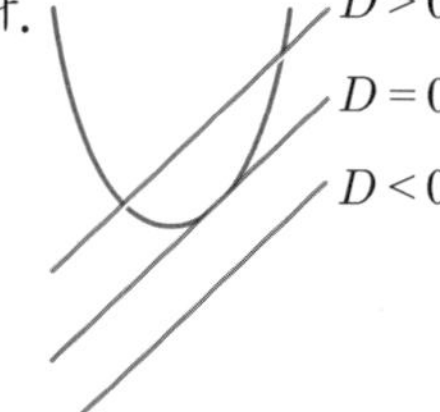

3 방정식의 실근의 개수

방정식 $f(x) = 0$의 실근의 개수를 조사하려면, 첫째 함수 $y = f(x)$의 그래프의 개형을 그려 x축과의 교점의 개수를 조사하거나, 둘째 $f(x) = 0$을 $g(x) = h(x)$의 꼴로 변형하여 함수 $y = g(x)$의 그래프와 함수 $y = h(x)$의 그래프의 교점의 개수를 조사하면 된다.

바로 바로 CHECK√

01 직선 $y = 2x + 5$와 평행하고, 이차함수 $y = x^2 - 1$의 그래프에 접하는 접선의 방정식은?

① $y = 2x - 2$ ② $y = 2x + 2$
③ $y = 2x - 1$ ④ $y = 2x + 1$

02 모든 실수 x에 대하여 $x^2 - 2x + k > 0$을 만족하는 실수 k의 값의 범위는?

① $k > 1$ ② $k < 1$
③ $k > 4$ ④ $k < 4$

01 직선 $y = 2x + 5$에 평행하므로 구하는 접선을 $y = 2x + b$라 놓을 수 있다.
$y = 2x + b$와 $y = x^2 - 1$이 접하려면,
$2x + b = x^2 - 1$
$x^2 - 2x - b - 1 = 0$에서
$\frac{D}{4} = (-1)^2 - (-b - 1) = 0$
$b = -2$
따라서 구하는 접선의 방정식은
$\therefore y = 2x - 2$

답 ①

02 $\frac{D}{4} = (-1)^2 - 1 \times k < 0$
$\therefore k > 1$

답 ①

02 이차방정식의 실근의 부호

1 이차방정식의 실근의 부호

이차방정식 $ax^2 + bx + c = 0 (a \neq 0)$의 두 근을 α, β라 하고 $D = b^2 - 4ac$라 할 때 실근의 부호는 다음과 같다.

(1) 두 근이 모두 양수인 경우

두 근이 모두 0보다 클 때 : $\alpha + \beta > 0$, $\alpha\beta > 0$, $D \geq 0$

(2) 두 근이 모두 음수인 경우

두 근이 모두 0보다 작을 때 : $\alpha + \beta < 0$, $\alpha\beta > 0$, $D \geq 0$

(3) 두 근이 다른 부호인 경우

0이 두 근 사이에 있을 때 : $\alpha\beta < 0$

심화학습 두 근 α, β와 상수 k의 위치 관계

이차방정식 $ax^2+bx+c=0(a>0)$의 두 근을 α, $\beta(\alpha \le \beta)$, $D=b^2-4ac$라 할 때, 두 근 α, β와 상수 k의 위치 관계는 다음과 같다.
$f(x)=ax^2+bx+c(a>0)$라고 할 때,

① 두 근 α, β가 k보다 클 조건
 ㉠ $D \ge 0$
 ㉡ $f(k)>0$
 ㉢ $\dfrac{\alpha+\beta}{2}>k$의 공통범위

잠깐! $\dfrac{\alpha+\beta}{2}$는 대칭축의 식인 $-\dfrac{b}{2a}$로 계산한다.

② 두 근 α, β가 k보다 작을 조건
 ㉠ $D \ge 0$
 ㉡ $f(k)>0$
 ㉢ $\dfrac{\alpha+\beta}{2}<k$의 공통범위

③ k가 두 근 α, β 사이에 있을 조건 : $f(k)<0$

④ 두 근 α, β가 k와 $k'(k'<k)$ 사이에 있을 조건
 ㉠ $D \ge 0$
 ㉡ $f(k)>0$, $f(k')>0$
 ㉢ $k'<\dfrac{\alpha+\beta}{2}<k$

바로 바로 CHECK√

01 이차방정식 $kx^2+kx+k+2=0$의 두 근의 부호가 서로 다를 때, k의 값의 범위는?

① $-2<k<0$　② $0<k<2$
③ $0<k<3$　④ $1<k<4$

01 두 근을 α, β라 할 때, 두 근의 부호가 서로 다르면 $\alpha\beta<0$이다.

$\alpha\beta=\frac{k+2}{k}<0$이므로

양변에 k^2을 곱하면,

$k(k+2)<0$

$\therefore\ -2<k<0$

답 ①

02 이차방정식 $x^2-ax+a+3=0$의 두 근 사이에 2가 있도록 실수 a의 값의 범위를 정하면?

① $a>3$　② $a<3$
③ $a>7$　④ $a<7$

02

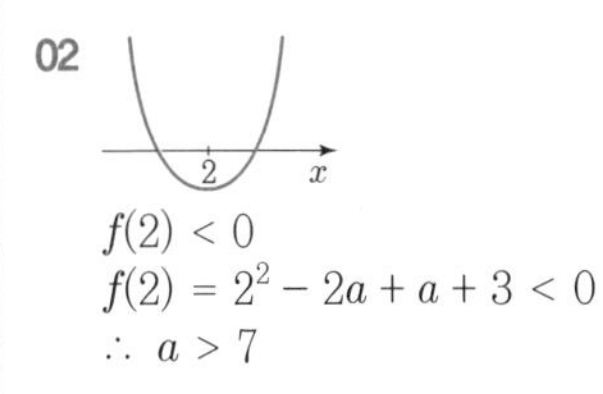

$f(2)<0$

$f(2)=2^2-2a+a+3<0$

$\therefore\ a>7$

답 ③

03 이차함수의 최대 · 최소

1 최댓값과 최소값

함수 $y=f(x)$의 치역에서 최대인 값을 함수 $f(x)$의 최댓값, 최소인 값을 함수 $f(x)$의 최솟값이라 한다.

2 이차함수의 최대 · 최소 중요+

(1) x의 값의 범위가 없는 경우

$y=a(x-p)^2+q$에서

① $a>0$이면 $x=p$일 때, 최솟값 q(최댓값 없음)

② $a<0$이면 $x=p$일 때, 최댓값 q(최솟값 없음)

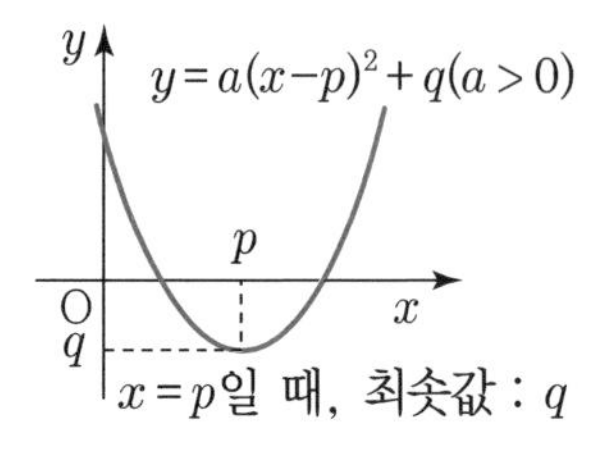

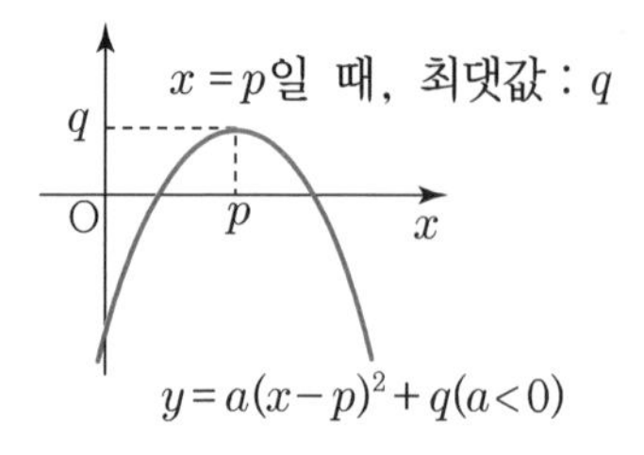

(2) x의 값의 범위가 주어지는 경우 : 그래프를 이용한다.

① 꼭짓점이 범위에 포함될 때(꼭짓점의 x좌표가 α, β 사이에 있을 때)

$$\alpha \le p \le \beta \text{일 때, } f(x) = a(x-p)^2 + q\ (a \ne 0)$$

㉠ $a > 0$이면 꼭짓점 $x = p$에서 최소이고 $f(\alpha)$, $f(\beta)$ 중 큰 쪽이 최대이다.

㉡ $a < 0$이면 꼭짓점 $x = p$에서 최대이고 $f(\alpha)$, $f(\beta)$ 중 작은 쪽이 최소이다.

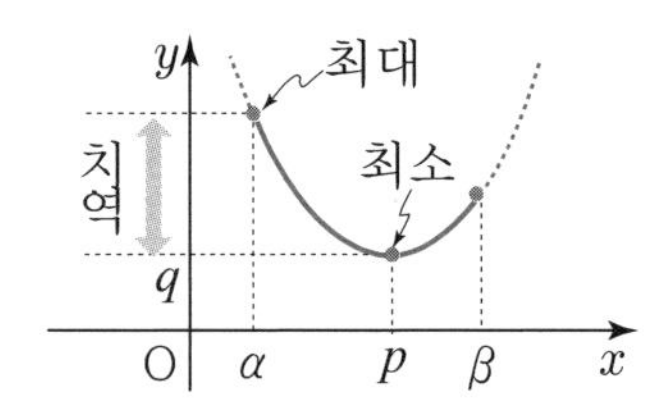

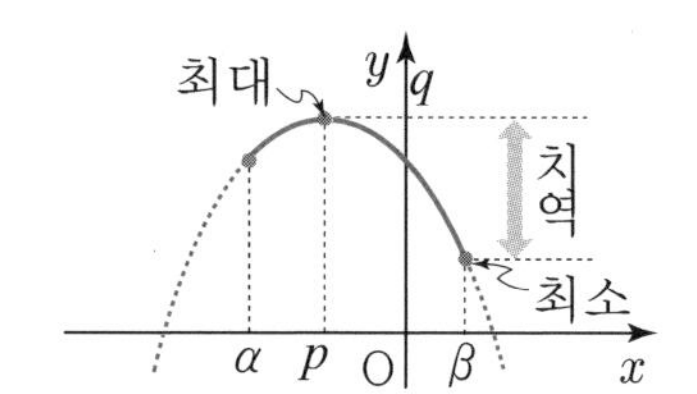

② 꼭짓점이 범위에 포함되지 않을 때(꼭짓점의 x좌표가 α, β 밖에 있을 때)

$$p > \beta \text{ 또는 } p < \alpha \text{일 때, } f(x) = a(x-p)^2 + q\ (a \ne 0)$$

$f(\alpha)$, $f(\beta)$ 중 큰 쪽이 최대이고 작은 쪽이 최소이다.

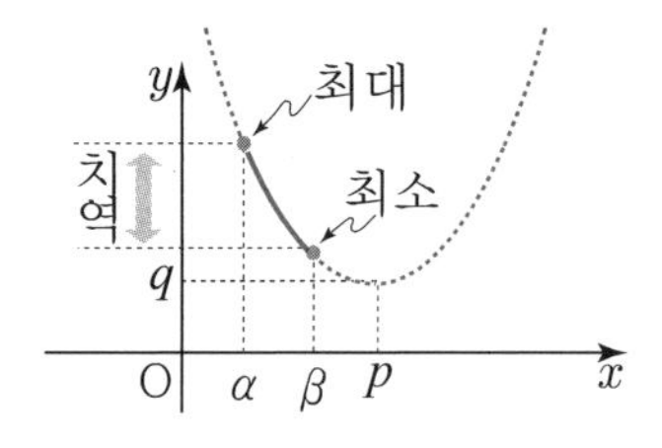

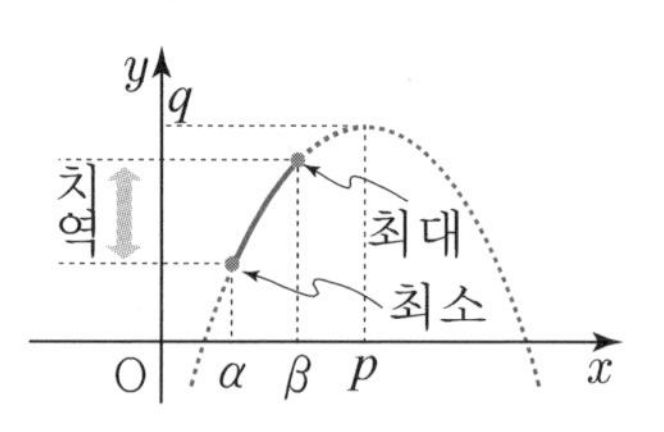

잠깐! 범위가 주어진 문자를 다른 문자로 치환할 때 범위도 함께 변함에 주의한다.

바로 바로 CHECK√

01 이차함수 $y = x^2 + ax + b$가 $x = 1$에서 최솟값 2를 가질 때, a, b에 대하여 $a - b$의 값은?

① 2　　② 0
③ -5　　④ -7

02 x값의 범위가 $0 \le x \le 4$일 때, 이차함수 $y = x^2 - 6x + 5$의 최솟값은?

① -4　　② -2
③ 2　　④ 4

03 x값의 범위가 $-1 \le x \le 4$일 때, 이차함수 $y = x^2 - 6x + 10$의 최댓값은?

① 6　　② 10
③ 14　　④ 17

01 $x = 1$일 때 최솟값 2를 가지므로
$y = (x-1)^2 + 2$
$= x^2 - 2x + 3$
$a = -2$, $b = 3$
$\therefore a - b = -2 - 3 = -5$

답 ③

02 $y = x^2 - 6x + 5$
$= x^2 - 6x + 9 - 4$
$= (x-3)^2 - 4$
이때, $x = 3$은 주어진 범위에 속하므로 $x = 3$일 때, 최솟값 -4를 갖는다.

답 ①

03 $y = x^2 - 6x + 10 = (x-3)^2 + 1$
$x = 3$이 주어진 범위에 속하고
$f(-1) = (-1-3)^2 + 1 = 17$,
$f(4) = (4-3)^2 + 1 = 2$
이므로 최댓값은 17이다.

답 ④

01 이차함수 $y = x^2 - 5x + 6$의 그래프와 x축이 만나는 점의 x좌표의 합을 구하면?

① 4 ② 5
③ 6 ④ 7

02 이차함수 $y = x^2 + 2kx + k$의 그래프가 x축과 접할 때, 상수 k의 값은?

① $k = 0$ 또는 $k = 3$ ② $k = 1$ 또는 $k = 2$
③ $k = 0$ 또는 $k = 1$ ④ $k = 1$ 또는 $k = 3$

03 이차방정식 $ax^2 + bx + c = 0$의 판별식을 D라 하고, $a > 0$, $D > 0$일 때, 이차함수 $y = ax^2 + bx + c$의 그래프의 개형은?

①
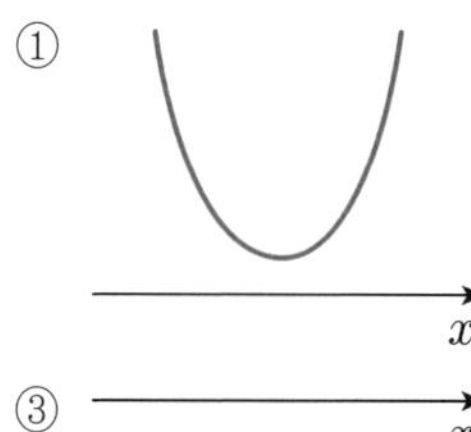

②
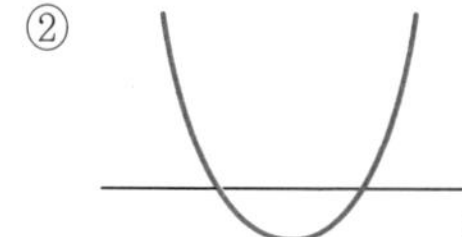

③

④
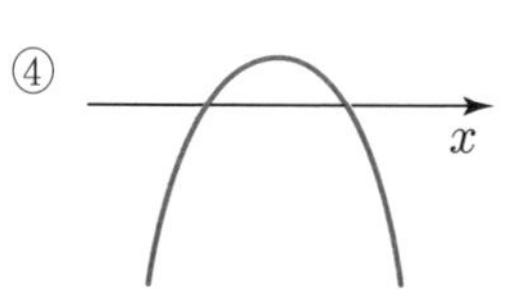

01

이차함수 $y = x^2 - 5x + 6$의 그래프와 x축과 만나는 점은 $y = 0$일 때의 x의 값이므로
$x^2 - 5x + 6 = 0$
$(x - 2)(x - 3) = 0$
$x = 2$ 또는 $x = 3$
따라서 x좌표의 합은 $2 + 3 = 5$이다.

02

x축과 접하므로 판별식 $\frac{D}{4} = 0$이다.
$\frac{D}{4} = k^2 - 1 \times k = 0$
$k(k - 1) = 0$
$\therefore k = 0$ 또는 $k = 1$

03

$D = b^2 - 4ac > 0$이라는 것은 x축과 서로 다른 두 점에서 만난다는 의미이고, $a > 0$이므로 아래로 볼록한 형태가 된다.

ANSWER
01. ② 02. ③ 03. ②

04 이차함수 $y = x^2 - 2x - 3$의 그래프와 x축과의 교점의 개수는?

① 0개 ② 1개
③ 2개 ④ 3개

05 기출 다음 중 함수의 그래프가 x축과 서로 다른 두 점에서 만나는 것은?

① $y = x^2 - 1$ ② $y = x^2 + 1$
③ $y = x^2 + x + 1$ ④ $y = x^2 + 2x + 1$

06 이차함수 $y = x^2 + 2x + k - 1$의 그래프가 x축과 서로 다른 두 점에서 만날 때, 실수 k의 값의 범위는?

① $k > 2$ ② $k < 2$
③ $k > 3$ ④ $k < 3$

07 모든 실수 x에 대하여 부등식 $x^2 + 2(m+1)x - m + 1 > 0$이 성립할 때, 실수 m의 값의 범위는?

① $0 < m < 3$ ② $-3 < m < 0$
③ $3 < m < 6$ ④ $-3 < m < 3$

04

교점의 개수는
$D > 0 \rightarrow$ 2개
$D = 0 \rightarrow$ 1개(중근)
$D < 0 \rightarrow$ 0개
$\frac{D}{4} = (-1)^2 - 1 \times (-3) = 4 > 0$이므로
교점의 개수는 2이다.

05

이차함수 $y = ax^2 + bx + c$가 x축과 서로 다른 두 점에서 만나기 위한 조건은 $D = b^2 - 4ac > 0$이다.
① $D = 0^2 - 4 \times 1 \times (-1) = 4 > 0$
② $D = 0^2 - 4 \times 1 \times 1 = -4 < 0$
③ $D = 1^2 - 4 \times 1 \times 1 = -3 < 0$
④ $\frac{D}{4} = 1^2 - 1 \times 1 = 0$

06

서로 다른 두 점에서 만난다.
$\rightarrow D > 0$
$\frac{D}{4} = 1^2 - (k-1) > 0$
$2 - k > 0$
$\therefore k < 2$

07

조건 : $D < 0$
$\frac{D}{4} = (m+1)^2 - 1 \times (-m+1) < 0$
$m^2 + 3m < 0$
$m(m+3) < 0$
$\therefore -3 < m < 0$

ANSWER
04. ③ 05. ① 06. ② 07. ②

08 모든 실수 x에 대하여 함수 $y = x^2 + (m-1)x + 5$의 그래프가 직선 $y = x + 1$과 만나지 않을 때, 실수 m의 값의 범위는?

① $2 \le m < 6$　② $-2 < m < 6$
③ $m > 6$ 또는 $m < -2$　④ $m = 2$ 또는 $m = 6$

09 이차함수 $y = x^2 + ax + 1$의 그래프와 직선 $y = x - 3$이 한 점에서 만나도록 하는 양수 a의 값은?

① 1　② 3
③ 5　④ 7

10 직선 $y = mx$는 함수 $y = x^2 - x + 1$의 그래프와 두 점에서 만나고, 함수 $y = x^2 + x + 1$과 만나지 않는다. 이때, m의 값의 범위는?

① $m > 3$　② $1 < m < 3$
③ $-3 < m < -1$　④ $m < -3$

08

$x^2 + (m-1)x + 5 = x + 1$
$x^2 + (m-2)x + 4 = 0$
조건 : $D < 0$
$(m-2)^2 - 4 \times 1 \times 4 < 0$
$m^2 - 4m - 12 < 0$
$(m+2)(m-6) < 0$
$\therefore\ -2 < m < 6$

09

이차함수 $y = x^2 + ax + 1$의 그래프와 직선 $y = x - 3$이 한 점에서 만나면 $D = 0$이어야 한다.
$x^2 + ax + 1 = x - 3$
$x^2 + (a-1)x + 4 = 0$
$D = (a-1)^2 - 4 \times 4 = 0$
$(a-1)^2 = 16$
$a = 5$ 또는 $a = -3$
a는 양수이므로 $a = 5$이다.

10

$x^2 - x + 1 = mx$에서
$x^2 - (1+m)x + 1 = 0$
두 점에서 만나므로 $D > 0$
즉, $(1+m)^2 - 4 > 0$
$m < -3$ 또는 $m > 1$ ⋯ ㉮
또, $x^2 + x + 1 = mx$에서
$x^2 + (1-m)x + 1 = 0$
만나지 않으므로 $D < 0$
즉, $(1-m)^2 - 4 < 0$
$-1 < m < 3$ ⋯ ㉯
㉮, ㉯의 공통범위를 구하면
$\therefore\ 1 < m < 3$

ANSWER
08. ②　09. ③　10. ②

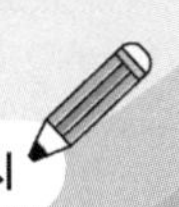

11 이차방정식 $2x^2+3x+5m=0$의 두 근이 모두 1보다 작을 때, m값의 범위는?

고난도

① $m \geq 1$

② $m \leq \frac{9}{40}$

③ $-1 < m \leq \frac{9}{40}$

④ $m \leq -1$ 또는 $m \geq \frac{9}{40}$

11

1) $D \geq 0$

$3^2 - 4 \times 2 \times 5m \geq 0 \therefore m \leq \frac{9}{40}$

2) $\frac{\alpha+\beta}{2} < 1$

$\frac{1}{2}(\alpha+\beta) = \frac{1}{2} \times \left(-\frac{3}{2}\right)$

$= -\frac{3}{4} < 1$(성립○)

3) $f(1) > 0$

$f(1) = 2 \times 1^2 + 3 \times 1 + 5m > 0$

$\therefore m > -1$

1), 2), 3)의 공통범위를 구하면

$\therefore -1 < m \leq \frac{9}{40}$

12 이차방정식 $x^2-2(m-4)x+2m=0$의 두 근 사이에 2가 있을 때, m의 값의 범위는?

① $m > 10$

② $m < 0$

③ $0 \leq m < 10$

④ $m \leq 0$ 또는 $m \geq 10$

12

$f(x) = x^2 - 2(m-4)x + 2m$

$f(2) < 0$

$f(2) = 2^2 - 2 \times 2(m-4) + 2m$

$= -2m + 20 < 0$

$\therefore m > 10$

13 이차방정식 $x^2-ax+4=0$의 두 근이 모두 1보다 클 때, a의 값의 범위는?

① $4 \leq a < 5$

② $4 < a \leq 5$

③ $-4 \leq a \leq 4$

④ $-4 \leq a < 2$

13

1) $D \geq 0$

$(-a)^2 - 4 \times 1 \times 4 \geq 0$

$\therefore a \leq -4$ 또는 $a \geq 4$

2) $\frac{\alpha+\beta}{2} > 1$

$\frac{a}{2} > 1 \therefore a > 2$

3) $f(1) > 0$

$f(1) = 1^2 - a \times 1 + 4 > 0$

$\therefore a < 5$

1), 2), 3)의 공통범위를 구하면

$\therefore 4 \leq a < 5$

ANSWER

11. ③ 12. ① 13. ①

14 이차방정식 $3x^2-6ax-3a-1=0$의 두 근이 -1과 1 사이에 있을 때, a값의 범위는?

고난도

① $-\frac{2}{3}<a<\frac{2}{9}$ ② $-\frac{2}{9}<a<\frac{2}{3}$

③ $a<-\frac{2}{3}$ ④ $a>\frac{2}{9}$

15 $-3\le x\le 0$일 때, 이차함수 $y=-(x+1)^2+4$의 최댓값은?

기출

① 2
② 3
③ 4
④ 5

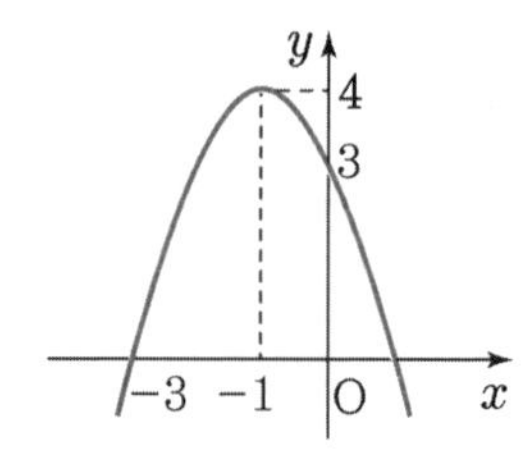

16 어떤 물체를 위로 던질 때, t초 후의 물체의 높이를 y(m)라고 하면, $y=-t^2+6t$인 관계가 성립한다. 이 물체는 $t=a$일 때 최고 높이에 도달한다. 이때, a의 값은?

기출

① 1
② 2
③ 3
④ 4

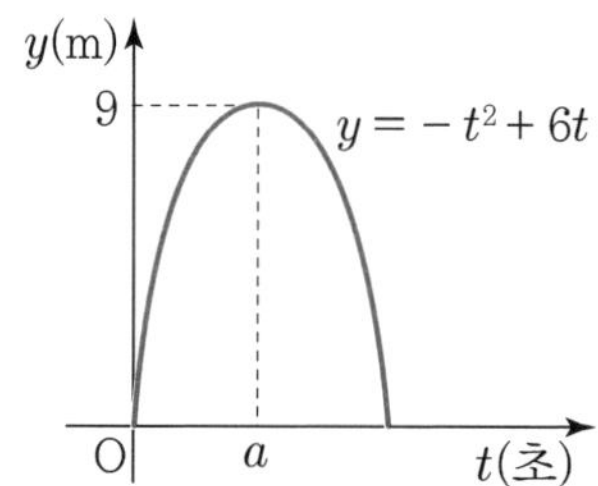

14

$f(x)=3x^2-6ax-3a-1$이라 하면,

$\frac{D}{4}=(-3a)^2-3(-3a-1)$

$=9\left(a+\frac{1}{2}\right)^2+\frac{3}{4}$

이므로 항상 $\frac{D}{4}>0$

$-1<a<1$(축) … ㉮

$f(-1)=3a+2>0$ … ㉯

$f(1)=2-9a>0$ … ㉰

㉮, ㉯, ㉰의 공통범위를 구하면

$\therefore -\frac{2}{3}<a<\frac{2}{9}$

15

이차함수 $y=-(x+1)^2+4$

$x=-1$일 때 최댓값 4를 갖는다.

16

$y=-t^2+6t$

$=-(t^2-6t+9-9)$

$=-(t-3)^2+9$

$t=3$일 때 최댓값은 9

$\therefore a=3$

ANSWER

14. ① 15. ③ 16. ③

17  $2 \le x \le 4$일 때, 이차함수 $y = (x-1)^2 - 2$의 최댓값과 최솟값의 합은?

① 2
② 4
③ 6
④ 8

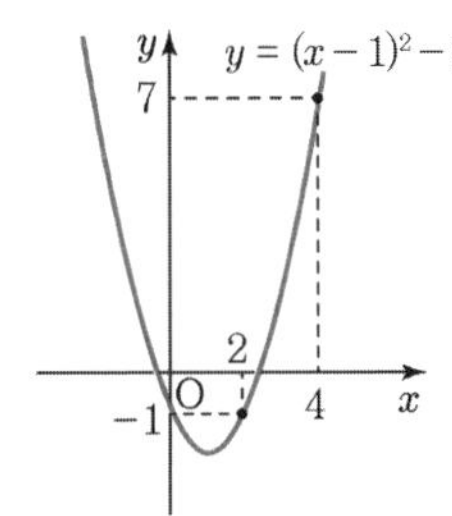

18 기출 $-1 < x < 4$일 때, 이차함수 $y = -x^2 + 6x - 4$의 최댓값은?

① -4　② -1
③ 2　④ 5

17

이차함수 $y=(x-1)^2-2$는
$x=2$일 때 최솟값 -1,
$x=4$일 때 최댓값 7을 가지므로
최댓값과 최솟값의 합은
$= -1+7=6$

18

$y = -x^2 + 6x - 4$
$= -(x^2+6x+9-9)-4$
$= -(x-3)^2+5$
따라서 $x=3$일 때 최댓값 5를 갖는다.

ANSWER
17. ③ 18. ④

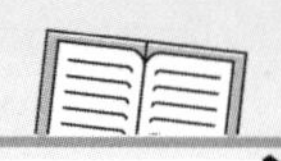

Chapter

04 여러 가지 방정식

고차방정식보다는 연립방정식에서 주로 출제되고 있습니다. 다만, 일차식과 이차식으로 연립된 방정식이므로 풀이 방법을 익혀두는 것이 좋습니다.

01 고차방정식

1 고차방정식

$f(x)$가 x의 n차 다항식일 때, 방정식 $f(x)=0$의 꼴을 x에 대한 n차 방정식이라 한다. 특히 $n=3,\ 4,\ \cdots$ 일 때, 각각 삼차방정식, 사차방정식 $\cdots$ 이라 하고, 이를 고차방정식이라 한다.

2 고차방정식의 풀이

(1) 인수분해에 의한 방법

인수분해 공식 또는 인수정리, 조립제법을 이용하여 인수분해한 다음, 아래의 방법으로 해를 구한다.

① $AB=0 \iff A=0$ 또는 $B=0$

② $ABC=0 \iff A=0$ 또는 $B=0$ 또는 $C=0$

예 1) $x^2=1,\ x^2-1=0,\ (x+1)(x-1)=0 \quad \therefore x=-1$ 또는 $x=1$

2) $x^3=1,\ x^3-1=0,\ (x-1)(x^2+x+1)=0 \quad \therefore x=1$ 또는 $x=\dfrac{-1\pm\sqrt{3}i}{2}$

잠깐! 1의 세제곱근 : $x^3=1$의 한 허근을 w라 할 때, 다음 등식이 성립한다.

1) 다른 한 허근은 $w^2(=\overline{w})$ 2) $w^3=1$

3) $w^2+w+1=0$ 4) $w+\dfrac{1}{w}=-1$

바로 바로 CHECK√

01 방정식 $x^3 = 1$의 한 허근을 w라고 할 때, $w^{100} + w^{50} + 1$의 값은?

① -2　② -1

③ 0　④ 1

02 다음 방정식을 풀어라.

$x^4 - x^3 - 2x^2 = 0$

01 $w^{100} + w^{50} + 1$
$= (w^3)^{33} \times w + (w^3)^{16} \times w^2 + 1$
$= w + w^2 + 1 = 0$

답 ③

02 $x^2(x^2 - x - 2) = 0$
$x^2(x-2)(x+1) = 0$
$x^2 = 0$ 또는 $x - 2 = 0$ 또는 $x + 1 = 0$
$\therefore x = 0$(중근) 또는 $x = 2$ 또는 $x = -1$

(2) 복이차방정식에 의한 방법

$x^4 + ax^2 + b = 0$ (a, b는 상수)과 같이 차수가 짝수인 항과 상수항으로만 이루어진 방정식을 복이차방정식이라고 하며 이는 다음과 같은 방법으로 푼다.

① $x^2 = t$로 치환하여 인수분해나 근의 공식을 이용한다.

② 이차항 ax^2을 적당히 분리하여 $(x^2 + A)^2 - (Bx)^2 = 0$의 꼴로 변형한 후 인수분해하여 해를 구한다.

예 $x^4 + x^2 + 1 = x^4 + 2x^2 + 1 - x^2 = (x^2+1)^2 - x^2 = (x^2 + x + 1)(x^2 - x + 1)$

바로 바로 CHECK√

01 다음 삼차방정식 $x^3 - x^2 - 4x + 4 = 0$의 근이 아닌 것은?

① -2　② -1

③ 1　④ 2

02 사차방정식 $x^4 - x^3 - x^2 - x - 2 = 0$을 풀어라.

01 $x^3 - x^2 - 4x + 4 = 0$
$x^2(x-1) - 4(x-1) = 0$
$(x-1)(x^2-4) = 0$
$(x-1)(x+2)(x-2) = 0$
$\therefore x = -2$ 또는 $x = 1$ 또는 $x = 2$

답 ②

02 $f(x) = x^4 - x^3 - x^2 - x - 2$로 놓으면

2	1	-1	-1	-1	-2
		2	2	2	2
-1	1	1	1	1	0
		-1	0	-1	
	1	0	1	0	

$f(x) = (x-2)(x+1)(x^2+1)$
$(x-2)(x+1)(x^2+1) = 0$
$\therefore x = 2$ 또는 $x = -1$ 또는 $x = \pm i$

02 연립일차방정식

1 연립방정식

(1) 연립방정식의 정의

$$\begin{cases} x+y+1=0 \cdots ㉮ \\ 3x-y-5=0 \cdots ㉯ \end{cases}$$

와 같이 2개 이상의 미지수를 포함하고 있는 방정식을 연립방정식이라 한다.

(2) "연립방정식을 푼다."의 의미

위의 식에서 $x=1$, $y=-2$는 ㉮, ㉯의 식을 동시에 만족하는데, 이때 $x=1$, $y=-2$를 연립방정식 ㉮, ㉯의 해 또는 근이라 하고 이것을 구하는 것을 "연립방정식을 푼다."고 한다.

2 미지수가 2개인 연립일차방정식

(1) 미지수가 2개인 연립일차방정식의 의미

$$\begin{cases} 3x+2y=4 \\ x+y=1 \end{cases}$$

와 같이 미지수가 2개이고 일차식으로만 이루어진 연립방정식을 미지수가 2개인 연립일차방정식이라고 한다.

(2) 미지수가 2개인 연립일차방정식의 풀이 방법

① 2개의 미지수 중 1개를 소거하여 미지수가 1개인 일차방정식을 만들어 미지수의 값을 구한다.

② 그 값을 연립방정식의 한 식에 대입하여 나머지 미지수의 값을 구한다.

기초학습 미지수를 소거하는 방법

1) 가감법 : 미지수의 계수의 절댓값을 같게 한 후 두 식을 더하거나 빼서 1개의 미지수를 없애는(소거하는) 방법

예 $\begin{cases} x-y=2 \\ 2x-3y=5 \end{cases}$

x의 계수를 같게 한 뒤 두 식을 빼서 y의 값을 구한다.

$$\begin{array}{rr} & 2x-2y=4 \\ -) & 2x-3y=5 \\ \hline & y=-1 \end{array}$$

$y=-1$을 식에 대입하여 x의 값을 구하면

$x-(-1)=2,\ x+1=2 \Rightarrow x=1 \quad \therefore x=1,\ y=-1$

2) 대입법 : 한 쪽의 방정식을 한 변수(미지수)에 대하여 풀고 다른 한 쪽의 방정식에 대입하여 한 변수(미지수)를 소거하는 방법

예 $\begin{cases} x-y=2 \\ 2x-3y=5 \end{cases}$

$x-y=2$를 y에 대해 정리하면 $y=x-2$

이 식을 $2x-3y=5$에 대입하면

$2x-3(x-2)=5 \Rightarrow -x=-1 \Rightarrow x=1$

$x=1$을 $y=x-2$에 대입하여 y의 값을 구하면

$\therefore x=1,\ y=-1$

3) 등치법 : 2개의 방정식을 같은 미지수 x(또는 y)에 관하여 풀어 두 식을 같다고 놓고 다른 미지수 y(또는 x)만의 방정식으로 고쳐서 계산하는 방법

예 $\begin{cases} x-y=2 \\ 2x-3y=5 \end{cases}$

위 식을 x에 대한 식으로 정리하면

$x=2+y$

$x=\dfrac{5+3y}{2}$

이 식을 y에 관한 방정식으로 고쳐서 계산하면

$2+y=\dfrac{5+3y}{2} \Rightarrow 2(2+y)=5+3y \Rightarrow 4+2y=5+3y \Rightarrow y=-1$

$y=-1$을 식에 대입하여 x의 값을 구하면

$\therefore x=1,\ y=-1$

바로 바로 CHECK√

연립방정식 $\begin{cases} x+y=5 \\ xy=6 \end{cases}$을 만족하는 x, y에 대하여 $|x-y|$의 값은?

① 1 ② 3

③ 5 ④ 7

$(x-y)^2 = (x+y)^2 - 4xy$
$= 5^2 - 4 \times 6$
$= 1$
$\therefore |x-y| = 1$

답 ①

(3) 연립방정식의 부정과 불능

연립방정식 $ax+by+c=0$, $a'x+b'y+c'=0$의 근은 다음의 경우에 부정과 불능이 된다.

① 부정 : 근이 무수히 많다(일치).

$$\frac{a}{a'} = \frac{b}{b'} = \frac{c}{c'}$$

② 불능 : 근이 없다(평행).

$$\frac{a}{a'} = \frac{b}{b'} \neq \frac{c}{c'}$$

잠깐! 두 식에서 x, y의 계수가 같은 비인데 상수항이 다를 경우 이를 그래프로 그려보면 y절편의 크기만 다르고 기울기가 같은 평행한 2개의 선분으로 나타난다. 따라서 이를 평행이라 한다.

바로 바로 CHECK√

x, y에 관한 연립방정식 $\begin{cases} ax+y+3=0 \\ 2x+(a-1)y-6=0 \end{cases}$의 해가 없을 때, a의 값은?

① 1 ② -1

③ 2 ④ -2

$\begin{cases} ax+y+3=0 \\ 2x+(a-1)y-6=0 \end{cases}$

$\begin{cases} 2ax+2y+6=0 \cdots ㉮ \\ 2ax+a(a-1)y-6a=0 \cdots ㉯ \end{cases}$

㉮ − ㉯ : $(a-2)(a+1)y = 6(a+1)$

$a=-1$이면 $0 \times y = 0$ ∴ 부정

$a=2$이면 $0 \times y = 18$ ∴ 불능

답 ③

03 미지수가 2개인 연립이차방정식

1 미지수가 2개인 연립이차방정식

$\begin{cases} x-y=1 \\ x^2+y^2=16 \end{cases}$ 과 같이 미지수가 2개인 연립방정식의 각 방정식 중에서 최고차 항의 차수가 이차인 방정식을 포함하고 있는 연립방정식을 미지수가 2개인 연립이차방정식이라 한다.

2 미지수가 2개인 연립이차방정식의 풀이 방법 중요+

미지수가 2개인 연립이차방정식은 다음 두 가지 꼴이 있다.

$\begin{cases} (\text{일차식})=0 \\ (\text{이차식})=0 \end{cases}$ $\begin{cases} (\text{이차식})=0 \\ (\text{이차식})=0 \end{cases}$

(1) 일차방정식과 이차방정식이 연립하는 경우

일차방정식을 어느 한 문자에 대해 정리한 후 이차방정식에 대입하여 1개의 미지수에 대한 이차방정식을 풀어 해를 구한다.

바로 바로 CHECK√

연립방정식 $\begin{cases} x-y+1=0 \\ x^2+y^2=25 \end{cases}$ 를 풀어라.

$\begin{cases} x-y+1=0 \cdots ㉮ \\ x^2+y^2=25 \cdots ㉯ \end{cases}$

㉮에서 $x=y-1$을 ㉯에 대입하면

$(y-1)^2+y^2=25$

$y^2-y-12=0$

$(y+3)(y-4)=0$

$y=-3$ 또는 $y=4$

이 값을 ㉮에 각각 대입하면

$y=-3$일 때, $x=-4$

$y=4$일 때, $x=3$

따라서 구하는 근은

$x=-4,\ y=-3$ 또는 $x=3,\ y=4$

(2) 이차방정식과 이차방정식을 연립하는 경우

① 두 이차방정식의 어느 하나가 인수분해되는 경우

㉠ 두 이차방정식 중 어느 한 방정식이 일차식의 곱으로 인수분해되는 경우 인수분해하여 얻은 2개의 일차방정식을 다른 이차방정식과 각각 연립하여 푼다.

㉡ (x, y의 이차식) $= 0$꼴이면서 인수분해될 때, 어느 한 쪽을 인수분해하여 이차식에 대입한다.

② 두 이차방정식이 모두 인수분해되지 않는 경우

㉠ 'xy'꼴의 항이 없을 때 : 이차항을 소거하여 일차방정식을 만든 후 이차방정식과 연립하여 푼다.

㉡ 'xy'꼴의 항이 있을 때 : 상수항을 소거하여 인수분해되는 이차방정식을 만든 후 ①과 같은 방법으로 푼다.

(3) 두 식 모두 x, y의 대칭꼴인 연립방정식

x, y를 서로 바꾸어 대입해도 변하지 않는 식을 대칭식이라고 한다. 이 경우에는 근과 계수의 관계를 사용하여, $x+y=u$, $xy=v$로 놓고, u, v에 대한 연립방정식을 푼 다음, x, y가 이차방정식 $t^2-ut+v=0$의 근이 됨을 이용하여 해를 구한다.

01 다음 방정식을 풀어라.

(1) $x^3 = -8$

(2) $x^3 - x^2 - 6x = 0$

02 삼차방정식 $x^3 - 6x^2 + 11x - 6 = 0$의 근을 구하면?

① $x = 1$ 또는 $x = -2$ 또는 $x = 3$
② $x = -1$ 또는 $x = 2$ 또는 $x = -3$
③ $x = 1$ 또는 $x = 2$ 또는 $x = 3$
④ $x = -1$ 또는 $x = -2$ 또는 $x = 3$

03 사차방정식 $x^4 + ax^2 - 3 = 0$의 한 근이 $x = -1$일 때, 상수 a의 값은?

① 1 ② 2
③ 3 ④ 4

01

(1) $x^3 + 8 = 0$

$(x+2)(x^2 - 2x + 4) = 0$

$\therefore x = -2$ 또는

$x = 1 \pm \sqrt{(-1)^2 - 4 \times 1}$

$= 1 \pm \sqrt{3}i$

(2) $x(x^2 - x - 6) = 0$

$x(x-3)(x+2) = 0$

$\therefore x = -2$ 또는 $x = 0$ 또는 $x = 3$

02

$f(x) = x^3 - 6x^2 + 11x - 6$

$f(1) = 0$이므로 $f(x)$는 $x - 1$을 인수로 갖는다.

$(x-1)(x^2 - 5x + 6) = 0$

$(x-1)(x-2)(x-3) = 0$

$\therefore x = 1$ 또는 $x = 2$ 또는 $x = 3$

03

주어진 사차방정식의 한 근이 -1이므로, $x = -1$을 대입하면 등식이 성립한다.

$x = -1$을 대입하면,

$1 + a - 3 = 0$

$\therefore a = 2$

ANSWER

01. (1) $x = -2$ 또는 $x = 1 \pm \sqrt{3}i$
(2) $x = -2$ 또는 $x = 0$ 또는 $x = 3$

02. ③ 03. ②

04 사차방정식 $x^4 - 3x^2 - 4 = 0$의 근을 구하면?

① $x = \pm i$ 또는 $x = \pm 2$

② $x = \pm 2i$ 또는 $x = \pm 1$

③ $x = -2i$ 또는 $x = \pm i$

④ $x = 2i$ 또는 $x = -1$

04

$x^2 = t$로 놓으면

$t^2 - 3t - 4 = 0$

$(t+1)(t-4) = 0$

$t = -1$ 또는 $t = 4$

$x^2 = -1$ 또는 $x^2 = 4$

$\therefore x = \pm i$ 또는 $x = \pm 2$

05 사차방정식 $x^4 + x^2 - 6 = 0$의 근이 아닌 것은?

① $\sqrt{2}$ ② $-\sqrt{2}$

③ $\sqrt{3}i$ ④ 2

05

$x^2 = t$로 놓으면

$t^2 + t - 6 = 0$

$(t+3)(t-2) = 0$

$t = -3$ 또는 $t = 2$

$x^2 = -3$ 또는 $x^2 = 2$

$\therefore x = \pm\sqrt{3}i$ 또는 $x = \pm\sqrt{2}$

06 사차방정식 $2x^4 - 3x^3 + 4x^2 - 3x + 2 = 0$의 근이 아닌 것은?

고난도

① i ② $-i$

③ $\dfrac{3+\sqrt{7}i}{4}$ ④ $\dfrac{2+\sqrt{5}i}{3}$

06

양변을 x^2으로 나눈 다음, 정리하면

$2x^2 - 3x + 4 - \dfrac{3}{x} + \dfrac{2}{x^2} = 0$

$2\left(x+\dfrac{1}{x}\right)^2 - 3\left(x+\dfrac{1}{x}\right) = 0$

$x + \dfrac{1}{x} = t$로 놓으면

$2t^2 - 3t = 0$에서 $t = 0$ 또는 $\dfrac{3}{2}$

$x + \dfrac{1}{x} = 0$에서 $x^2 + 1 = 0$이므로

$x = \pm i$

$x + \dfrac{1}{x} = \dfrac{3}{2}$에서 $2x^2 - 3x + 2 = 0$이므로 $x = \dfrac{3\pm\sqrt{7}i}{4}$

$\therefore x = \pm i$ 또는 $x = \dfrac{3\pm\sqrt{7}i}{4}$

ANSWER

04. ① 05. ④ 06. ④

07 기출 연립방정식 $\begin{cases} x+y=2 \\ xy=1 \end{cases}$ 을 만족하는 실수 x, y 에 대하여 x^2+y^2의 값은?

① 0 ② 1
③ 2 ④ 3

08 기출 연립방정식 $\begin{cases} x+y=a \\ xy=6 \end{cases}$ 의 해가 $x=2$, $y=b$일 때, $a+b$의 값은?

① 7 ② 8
③ 9 ④ 10

09 고난도 두 연립방정식 $\begin{cases} ax-y=1 \\ x+y=7 \end{cases}$, $\begin{cases} x-y=b \\ x^2+y^2=25 \end{cases}$ 의 해가 서로 같을 때, 다음 중 a, b가 될 수 있는 값은?

① $a=-1$, $b=1$
② $a=1$, $b=1$
③ $a=1$, $b=-1$
④ $a=-1$, $b=-1$

07

$x^2+y^2=(x+y)^2-2xy$에서
$x+y=2$, $xy=1$을 대입하면
$x^2+y^2=2^2-2\times 1=2$

08

$x+y=a \cdots$ ㉮
$xy=6 \cdots$ ㉯
$x=2$, $y=b$를 ㉮, ㉯식에 대입하면
$2+b=a$, $2\times b=6$
$a=5$, $b=3$
$\therefore a+b=8$

09

$\begin{cases} x+y=7 \\ x^2+y^2=25 \end{cases}$
$\rightarrow (x+y)^2-2xy=x^2+y^2$
$7^2-2xy=25$
$-2xy=-24 \Rightarrow xy=12$
$\begin{cases} x+y=7 \\ xy=12 \end{cases}$
$x=4$, $y=3$
$ax-y=1$과 $x-y=b$에 각각 대입하면
$4a-3=1 \therefore a=1$
$4-3=b \therefore b=1$

ANSWER

07. ③ 08. ② 09. ②

10 두 이차방정식 $x^2-4x+3=0$, $x^2+2x-3=0$의 공통근을 구하면?

① $x=1$　　② $x=-1$
③ $x=3$　　④ $x=-3$

11 두 방정식 $x^3+3x^2-x-3=0$, $x^2+4x+3=0$의 공통근을 구하면?

① $x=3$ 또는 $x=-1$
② $x=-3$ 또는 $x=-1$
③ $x=-1$ 또는 $x=1$
④ $x=3$ 또는 $x=-3$

12 연립이차방정식 의 유리수가 아닌 근을 $x=\alpha$, $y=\beta$ 라 할 때, $\alpha^2+\beta^2$의 값은?

고난도

① 12　　② 13
③ 14　　④ 15

10

$x^2-4x+3=0$
$x^2+2x-3=0$
두 식을 각각 인수분해하면
$(x-1)(x-3)=0$
$\Rightarrow x=1$ 또는 $x=3$
$(x+3)(x-1)=0$
$\Rightarrow x=-3$ 또는 $x=1$
따라서 공통근은 $x=1$이다.

11

$x^2(x+3)-(x+3)$
$=(x+3)(x+1)(x-1)=0$
$\Rightarrow x=-3$ 또는 $x=-1$ 또는 $x=1$
x^2+4x+3
$=(x+3)(x+1)=0$
$\Rightarrow x=-1$ 또는 $x=-3$
$\therefore$ 공통근 : $x=-3$ 또는 $x=-1$

12

$x+y=u$, $xy=v$라 하면
$x^2+9xy+y^2=(x+y)^2+7xy=23$
$u^2+7v=23$ ⋯ ㉮
$x+y+xy=5$에서
$u+v=5$ ⋯ ㉯
㉯에서 $v=5-u$를 ㉮에 대입하면,
$u^2+7(5-u)=23 \Rightarrow u^2-7u+12=0$
$u=3$, $v=2$ 또는 $u=4$, $v=1$
$x+y=3$, $xy=2$ ⋯ ㉰
$x+y=4$, $xy=1$ ⋯ ㉱
이때, ㉰의 근 x, y는 유리수이고, ㉱의 근 x, y는 무리수이다.
$\alpha+\beta=4$, $\alpha\beta=1$
$\therefore \alpha^2+\beta^2=(\alpha+\beta)^2-2\alpha\beta$
$=16-2=14$

ANSWER
10. ①　11. ②　12. ③

13 연립이차방정식 $\begin{cases} x^2 - y^2 - x - 2y = 0 \\ 3x^2 - 3y^2 + x - 6y = 4 \end{cases}$의 해를 $x = \alpha$, $y = \beta$라고 할 때, $\alpha + \beta$의 최솟값은?

① -3 ② -2
③ -1 ④ 0

13

$x^2 - y^2 - x - 2y = 0 \cdots$ ㉮
$3x^2 - 3y^2 + x - 6y = 4 \cdots$ ㉯
㉮ $\times 3 -$ ㉯ : $-4x = -4 \Rightarrow x = 1$
$x = 1$을 ㉮에 대입하면 $y^2 + 2y = 0$
$\Rightarrow y = 0$ 또는 $y = -2$
따라서 $\alpha + \beta$의 최솟값은 -1이다.

ANSWER
13. ③

Chapter 05 여러 가지 부등식

일차부등식의 경우 근의 범위를 구하는 평범한 문제보다는 절댓값 기호가 있는 문제와 연립부등식의 해를 구하는 문제를 숙지하도록 합니다.

01 부등식

1 부등식의 정의

부등호 $>$, $<$, $\geq$, $\leq$를 사용하여 $x+y>3$, $x^2-2x\leq-1$, $a^2+b^2\geq ab$와 같이 수나 식의 대소 관계를 나타낸 식을 부등식이라 한다.

2 부등식의 해

미지수를 포함한 부등식이 참이 되게 하는 미지수의 값 또는 범위를 그 부등식의 해라 하고, 부등식의 해를 모두 구하는 것을 "부등식을 푼다."고 한다.

3 부등식의 성질

(1) 부등식의 성질

실수 a, b, c에 대하여 다음이 성립한다.

① $a>b \Longleftrightarrow a-b>0$, $a<b \Longleftrightarrow a-b<0$

② $a>b$, $b>c \Rightarrow a>c$

③ $a>b \Rightarrow a+m>b+m$, $a-m>b-m$

④ $a > b,\ m > 0 \Rightarrow am > bm,\ \dfrac{a}{m} > \dfrac{b}{m}$(부등호의 방향 그대로)

⑤ $a > b,\ m < 0 \Rightarrow am < bm,\ \dfrac{a}{m} < \dfrac{b}{m}$(부등호의 방향 반대로)

⑥ a와 b가 같은 부호이면 $\Rightarrow ab > 0,\ \dfrac{b}{a} > 0,\ \dfrac{a}{b} > 0$

⑦ a와 b가 다른 부호이면 $\Rightarrow ab < 0,\ \dfrac{b}{a} < 0,\ \dfrac{a}{b} < 0$

(2) 거듭제곱 꼴

① $a > 0,\ b > 0,\ a > b \Rightarrow a^2 > b^2$ (부등호의 방향 그대로)

② $a < 0,\ b < 0,\ a > b \Rightarrow a^2 < b^2$ (부등호의 방향 반대로)

③ $a > b \Rightarrow a^3 > b^3$

02 일차부등식

1 일차부등식의 정의

주어진 부등식을 이항하여 정리했을 때, $ax > b,\ ax < b,\ ax \geq b,\ ax \leq b$(단, $a \neq 0$, a, b는 상수)의 꼴이 되는 부등식을 x에 대한 일차부등식이라 한다.

2 일차부등식 $ax > b$의 풀이 방법

(1) $ax > b$ 꼴로 변형한다.

(2) 양변을 일차항의 계수로 나눈다.

① $a > 0$일 때, $x > \frac{b}{a}$(부등호의 방향 그대로)

② $a < 0$일 때, $x < \frac{b}{a}$(부등호의 방향 반대로)

③ $a = 0$일 때, $\begin{cases} b \ge 0\text{이면 해는 없다.} \\ b < 0\text{이면 해는 모든 실수} \end{cases}$

예 일차부등식 $ax + 3 > 2x + a$의 해를 구하기 위해 이항하여 정리하면 $(a-2)x > a-3$

1) $a > 2$일 때, $x > \frac{a-3}{a-2}$

2) $a < 2$일 때, $x < \frac{a-3}{a-2}$

3) $a = 2$일 때, 해는 모든 실수이다.

기초학습 **부등식의 해의 의미**

1) 해가 없다. : 부등식을 만족시키는 실수 x가 존재하지 않는다.
2) 해가 항상 존재한다. : x에 어떤 수를 대입하더라도 부등식이 성립한다.

바로바로 CHECK√

일차부등식 $x - 5 > 4x + 4$의 해를 구하면?

① $x > -3$ ② $x < -3$
③ $x > 4$ ④ $x < 4$

5를 우변으로, $4x$를 좌변으로 이항하면
$x - 4x > 4 + 5$
$-3x > 9$
$\therefore x < -3$

답 ②

3 절댓값 기호를 포함한 일차부등식

$|x|$는 수직선 위의 원점에서부터 x까지의 거리를 나타내므로 다음과 같은 절댓값의 성질이 성립한다.

(1) 절댓값의 성질 이용

① $A \geq 0$일 때, $|A| = A$

② $A < 0$일 때, $|A| = -A$

(2) 절댓값의 공식 활용

$a > 0$, $b > 0$일 때

① $|x| < a \Rightarrow -a < x < a$

② $|x| > a \Rightarrow x < -a$ 또는 $x > a$

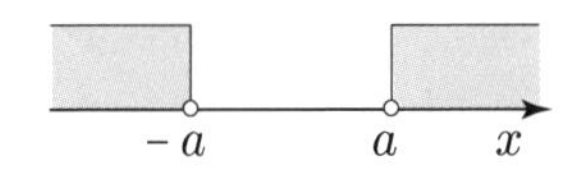

③ $a < |x| < b \Rightarrow a < x < b$ 또는 $-b < x < -a$

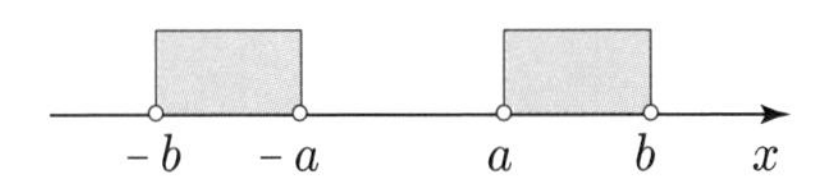

(3) 절댓값 기호가 두 개인 경우

$a > 0$이고 $\alpha < \beta$인 경우 $|x-\alpha| + |x-\beta| < a$는 구간을 나누어 다음과 같이 푼다.

① $x < \alpha$일 때, $-(x-\alpha)-(x-\beta) < a$

② $\alpha \leq x < \beta$일 때, $(x-\alpha)-(x-\beta) < a$

③ $x \geq \beta$일 때, $(x-\alpha)+(x-\beta) < a$

바로 바로 CHECK√

01 부등식 $|2x-5|>1$의 해를 구하면?

① $x<2$ ② $x>3$
③ $2<x<3$ ④ $x<2$ 또는 $x>3$

02 부등식 $|2x-3|<5$의 해가 $a<x<b$일 때, ab의 값은?

① -4 ② -2
③ 2 ④ 4

03 부등식 $|x|+|x+2|\le 6$의 해를 구하여라

01 $|2x-5|>1$
$2x-5<-1$ 또는 $2x-5>1$
$2x<4$ 또는 $2x>6$
$\therefore x<2$ 또는 $x>3$

답 ④

02 $|2x-3|<5$
$-5<2x-3<5$
$-5+3<2x<5+3$
$-2<2x<8$
$-1<x<4$
$a=-1,\ b=4$
$\therefore ab=(-1)\times 4=-4$

답 ①

03 절대값 기호 안의 식을 0으로 하는 x의 값이 -2, 0이므로 x의 값의 범위를
$x<-2,\ -2\le x<0,\ x\ge 0$의
세 경우로 나누어 푼다.
① $x<-2$일 때,
$-x-(x+2)\le 6$
$-2x-2\le 6$
$-2x\le 8,\ x\ge -4$
그런데 $x<-2$이므로
$-4\le x<-2$ ⋯ ㉮
② $-2\le x<0$일 때,
$-x+x+2\le 6$
$0\times x\le 4$
x는 모든 실수
그런데 $-2\le x<0$이므로
$-2\le x<0$ ⋯ ㉯
③ $x\ge 0$일 때,
$x+x+2\le 6$
$2x+2\le 6$
$2x\le 4,\ x\le 2$
그런데 $x\ge 0$이므로
$0\le x\le 2$ ⋯ ㉰
㉮, ㉯, ㉰로부터 구하는 부등식의 해는
$-4\le x\le 2$

4 부등식의 사칙연산

x, y의 값의 범위가 각각 $a < x < b$, $c < y < d$일 때

(1) 덧 셈

$$\begin{array}{rccccc} & a & < & x & < & b \\ +) & c & < & y & < & d \\ \hline & a+c & < & x+y & < & b+d \end{array}$$

(2) 뺄 셈

$$\begin{array}{rccccc} & a & < & x & < & b \\ -) & c & < & y & < & d \\ \hline & a-d & < & x-y & < & b-c \end{array}$$

(3) 곱 셈

$$\begin{array}{rccccc} & a & < & x & < & b \\ \times) & c & < & y & < & d \\ \hline & \text{최솟값} & < & xy & < & \text{최댓값} \end{array}$$

(ac, ad, bc, bd 중에서 최솟값과 최댓값 선택)

(4) 나눗셈

$$\begin{array}{rccccc} & a & < & x & < & b \\ \div) & c & < & y & < & d \\ \hline & \text{최솟값} & < & \dfrac{x}{y} & < & \text{최댓값} \end{array}$$

$\left(\frac{a}{c}, \frac{b}{c}, \frac{a}{d}, \frac{b}{d}\right.$ 중에서 최솟값과 최댓값 선택$\left.\right)$

잠깐! 부등식의 사칙연산에서 등호가 있는 것과 없는 것의 계산은 등호가 x, y 모두 존재하는 경우에만 연산 결과에 등호가 존재한다.

예 $-4 < x \le 8$, $2 < y \le 4$일 때, 부등식의 연산은 다음과 같다.

1) $-2 < x+y \le 12$
2) $-8 < x-y < 6$
3) $-16 < xy \le 32$ (-8, -16, 16, 32 중에서 최솟값과 최댓값)
4) $-2 < \frac{x}{y} < 4$ (-2, 4, -1, 2 중에서 최솟값과 최댓값)

03 이차부등식

1 이차부등식의 정의

부등식에서 모든 항을 좌변으로 이항하여 정리하였을 때,
$ax^2+bx+c>0$, $ax^2+bx+c<0$, $ax^2+bx+c\geq 0$, $ax^2+bx+c\leq 0$($a\neq 0$, a, b, c는 상수)과 같은 꼴의 부등식을 x에 대한 이차부등식이라 한다.

2 이차부등식의 풀이 방법 중요+

(1) 이차부등식 풀이의 기본

① $A\cdot B>0 \Longleftrightarrow (A>0,\ B>0)$ 또는 $(A<0,\ B<0)$

② $A\cdot B<0 \Longleftrightarrow (A>0,\ B<0)$ 또는 $(A<0,\ B>0)$

(2) 이차부등식의 풀이 방법

이차부등식 $ax^2+bx+c>0$, $ax^2+bx+c<0$의 풀이 방법은 다음과 같다.

① $b^2-4ac>0$일 때, 인수분해한 다음 아래와 같은 요령으로 푼다.
이차방정식 $ax^2+bx+c=0(a>0)$이 서로 다른 두 실근 α, $\beta(\alpha<\beta)$를 가질 때,

㉠ $a(x-\alpha)(x-\beta)>0 \Longleftrightarrow x<\alpha$ 또는 $x>\beta$

㉡ $a(x-\alpha)(x-\beta)<0 \Longleftrightarrow \alpha<x<\beta$

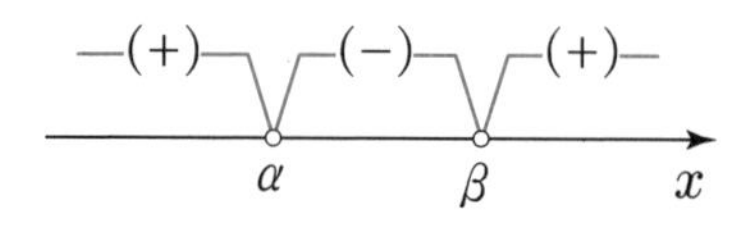

② $b^2-4ac=0$, $b^2-4ac<0$일 때, 완전제곱꼴로 변형하여 푼다.

기초학습

이차방정식 $ax^2+bx+c=0(a>0)$의 서로 다른 두 실근을 α, $\beta(\alpha<\beta)$라고 할 때, 이차부등식의 해는 다음과 같다.

구 분	부등식의 해		
	$D>0$	$D=0$	$D<0$
$ax^2+bx+c>0$	$a(x-\alpha)(x-\beta)>0$ $\Leftrightarrow x<\alpha,\ x>\beta$	$a(x-\alpha)2>0$ $\Leftrightarrow x\neq\alpha$인 모든 실수	모든 실수
$ax^2+bx+c\geq 0$	$a(x-\alpha)(x-\beta)\geq 0$ $\Leftrightarrow x\leq\alpha,\ x\geq\beta$	모든 실수	모든 실수
$ax^2+bx+c<0$	$a(x-\alpha)(x-\beta)<0$ $\Leftrightarrow \alpha<x<\beta$	$a(x-\alpha)2<0$ $\Leftrightarrow$ 해가 없다	해가 없다
$ax^2+bx+c\leq 0$	$a(x-\alpha)(x-\beta)\leq 0$ $\Leftrightarrow \alpha\leq x\leq\beta$	$x=\alpha$	해가 없다

바로바로 CHECK√

01 **이차부등식 $x^2+x\leq 12$의 해가 $a\leq x\leq b$일 때, $a-b$의 값은?**

① -1　② 1
③ -7　④ 7

02 **이차부등식 $x^2+2x-8>0$의 해가 $x<a$ 또는 $x>2$일 때, 실수 a의 값은?**

① -4　② -3
③ -2　④ -1

03 **이차부등식 $x^2-6x+5\leq 0$을 만족하는 해 중에서 자연수의 개수는?**

① 3　② 4
③ 5　④ 6

01 $x^2+x\leq 12$
$x^2+x-12\leq 0$
$(x+4)(x-3)\leq 0$
$-4\leq x\leq 3$, $a=-4$, $b=3$
$\therefore a-b=-4-3=-7$

답 ③

02 $x^2+2x-8>0$
$(x+4)(x-2)>0$
$x<-4$ 또는 $x>2$
$\therefore a=-4$

답 ①

03 $x^2-6x+5\leq 0$
$(x-1)(x-5)\leq 0$
$1\leq x\leq 5$에 만족하는 자연수는 1, 2, 3, 4, 5로 총 5개이다.

답 ③

04 연립부등식

1 연립부등식의 정의

(1) **연립부등식 :** 두 개 이상의 부등식을 한 쌍으로 묶어서 나타낸 것을 연립부등식이라 한다. 특히, 일차부등식으로만 이루어진 연립부등식을 연립일차부등식이라고 한다.

(2) **연립부등식의 해 :** 연립부등식에서 각 부등식의 공통인 해를 연립부등식의 해라 하고, 연립부등식의 해를 구하는 것을 연립부등식을 푼다고 한다.

2 연립부등식의 풀이 방법

연립부등식의 해는 다음과 같은 순서로 구한다.

① 연립부등식을 이루는 각 부등식의 해를 구한다.

연립부등식 $\begin{cases} x+4>2 \\ 3x<x+4 \end{cases}$의 해를 구하기 위해 각 부등식의 해를 구하면

부등식 $x+4>2$에서 $x>-2$

부등식 $3x<x+4$에서 $2x<4$, $x<2$

② ①에서 구한 각 부등식의 해를 수직선 위에 나타낸다.

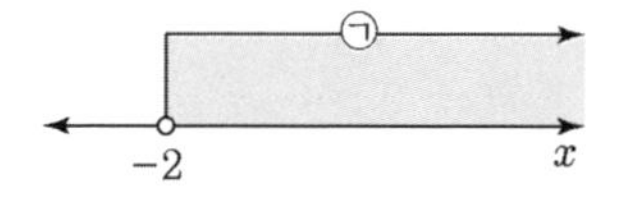

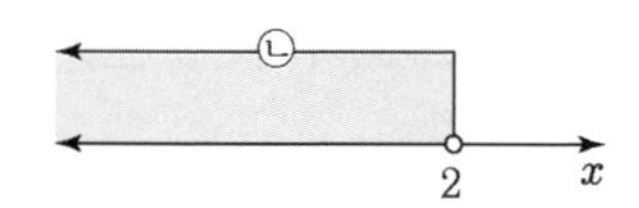

③ ②에서 그린 수직선에서 공통부분이 부등식의 해가 된다.

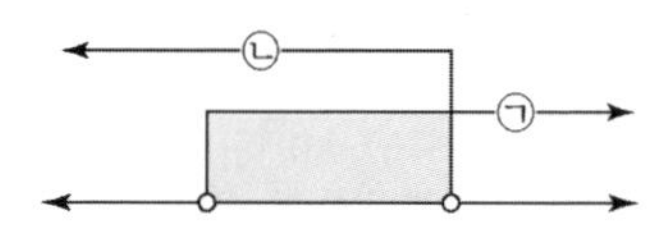

3 $A < B < C$ 꼴의 연립부등식

$A < B < C$ 꼴의 부등식은 $\begin{cases} A < B \\ B < C \end{cases}$ 꼴로 고쳐서 푼다.

예 부등식 $x+1 < 2x+5 < 5$의 해를 구할 때

$\begin{cases} x+1 < 2x+5 \\ 2x+5 < 5 \end{cases}$ 꼴로 고친 후 두 부등식

$x+1 < 2x+5$, $2x+5 < 5$의 해를 각각 구하면

$x+1 < 2x+5$에서 $-x < 4$, $x > -4$ ……㉮

$2x+5 < 5$에서 $2x < 0$, $x < 0$ ……㉯

㉮, ㉯의 공통범위를 구하면 구하는 해는 $-4 < x < 0$

잠깐! $A = B = C$ 꼴의 연립방정식은 $\begin{cases} A = B \\ B = C \end{cases}$ 또는 $\begin{cases} A = C \\ B = C \end{cases}$ 또는 $\begin{cases} A = B \\ A = C \end{cases}$ 중 하나의 꼴로 고쳐서 해를 구해도 되지만 $A < B < C$ 꼴의 부등식은 반드시 $\begin{cases} A < B \\ B < C \end{cases}$ 꼴로 고쳐서 풀어야 한다. $\begin{cases} A < B \\ A < C \end{cases}$ 꼴로 고치면 B와 C의 대소관계를 파악할 수 없고, $\begin{cases} B < C \\ A < C \end{cases}$ 꼴로 고치면 A와 B의 대소관계를 파악할 수 없기 때문이다.

바로 바로 CHECK√

01 부등식 $6x-1 < 4x+3 \le 5(x+1)$을 만족시키는 x의 값 중 가장 큰 정수를 구하여라.

01 $\begin{cases} 6x-1 < 4x+3 \\ 4x+3 \le 5(x+1) \end{cases}$ 로 고쳐 각 부등식의 해를 구하면

$6x-1 < 4x+3$에서

$2x < 4$, $x < 2$

$4x+3 \le 5(x+1)$에서

$4x+3 \le 5x+5$, $-x \le 2$, $x \ge -2$

따라서 부등식의 해는

$-2 \le x < 2$이므로 가장 큰 정수는 1이다.

4 연립이차부등식

연립부등식에서 차수가 가장 높은 부등식이 이차부등식일 때, 이 연립부등식을 연립이차부등식이라고 한다. 연립이차부등식을 풀 때에는 연립일차부등식을 풀 때와 마찬가지로 각각의 부등식을 풀어 공통부분을 구한다.

수 학

바로 바로 CHECK√

01 연립부등식 $\begin{cases} x^2 - 4 \le 0 \\ x + 1 > 0 \end{cases}$ 의 해를 수직선 위에 나타낸 것은?

① 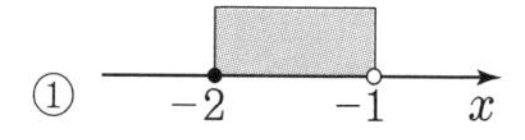
② 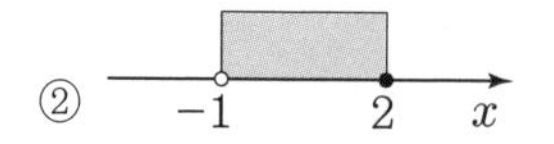
③ 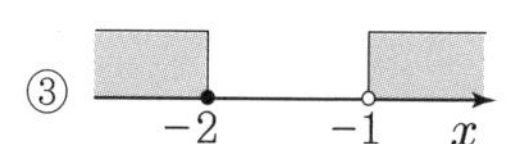
④ 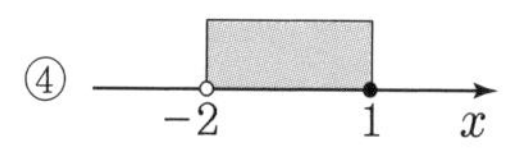

02 연립이차부등식 $x + 2 < x^2 \le 4x - 3$을 풀어라.

---

01 $x^2 - 4 \le 0 \Rightarrow (x+2)(x-2) \le 0$
$-2 \le x \le 2 \cdots$ ㉮
$x + 1 > 0 \Rightarrow x > -1 \cdots$ ㉯
㉮, ㉯의 공통범위는
$-1 < x \le 2$이다.

답 ②

02 부등식 $x + 2 < x^2$을 풀면
$x^2 - x - 2 > 0 \Rightarrow (x+1)(x-2) > 0$
$x < -1$ 또는 $x > 2 \cdots$ ㉮
부등식 $x^2 \le 4x - 3$을 풀면
$x^2 - 4x + 3 \le 0$
$(x-1)(x-3) \le 0$
$1 \le x \le 3 \cdots$ ㉯
㉮, ㉯의 공통범위를 수직선 위에 나타내면

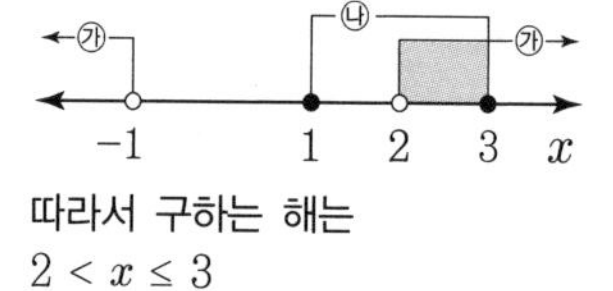

따라서 구하는 해는
$2 < x \le 3$

01 다음 부등식을 풀어라.

(1) $x-2 \le \frac{1}{3}x$

(2) $2(x-2) \ge 3(x+1)-1$

(3) $\frac{x-1}{3} - \frac{3x-5}{4} < -\frac{1}{3}$

02 $a<1$일 때, 일차부등식 $ax-2>x+1$의 해는?

① $x > \frac{3}{a-1}$　② $x < \frac{3}{a-1}$

③ $x > \frac{a-1}{3}$　④ $x < \frac{a-1}{3}$

03 다음 부등식을 풀어라.

(1) $|5-2x| \le 7$

(2) $|x+2| \ge 2$

04 부등식 $|x+2|<1$의 해가 $a<x<b$일 때, $a+b$의 값은?

기출

① -4　② -3

③ -2　④ -1

01

(1) $\frac{2}{3}x \le 2,\ 2x \le 6$

$\therefore\ x \le 3$

(2) $2x-4 \ge 3x+3-1$

$-x \ge 6$

$\therefore\ x \le -6$

(3) $4(x-1)-3(3x-5) < -4$

$4x-4-9x+15 < -4$

$-5x < -15$

$\therefore\ x > 3$

02

주어진 식을 정리하면, $(a-1)x > 3$

$a<1$일 때 $a-1<0$이므로

$\therefore\ x < \frac{3}{a-1}$

03

(1) $-7 \le 5-2x \le 7$ (㉮: $-7 \le 5-2x$, ㉯: $5-2x \le 7$)

$2x \le 12 \Rightarrow x \le 6$ ⋯㉮

$-2x \le 2 \Rightarrow x \ge -1$ ⋯㉯

㉮, ㉯의 공통범위는 $-1 \le x \le 6$

(2) $|x+2| \ge 2$

$x+2 \le -2 \Rightarrow x \le -4$

$x+2 \ge 2 \Rightarrow x \ge 0$

$\therefore\ x \le -4$ 또는 $x \ge 0$

04

$|x+2|<1$

$-1<x+2<1 \Rightarrow -3<x<-1$

$a=-3,\ b=-1$

$\therefore\ a+b=-4$

ANSWER

01. (1) $x \le 3$　(2) $x \le -6$　(3) $x > 3$

02. ②

03. (1) $-1 \le x \le 6$　(2) $x \le -4$ 또는 $x \ge 0$

04. ①

05 부등식 $|x-1| \le 3$의 해를 수직선 위에 나타낸 것은?

기출

①
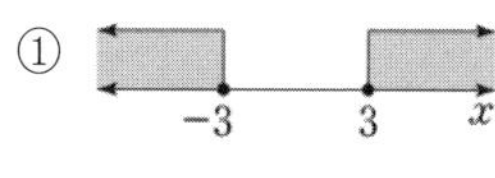

② (-3, 3, x)

③ (-2, 4, x)

④ (-2, 4, x)

06 $-2 < a < 3$일 때, $b = -2(a+4)+6$에서 b의 값의 범위는?

① $-8 < b < -2$ ② $-8 < b < 2$

③ $2 < b < 8$ ④ $-2 < b < 8$

07 $2 < a < 5$, $4 < b < 8$일 때, $3a-2b$의 값의 범위는?

① $-10 < 3a-2b < 7$

② $-7 < 3a-2b < 10$

③ $7 < 3a-2b < 10$

④ $-10 < 3a-2b < -7$

08 $3 \le x \le 8$, $2 \le y \le 5$일 때, xy의 값의 범위는?

① $6 \le xy \le 40$ ② $16 \le xy \le 40$

③ $24 \le xy \le 40$ ④ $15 \le xy \le 16$

09 이차부등식 $x^2-4x+3>0$의 해는?

① $-3 < x < -1$ ② $1 < x < 3$

③ $x < -3$ 또는 $x > 1$ ④ $x < 1$ 또는 $x > 3$

05

$|x-1| \le 3$에서

$-3 \le x-1 \le 3$

$-3+1 \le x \le 3+1$

$-2 \le x \le 4$

06

$b = -2a-2$

$-2 < a < 3$에서

$-6 < -2a < 4$

$-6-2 < -2a-2 < 4-2$

$\therefore -8 < b < 2$

07

$6 < 3a < 15$, $-16 < -2b < -8$

$\therefore -10 < 3a-2b < 7$

08

$3 \le x \le 8$

$\times)\ 2 \le y \le 5$

$6 \le xy \le 40$

09

$x^2-4x+3>0$

$(x-1)(x-3)>0$

$\therefore x < 1$ 또는 $x > 3$

ANSWER

05. ④ 06. ② 07. ① 08. ① 09. ④

10 기출 이차부등식 $x^2-5x+4\le 0$을 만족하는 자연수 x의 개수는?

① 1 ② 2
③ 3 ④ 4

11 그림은 이차부등식 $(x-a)(x-b)\le 0$의 해를 수직선을 이용하여 나타낸 것이다. 이때, 두 실수 a, b의 합 $a+b$의 값은?

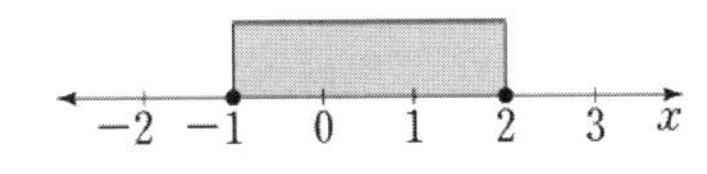

① -2 ② -1
③ 1 ④ 2

12 기출 연립부등식 $\begin{cases} x+3>0 \\ (x-1)(x+5)<0 \end{cases}$ 을 만족하는 정수 x의 개수는?

① 2 ② 3
③ 4 ④ 5

13 다음 연립부등식을 풀어라.

(1) $\begin{cases} 3x-5>x-2 \\ x^2-4x-5<0 \end{cases}$

(2) $\begin{cases} x^2+x-2\le 0 \\ x^2-2x-3>0 \end{cases}$

10

$x^2-5x+4\le 0$
$(x-1)(x-4)\le 0$
$1\le x\le 4$
$x=1,\ 2,\ 3,\ 4\quad \therefore$ 4개

11

주어진 수직선에 의하여 이차부등식을 만들면
$(x+1)(x-2)\le 0$
따라서 $a+b=-1+2=1$

12

$x+3>0 \Rightarrow x>-3 \cdots$ ㉮
$(x-1)(x+5)<0$
$-5<x<1 \cdots$ ㉯
㉮, ㉯의 공통범위는
$-3<x<1$
$x=-2,\ -1,\ 0\ \therefore$ 3개

13

(1) $2x>3 \Rightarrow x>\frac{3}{2} \cdots$ ㉮
$(x+1)(x-5)<0$
$-1<x<5 \cdots$ ㉯
㉮, ㉯의 공통범위는
$\frac{3}{2}<x<5$

(2) $(x+2)(x-1)\le 0$
$-2\le x\le 1 \cdots$ ㉮
$(x+1)(x-3)>0$
$x<-1$ 또는 $x>3 \cdots$ ㉯
㉮, ㉯의 공통범위는
$-2\le x<-1$

ANSWER

10. ④ 11. ③ 12. ②
13. (1) $\frac{3}{2}<x<5$
(2) $-2\le x<-1$

14 이차부등식 $ax^2 - x + b > 0$의 해가 $-\frac{1}{2} < x < \frac{1}{3}$이 되도록 실수 a, b의 값을 구할 때, $a + b$의 값은?

① -5 ② 5
③ -7 ④ 7

15 $ax^2 + bx + c > 0$의 해가 $-2 < x < 5$일 때, $ax^2 - bx + c < 0$의 해를 구하면?

고난도

① $x < -5$ 또는 $x > 2$
② $-2 < x < 5$
③ $x < -5$ 또는 $x > -2$
④ $-2 < x < 3$

16 연립부등식 $\begin{cases} 2x^2 - 5x + 2 \geq 0 \\ 2x^2 - 3x - 5 \leq 0 \end{cases}$의 해를 구하면?

① $-1 \leq x \leq \frac{1}{2}$ 또는 $2 \leq x \leq \frac{5}{2}$
② $-\frac{1}{2} \leq x \leq 2$ 또는 $1 \leq x \leq \frac{5}{2}$
③ $\frac{1}{2} \leq x \leq 1$ 또는 $2 \leq x \leq \frac{5}{2}$
④ $-2 \leq x \leq -1$ 또는 $1 \leq x \leq \frac{5}{2}$

14

주어진 이차부등식의 해가
$-\frac{1}{2} < x < \frac{1}{3}$이므로
$(x + \frac{1}{2})(x - \frac{1}{3}) < 0$
$x^2 + \frac{1}{6}x - \frac{1}{6} < 0$
양변에 -6을 곱하면
$-6x^2 - x + 1 > 0$
$a = -6,\ b = 1$
$\therefore\ a + b = -5$

15

이차부등식 $ax^2 + bx + c > 0$의 해가
$-2 < x < 5$이므로
$(x + 2)(x - 5) < 0$
$x^2 - 3x - 10 < 0$
$ax^2 + bx + c > 0$의 각 항을 $a(a < 0)$로 나누면
$x^2 + \frac{b}{a}x + \frac{c}{a} < 0$
$x^2 - 3x - 10 < 0$과 계수를 각각 비교하면
$\frac{b}{a} = -3,\ \frac{c}{a} = -10$
$b = -3a,\ c = -10a$
이를 $ax^2 - bx + c < 0$에 대입하면
$ax^2 + 3ax - 10a < 0$
양변을 $a(a < 0)$로 나누면
$x^2 + 3x - 10 > 0$
$(x + 5)(x - 2) > 0$
$\therefore\ x < -5$ 또는 $x > 2$

16

$2x^2 - 5x + 2 \geq 0$
$(2x - 1)(x - 2) \geq 0$
$x \leq \frac{1}{2}$ 또는 $x \geq 2 \cdots$ ㉮
$2x^2 - 3x - 5 \leq 0$
$(x + 1)(2x - 5) \leq 0$
$-1 \leq x \leq \frac{5}{2} \cdots$ ㉯
㉮, ㉯의 공통범위는
$-1 \leq x \leq \frac{1}{2}$ 또는 $2 \leq x \leq \frac{5}{2}$

ANSWER
14. ① 15. ① 16. ①

도형의 방정식

Chapter 01 평면좌표

학습 point+

평면좌표에 관한 문제는 매회 1문제씩 출제되고 있습니다. 두 점 사이의 거리와 중점 및 내분점과 외분점의 좌표 구하는 공식을 반드시 익혀야 합니다.

01 두 점 사이의 거리

(1) 수직선 위의 두 점 사이의 거리

수직선 위의 두 점 $A(x_1)$, $B(x_2)$ 사이의 거리는

$$\overline{AB} = |x_2 - x_1| = |x_1 - x_2|$$

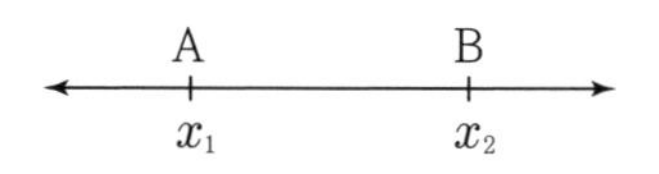

(2) 좌표평면 위의 두 점 사이의 거리(두 좌표 사이의 거리) 중요+

좌표평면 위의 두 점 $A(x_1,\ y_1)$, $B(x_2,\ y_2)$ 사이의 거리는

$$\overline{AB} = \sqrt{(x_2 - x_1)^2 + (y_2 - y_1)^2}$$

원점 O(0, 0)과 점 $A(x_1,\ y_1)$ 사이의 거리는

$$\overline{OA} = \sqrt{{x_1}^2 + {y_1}^2}$$

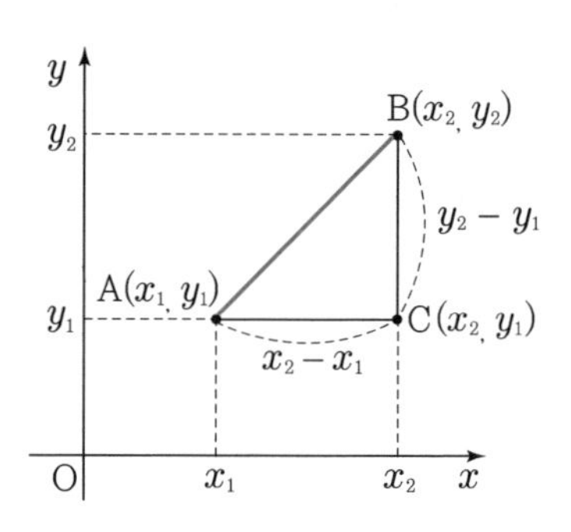

바로 바로 CHECK√

01 좌표평면 위의 두 점 A(0, 3), B(4, 0)에 대하여 선분 AB의 길이는?

① $\sqrt{3}$　　② 3
③ 5　　④ $5\sqrt{3}$

02 좌표평면 위의 두 점 A(−1, 1), B(−3, 2)에 대하여 선분 AB의 길이는?

① 1
② $\sqrt{5}$
③ $\sqrt{7}$
④ 3

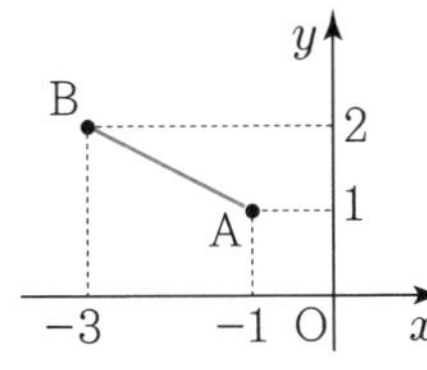

01 $\overline{AB}=\sqrt{(4-0)^2+(0-3)^2}$
$=\sqrt{25}=5$

답 ③

02 $\overline{AB}=\sqrt{(-3+1)^2+(2-1)^2}$
$=\sqrt{4+1}=\sqrt{5}$

답 ②

02 선분의 내분점과 외분점

1 내분점과 외분점의 정의

(1) 내분점

점 P가 선분 AB 위에 있고 $\overline{AP}:\overline{PB}=m:n\,(m>0,\ n>0)$일 때, 점 P는 선분 AB를 $m:n$으로 내분한다고 하며, 점 P를 선분 AB의 내분점이라 한다.

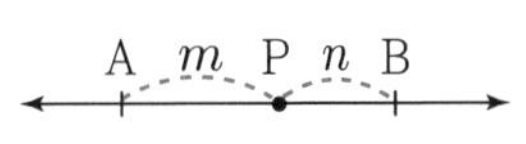

(2) 외분점

점 Q가 선분 AB의 연장선 위에 있고 $\overline{AQ}:\overline{QB}=m:n(m>0,\ n>0,\ m\neq n)$일 때, 점 Q는 선분 AB를 $m:n$으로 외분한다고 하며, 점 Q를 선분 AB의 외분점이라 한다.

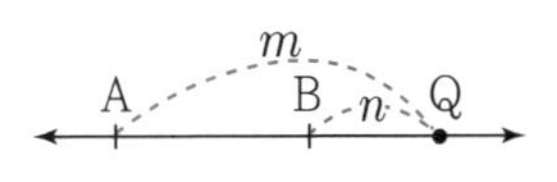

2 수직선 위의 선분의 내분점과 외분점

수직선 위의 두 점 $A(x_1)$, $B(x_2)$를 잇는 선분 AB를 $m : n(m > 0,\ n > 0)$으로 내분하는 점을 P, 외분하는 점을 Q, 중점을 M이라 하면 다음이 성립한다.

(1) 내분점

$$P\left(\frac{mx_2+nx_1}{m+n}\right)$$

A m n B
x_1 P x_2

(2) 외분점

$$Q\left(\frac{mx_2-nx_1}{m-n}\right)(m \neq n)$$

m
A B n Q
x_1 x_2

(3) 중 점

$$M\left(\frac{x_1+x_2}{2}\right)$$

A M B
x_1 x_2

바로 바로 CHECK√

수직선 위의 두 점 A(2), B(7)에 대하여 선분 AB를 2 : 3 으로 내분하는 점의 좌표는?

① 4 ② 5
③ 8 ④ 17

$x = \frac{2\times7+3\times2}{2+3}$

$= \frac{20}{5} = 4$

답 ①

3 좌표평면 위의 선분의 내분점과 외분점 중요+

좌표평면 위의 두 점 $A(x_1, y_1)$, $B(x_2, y_2)$를 양끝으로 하는 선분 AB가 있을 때, 선분 AB를 $m : n(m > 0, n > 0)$으로 내분하는 점을 P, 외분하는 점을 Q, 중점을 M이라 하면 다음이 성립한다.

(1) 내분점

$$P\left(\frac{mx_2+nx_1}{m+n}, \frac{my_2+ny_1}{m+n}\right)$$

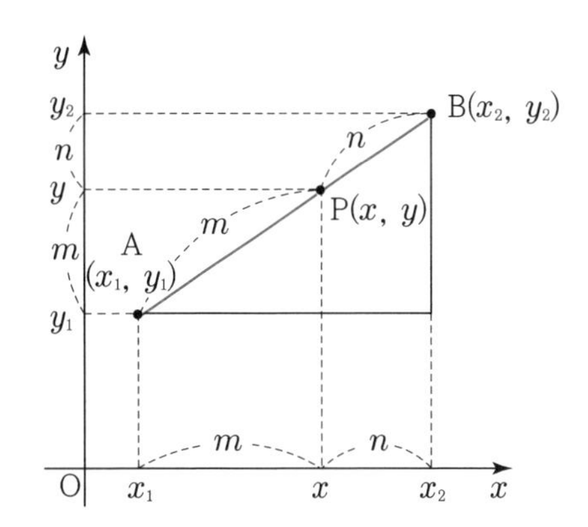

(2) 외분점

$$Q\left(\frac{mx_2-nx_1}{m-n}, \frac{my_2-ny_1}{m-n}\right)(m \neq n)$$

(3) 중 점

$$M\left(\frac{x_1+x_2}{2}, \frac{y_1+y_2}{2}\right)$$

바로바로 CHECK√

01 두 점 $A(2,\ 4)$, $B(3,\ -4)$에 대하여 선분 AB를 $2:1$로 내분하는 점 P의 좌표는?

① $P\left(-\frac{8}{3},\ \frac{4}{3}\right)$　② $P\left(\frac{8}{3},\ \frac{4}{3}\right)$

③ $P\left(-\frac{8}{3},\ -\frac{4}{3}\right)$　④ $P\left(\frac{8}{3},\ -\frac{4}{3}\right)$

01 내분하는 점을 $P(x,\ y)$라 하면

$$x=\frac{2\times3+1\times2}{2+1}=\frac{8}{3}$$

$$y=\frac{2\times(-4)+1\times4}{2+1}=-\frac{4}{3}$$

$\therefore \left(\frac{8}{3},\ -\frac{4}{3}\right)$

답 ④

02 두 점 $A(-1,\ 0)$, $B(2,\ 1)$에 대하여 선분 AB를 $2:1$로 외분하는 점 Q의 좌표는?

① $Q(3,\ 4)$　② $Q(5,\ 2)$

③ $Q(5,\ 4)$　④ $Q(3,\ 5)$

02 외분점을 $Q(x,\ y)$라 하면

$$x=\frac{2\times2-1\times(-1)}{2-1}=5$$

$$y=\frac{2\times1-1\times0}{2-1}=2$$

$\therefore (5,\ 2)$

답 ②

4 삼각형의 무게중심

△ABC의 세 꼭짓점의 좌표를 각각 $A(x_1,\ y_1)$, $B(x_2,\ y_2)$, $C(x_3,\ y_3)$라 할 때, 무게중심 G의 좌표는

$$G\left(\frac{x_1+x_2+x_3}{3},\ \frac{y_1+y_2+y_3}{3}\right)$$

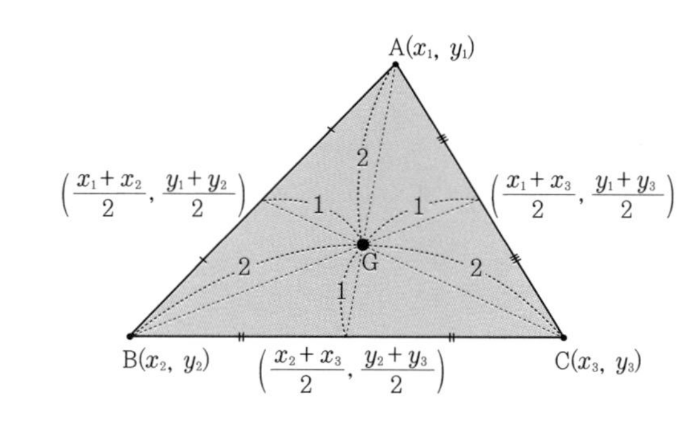

바로 바로 CHECK√

01 좌표평면 위의 세 점 $A(2,\ 6)$, $B(-3,\ 2)$, $C(7,\ 1)$을 꼭짓점으로 하는 삼각형 ABC의 무게중심의 좌표는?

① $(2,\ 1)$　　② $(2,\ 2)$
③ $(2,\ 3)$　　④ $(3,\ 2)$

02 세 점 $A(0,\ 3)$, $B(2,\ 1)$, $C(7,\ x)$를 꼭짓점으로 하는 삼각형 ABC의 무게중심이 $G(3,\ 3)$일 때, x의 값은?

① 1　　② 5
③ -1　　④ -5

01 $G(x,\ y)$

$$= \left(\frac{x_1+x_2+x_3}{3},\ \frac{y_1+y_2+y_3}{3}\right)$$

$$= \left(\frac{2-3+7}{3},\ \frac{6+2+1}{3}\right)$$

$$= (2,\ 3)$$

답 ③

02 $G(3,\ 3)$

$$= G\left(\frac{x_1+x_2+x_3}{3},\ \frac{y_1+y_2+y_3}{3}\right)$$

x좌표 : $\dfrac{0+2+7}{3} = 3$

y좌표 : $\dfrac{3+1+x}{3} = 3$

$\therefore\ x = 5$

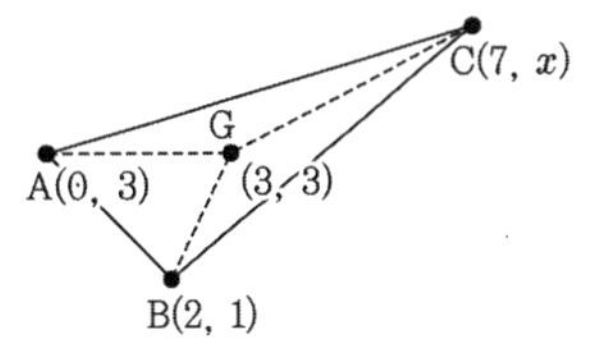

답 ②

01 기출 좌표평면 위의 두 점 $\mathrm{A}(-4,\ 2)$, $\mathrm{B}(2,\ 10)$ 사이의 거리는?

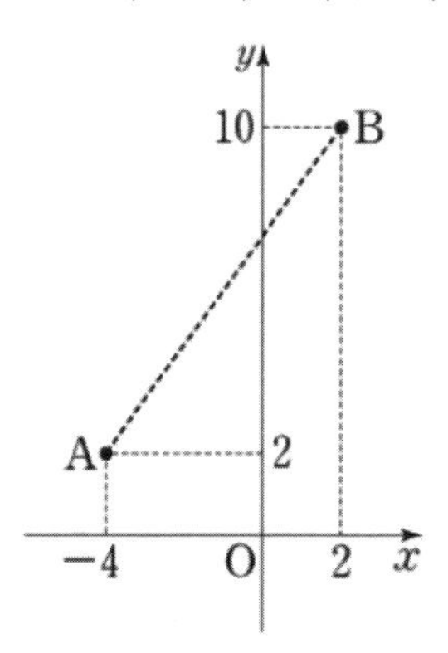

① 8 ② 10
③ 12 ④ 14

02 좌표평면 위의 두 점 $\mathrm{A}(a,\ 0)$, $\mathrm{B}(1,\ 2a)$ 사이의 거리가 5일 때, 정수 a의 값은?

① -4 ② -2
③ 2 ④ 4

01

$\overline{\mathrm{AB}} = \sqrt{(2+4)^2+(10-2)^2}$
$= \sqrt{36+64}$
$= \sqrt{100} = 10$

02

$\overline{\mathrm{AB}} = \sqrt{(1-a)^2+(2a-0)^2}$
$= 5$
양변을 제곱하면
$(1-a)^2+(2a)^2 = 25$
$5a^2-2a-24 = 0$
$(a+2)(5a-12) = 0$
$a = -2$ 또는 $a = \dfrac{12}{5}$
a는 정수이므로 $a = -2$이다.

ANSWER
01. ② 02. ②

03 세 점 $A(1, 4)$, $B(a, -3)$, $C(2, -7)$에 대하여 $\overline{AB} = \overline{BC}$일 때, a의 값은?

① -15　② -12
③ 6　④ 10

04 기출 그림과 같이 두 점 $A(4, 2)$, $B(-1, 3)$에서 같은 거리에 있고, x축 위에 있는 점 P의 좌표는?

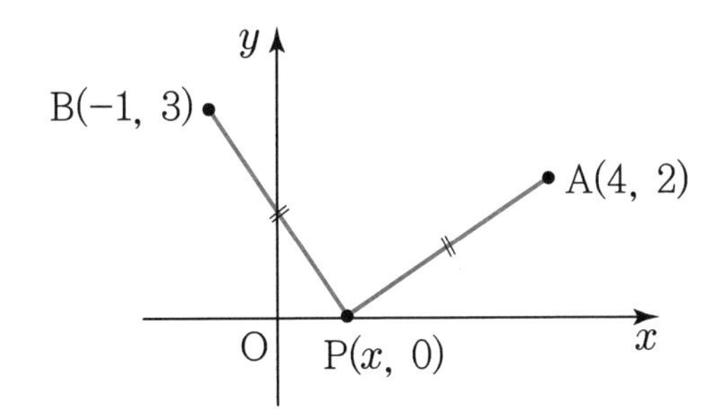

① $P(1, 0)$
② $P(2, 0)$
③ $P(3, 0)$
④ $P(4, 0)$

03

$\overline{AB} = \sqrt{(a-1)^2+(-3-4)^2}$
$= \sqrt{a^2-2a+50}$
$\overline{BC} = \sqrt{(2-a)^2+(-7+3)^2}$
$= \sqrt{a^2-4a+20}$
$\overline{AB} = \overline{BC}$이므로 $\overline{AB}^2 = \overline{BC}^2$
$a^2-2a+50 = a^2-4a+20$
$2a = -30$
$\therefore a = -15$

04

$\overline{AP} = \sqrt{(x-4)^2+(0-2)^2}$
$\overline{BP} = \sqrt{(x+1)^2+(0-3)^2}$
$(x-4)^2+4 = (x+1)^2+9$
$x^2-8x+20 = x^2+2x+10$
$10x = 10 \Rightarrow x = 1$
따라서 점 P의 좌표는 $P(1, 0)$이다.

ANSWER
03. ①　04. ①

05 두 점 $A(-1,\ 1)$, $B(3,\ 2)$가 있다. 점 P가 x축 위에 있을 때, $\overline{AP}+\overline{BP}$의 최솟값을 구하면?

고난도

① 3　　② 4
③ 5　　④ 6

06 수직선 위의 두 점 $A(-2)$, $B(4)$에 대하여 $\overline{AB}$를 $2:1$로 내분하는 점 P의 좌표는?

① P(0)　　② P(−1)
③ P(1)　　④ P(2)

07 그림과 같이 수직선 위의 두 점 $A(2)$, $B(8)$에 대하여 선분 AB를 $2:1$로 외분하는 점 $Q(x)$의 좌표는?

기출

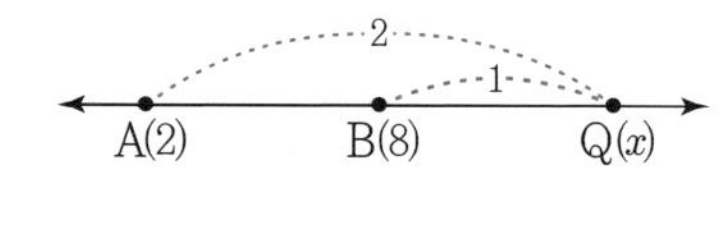

① Q(11)　　② Q(12)
③ Q(13)　　④ Q(14)

05

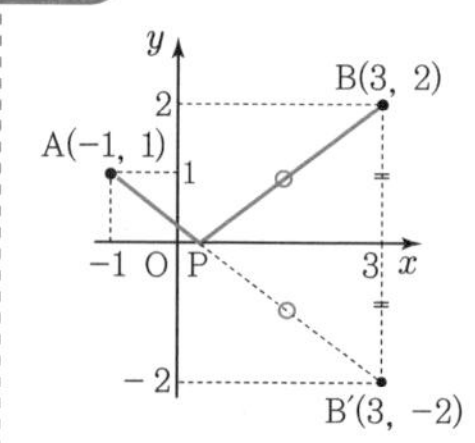

$\overline{AP}+\overline{BP}=\overline{AP}+\overline{B'P}$이므로 점 P가 $\overline{AB'}$ 위에 있을 때 $\overline{AP}+\overline{BP}$는 최솟값을 가진다.
$A(-1,\ 1)$, $B'(3,\ -2)$이므로
$\overline{AB'}=\sqrt{(3+1)^2+(-2-1)^2}$
$=\sqrt{25}=5$

07

$P\left(\dfrac{2\times4+1\times(-2)}{2+1}\right)$
$=P\left(\dfrac{6}{3}\right)=P(2)$

07

$Q\left(\dfrac{2\times8-1\times2}{2-1}\right)=Q(14)$

ANSWER
05. ③　06. ④　07. ④

08 좌표평면 위의 두 점 A$(-2,\ 0)$, B$(4,\ 6)$에 대하여 선분 AB의 중점 M의 좌표는?

① M$(-1,\ 1)$　② M$(0,\ 2)$
③ M$(1,\ 3)$　④ M$(2,\ 4)$

09 기출 좌표평면 위의 두 점 A$(-5,\ 7)$, B$(1,\ 1)$에 대하여 선분 AB의 중점의 좌표는?

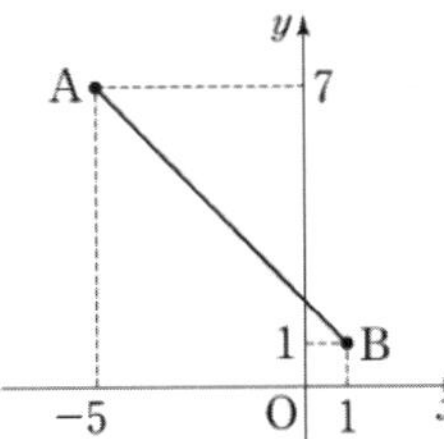

① $(-3,\ 5)$
② $(-2,\ 4)$
③ $(-1,\ 3)$
④ $(0,\ 2)$

10 수직선 위의 두 점 A(1), B(5)에 대하여 $\overline{AB}$를 $3:1$로 내분하는 점을 D, $3:1$로 외분하는 점을 E라 할 때, $\overline{DE}$ 의 중점 M의 좌표는?

① M$\left(\dfrac{3}{2}\right)$　② M$\left(\dfrac{5}{2}\right)$
③ M$\left(\dfrac{9}{2}\right)$　④ M$\left(\dfrac{11}{2}\right)$

08

$\mathrm{M}\left(\dfrac{-2+4}{2},\ \dfrac{0+6}{2}\right)=\mathrm{M}(1,\ 3)$

09

선분 AB의 중점의 좌표는

$\left(\dfrac{-5+1}{2},\ \dfrac{7+1}{2}\right)=(-2,\ 4)$

10

$=\mathrm{D}\left(\dfrac{3\times5+1\times1}{3+1}\right)=\mathrm{D}\left(\dfrac{16}{4}\right)=\mathrm{D}(4)$

$=\mathrm{E}\left(\dfrac{3\times5-1\times1}{3-1}\right)=\mathrm{E}\left(\dfrac{14}{2}\right)=\mathrm{E}(7)$

$\overline{DE}$의 중점의 좌표는

$\mathrm{M}\left(\dfrac{x_1+x_2}{2}\right)=\mathrm{M}\left(\dfrac{4+7}{2}\right)=\mathrm{M}\left(\dfrac{11}{2}\right)$

ANSWER

08. ③　09. ②　10. ④

11 기출 좌표평면 위의 두 점 $A(2, -1)$, $B(a, b)$에 대하여 선분 AB의 중점이 $(3, 3)$일 때, a, b의 값은?

① $a=-3,\ b=5$
② $a=4,\ b=4$
③ $a=4,\ b=7$
④ $a=8,\ b=5$

12 고난도 두 점 $A(3, 5)$, $B(6, -1)$에 대하여 $\overline{AB}$를 $1:2$로 내분하는 점 P와 외분하는 점 Q 사이의 거리는?

① $2\sqrt{5}$　② $3\sqrt{5}$
③ $4\sqrt{5}$　④ $5\sqrt{5}$

13 기출 평행사변형 OABC의 네 꼭짓점의 좌표가 각각 $O(0, 0)$, $A(5, 1)$, $B(6, 4)$, $C(1, 3)$일 때, 두 대각선의 교점 M의 좌표는?

① $M(2, 3)$
② $M(3, 2)$
③ $M(3, 4)$
④ $M(4, 3)$

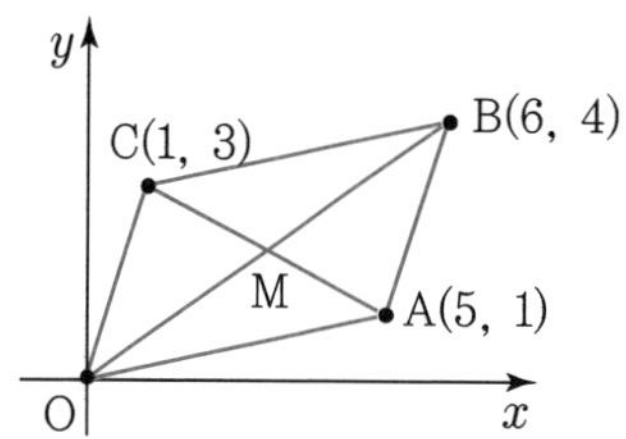

11
$\overline{AB}$의 중점의 좌표가 $(3, 3)$이므로
$\left(\frac{a+2}{2}, \frac{b+(-1)}{2}\right)=(3, 3)$
$\frac{a+2}{2}=3,\ \frac{b-1}{2}=3$
$\therefore a=4,\ b=7$

12
$P\left(\frac{6+6}{1+2}, \frac{-1+10}{1+2}\right)=P(4, 3)$
$Q\left(\frac{6-6}{1-2}, \frac{-1-10}{1-2}\right)=Q(0, 11)$
$\therefore \overline{PQ}=\sqrt{(0-4)^2+(11-3)^2}$
$=\sqrt{16+64}=4\sqrt{5}$

13
교점 M은 $O(0, 0)$과 $B(6, 4)$ 또는 $A(5, 1)$과 $C(1, 3)$의 중점이므로
$M\left(\frac{0+6}{2}, \frac{0+4}{2}\right)$
$=M\left(\frac{5+1}{2}, \frac{1+3}{2}\right)$
$=M(3, 2)$

ANSWER
11. ③　12. ③　13. ②

14 꼭짓점의 좌표가 A(1, 5), B(6, 1)인 삼각형 ABC의 무게중심이 (5, 5)일 때, 꼭짓점 C의 좌표를 구하면?

① C(−8, 9) ② C(8, −9)
③ C(8, 9) ④ C(−8, −9)

15 세 점 A(4, 1), B($a-4$, $b+5$), C($a+b$, $-a-3$)을 꼭짓점으로 하는 삼각형 ABC의 무게중심의 좌표가 (2, −1)일 때, 상수 a, b의 값은?

① $a=2$, $b=-4$
② $a=-2$, $b=4$
③ $a=4$, $b=-2$
④ $a=4$, $b=2$

14

점 C의 좌표를 (x, y)라 하면

$= G\left(\frac{1+6+x}{3}, \frac{5+1+y}{3}\right)$

$= G(5, 5)$

$\frac{7+x}{3}=5$, $\frac{6+y}{3}=5$

$x=8$, $y=9$

$\therefore$ C(8, 9)

15

$\frac{4+a-4+a+b}{3}=2$

$\frac{1+b+5-a-3}{3}=-1$

$2a+b=6$, $-a+b=-6$

$\therefore a=4$, $b=-2$

ANSWER

14. ③ 15. ③

Chapter

02 직선의 방정식

직선의 방정식은 매회 1문제씩 출제되는 단원입니다. 그래프로 주어지기도 하지만 그렇지 않은 문제로도 출제됩니다. 주어진 조건에 따라 적절하게 공식을 대입하여 직선의 방정식을 구해야 합니다.

01 방정식의 그래프

1 일차함수 $y = ax + b$의 그래프

(1) 일차함수 $y = ax + b$에서 a의 조건에 따른 그래프 개형

① $a > 0$이면 오른쪽 위로 올라가는 직선

② $a < 0$이면 오른쪽 아래로 내려가는 직선

③ $a = 0$이면 x축에 평행한 직선

잠깐! $y = ax + b$가 x축의 양의 방향과 이루는 각을 θ라 하면 $a = \tan\theta$이다. 이때 a를 기울기라 한다.

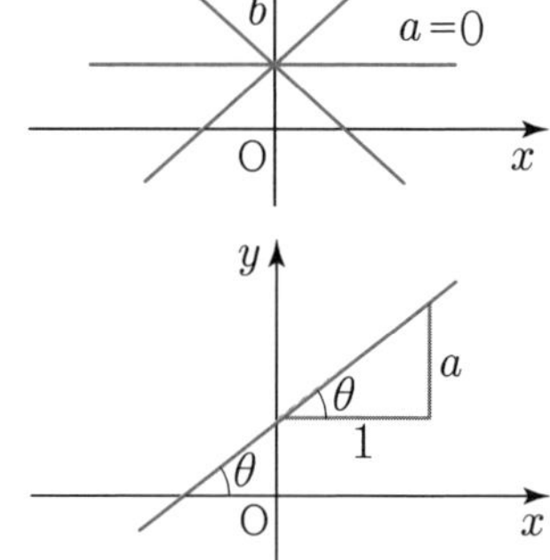

(2) 일차함수 $y = ax + b$에서 b의 조건에 따른 그래프의 개형

① $b > 0$이면 원점 위쪽에서 y축과 만난다.

② $b < 0$이면 원점 아래쪽에서 y축과 만난다.

③ $b = 0$이면 원점을 지난다.

잠깐! b를 y절편이라 한다.

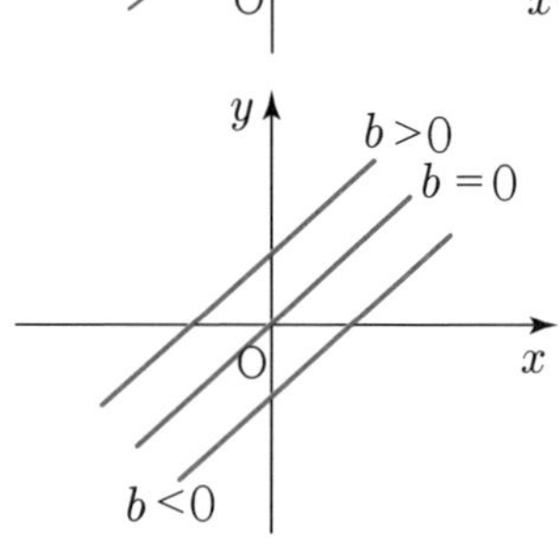

기초학습 x 절편, y 절편, 기울기

❖ x 절편, y 절편

1) x절편이란?
   ① 직선이 x축과 만나는 점
   ② 직선의 방정식에 $y = 0$을 대입했을 때 x의 값
2) y절편이란?
   ① 직선이 y축과 만나는 점
   ② 직선의 방정식에 $x = 0$을 대입했을 때 y의 값
3) x절편이 a일 때 : 좌표는 $(a,\ 0)$
4) y절편이 b일 때 : 좌표는 $(0,\ b)$

❖ 기울기

1) $y = ax + b$(a : 기울기, b : y절편)
   $y = ax + b$가 x축의 양의 방향과 이루는 각의 크기를 θ(방향각)라고 하면,
   기울기 $a = \tan\theta$
2) 두 점 $(x_1,\ y_1)$, $(x_2,\ y_2)$를 지나는 직선의 기울기는 $\dfrac{y_2 - y_1}{x_2 - x_1} = \dfrac{y_1 - y_2}{x_1 - x_2}$

바로바로 CHECK√

01 $y = ax + b$의 그래프가 다음과 같을 때, a, b의 부호를 각각 구하여라.

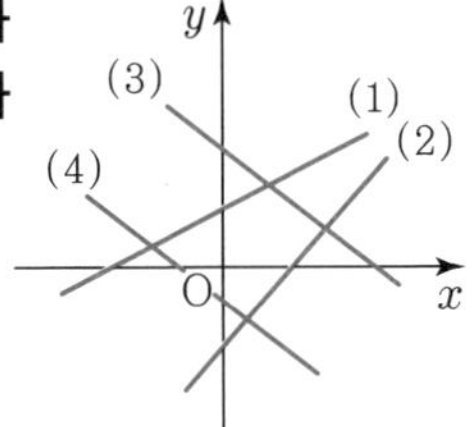

02 다음 그림에서 직선 l의 방정식은?

① $x + 2y - 2 = 0$
② $x - 2y + 2 = 0$
③ $2x + y - 1 = 0$
④ $2x - y + 1 = 0$

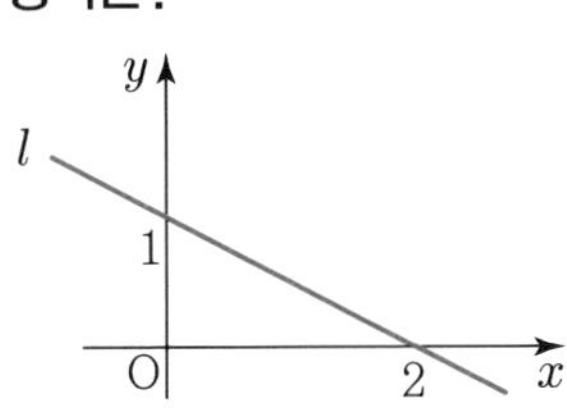

01 (1) $a > 0$, $b > 0$
(2) $a > 0$, $b < 0$
(3) $a < 0$, $b > 0$
(4) $a < 0$, $b < 0$

02 직선 l이 두 점 $(0,\ 1)$, $(2,\ 0)$을 지나므로

기울기 $= \dfrac{0-1}{2-0} = -\dfrac{1}{2}$

$y = -\dfrac{1}{2}x + a$

y절편이 1이므로 $a = 1$

$y = -\dfrac{1}{2}x + 1$

$\therefore\ x + 2y - 2 = 0$

답 ①

03 **기울기가 -2이고, y절편이 2인 직선이 다음 그림과 같을 때, x축과 만나는 점 P의 x좌표는?**

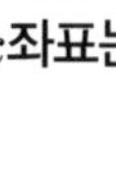

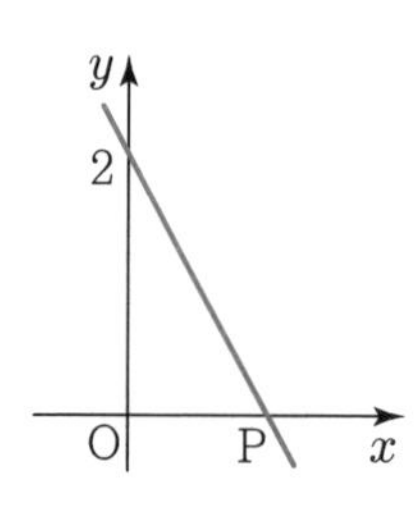

① 1

② 2

③ 3

④ 4

04 **직선 $y = mx + n$의 그래프가 다음 그림과 같을 때, $m + n$의 값은?**

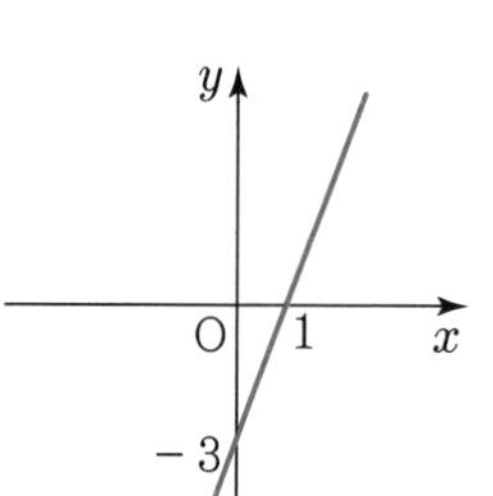

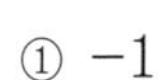

① -1

② 0

③ 1

④ 2

03 일차함수 $y = ax + b$에서

a = 기울기 $= -2$,

b = y절편 $= 2$

이므로

$y = -2x + 2$

점 P의 x좌표는 x절편을 뜻하므로

$y = 0$을 대입하여 풀면

$0 = -2x + 2$

$2x = 2$

$\therefore x = 1$

답 ①

04 기울기는 $\dfrac{y_2 - y_1}{x_2 - x_1}$이고, 그래프는

$(1,\ 0)$, $(0,\ -3)$을 지나므로

기울기 : $m = \dfrac{-3-0}{0-1} = 3$

y절편 : $n = -3$

$\therefore m + n = 3 + (-3) = 0$

답 ②

2 $ax + by + c = 0$ 의 그래프

(1) $b \neq 0$일 때 : $y = -\dfrac{a}{b}x - \dfrac{c}{b}$

⇒ 기울기 $-\dfrac{a}{b}$, y절편 $-\dfrac{c}{b}$인 직선

(2) $b = 0$일 때 : $ax + c = 0$ $\quad \therefore x = -\dfrac{c}{a}$

⇒ y축에 평행한 직선

(3) $a = 0$일 때 : $by + c = 0$ $\quad \therefore y = -\dfrac{c}{b}$

⇒ x축에 평행한 직선

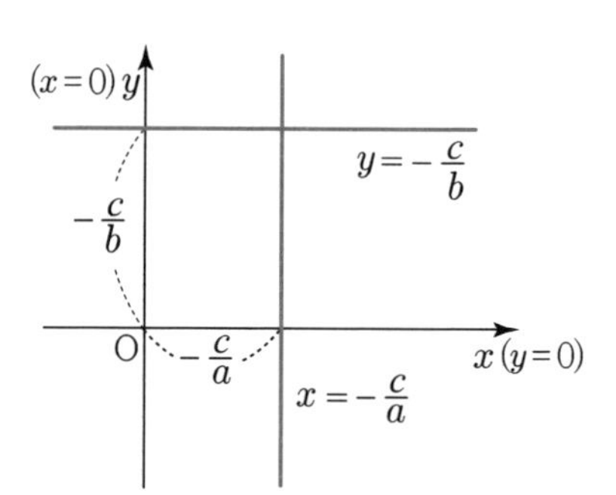

02 직선의 방정식

1 기본적인 직선의 방정식

(1) **일반형** : $ax+by+c=0(a \neq 0$ 또는 $b \neq 0)$

즉, $y=-\frac{a}{b}x-\frac{c}{b}$ ⇒ 기울기 $-\frac{a}{b}$, y절편 $-\frac{c}{b}$인 직선

(2) **표준형**

기울기가 m이고 y절편이 n인 직선의 방정식은

$y=mx+n$

특히, 기울기가 m인 직선이 x축의 양의 부분과 이루는 각의 크기가 θ일 때, $m=\tan\theta$

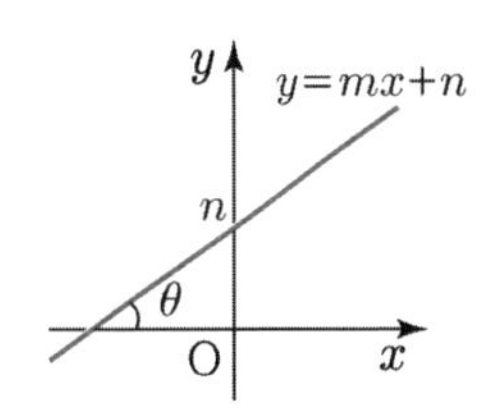

2 직선의 방정식

(1) **기울기와 한 점이 주어질 때** 중요⁺ : 기울기가 a이고, 점 $(x_1,\ y_1)$을 지나는 직선의 방정식은

$$y-y_1=a(x-x_1)$$

(2) **두 점이 주어질 때** : 두 점 $(x_1,\ y_1)$, $(x_2,\ y_2)$를 지나는 직선의 방정식은

$x_1 \neq x_2$일 때, $y-y_1=\frac{y_2-y_1}{x_2-x_1}(x-x_1)$

$x_1=x_2$일 때, $x=x_1$

(3) **x절편, y절편이 주어질 때** : x절편이 a, y절편이 b인 직선의 방정식은

$$\frac{x}{a}+\frac{y}{b}=1 \Longleftrightarrow y=-\frac{b}{a}x+b$$

바로 바로 CHECK√

01 다음 조건을 만족하는 직선의 방정식을 구하여라.

(1) 기울기가 2이고, 점 (1, 3)을 지나는 직선

(2) 기울기가 -3이고, 점 (1, 2)를 지나는 직선

02 다음 중 점 (0, 1)을 지나는 직선의 방정식은?

① $y=x-1$　② $y=-x-2$

③ $y=x+1$　④ $y=-x+2$

03 점 (1, 5)를 지나고 기울기가 1인 직선이 $y=x+k$이다. 이때, 상수 k의 값은?

① 1　② 2

③ 3　④ 4

04 그림과 같이 두 점 A(3, 2), B(−1, −2)를 지나는 직선의 방정식은?

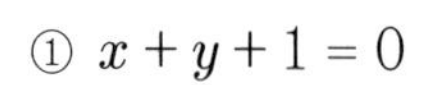

① $x+y+1=0$

② $x+y-1=0$

③ $x-y+1=0$

④ $x-y-1=0$

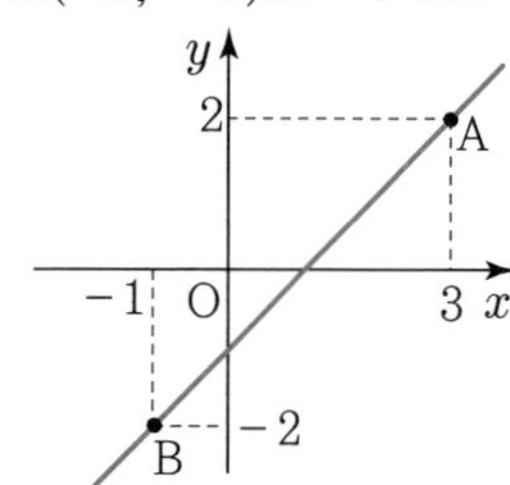

01 $y-y_1=a(x-x_1)$에서

(1) $a=2$, $x_1=1$, $y_1=3$이므로

$y-3=2(x-1)$

$\therefore y=2x+1$

(2) $a=-3$, $x_1=1$, $y_1=2$이므로

$y-2=-3(x-1)$

$\therefore y=-3x+5$

02 점 (0, 1)을 지나므로 y절편은 1이다.

답 ③

03 $y=x+k$가 점 (1, 5)를 지나므로

$5=1+k$

$\therefore k=4$

답 ④

04 두 점 (3, 2), (−1, −2)를 지나는 직선의 방정식은

$y-2=\frac{-2-2}{-1-3}(x-3)$

$y-2=x-3$

$\therefore x-y-1=0$

답 ④

03 두 직선의 위치 관계

1 두 직선 $y = ax + b$ 와 $y = a'x + b'$ 의 위치 관계 중요+

두 직선 사이의 위치 관계는 한 점에서 만나는 경우, 평행한 경우, 일치하는 경우, 수직인 경우의 네 가지로 나누어 생각할 수 있다.

(1) $a \neq a'$ ⟺ 한 점에서 만난다. ⟺ 한 쌍의 해를 갖는다.

(2) $a = a'$, $b \neq b'$ ⟺ 평행하다. ⟺ 해가 없다(불능).

(3) $a = a'$, $b = b'$ ⟺ 일치한다. ⟺ 해가 무수히 많다(부정).

(4) $aa' = -1$ ⟺ 수직이다. ⟺ 한 쌍의 해를 갖는다.

(1) 한 점

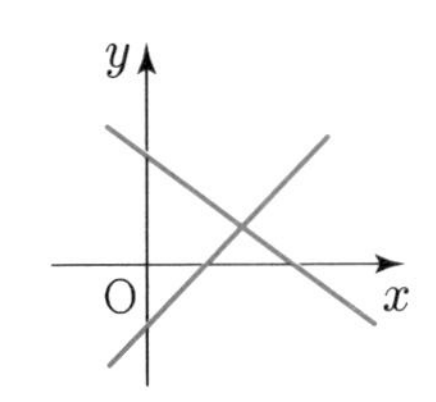

(2) 평행

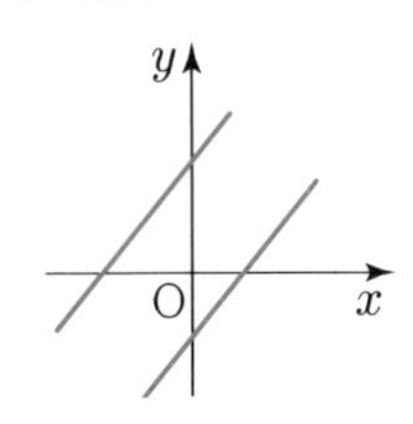

(3) 일치

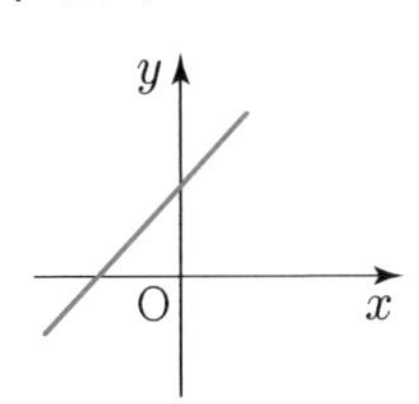

(4) 수직

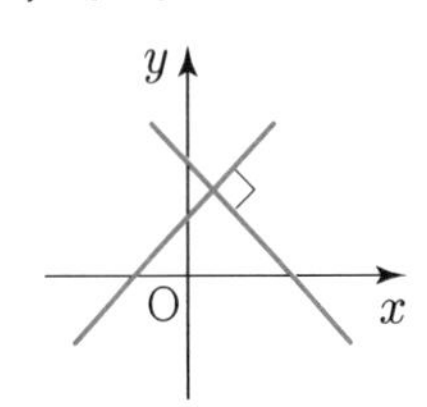

심화학습 두 직선이 서로 수직이면 기울기의 곱이 −1인 이유

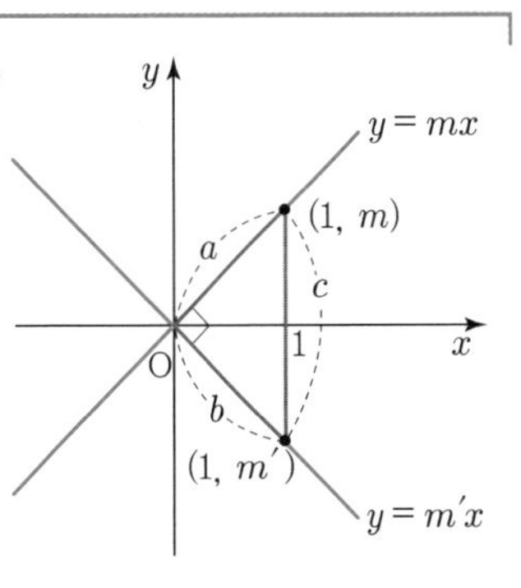

오른쪽의 그림과 같이 x의 값이 1일 때, 수직으로 만나는 두 직선 $y = mx$, $y = m'x$ 있다고 하면, 원점에서 점 $(1,\ m)$까지의 거리 a는

$a = \sqrt{(1-0)^2 + (m-0)^2} = \sqrt{1^2 + m^2}$

마찬가지로 b는

$b = \sqrt{(1-0)^2 + (m'-0)^2} = \sqrt{1^2 + m'^2}$

c의 거리는 y좌표의 차와 같으므로 $c = m - m'$

피타고라스의 정리에 의해, $a^2 + b^2 = c^2$이므로

$(\sqrt{1^2 + m^2})^2 + (\sqrt{1^2 + m'^2})^2 = (m - m')^2$

$1^2 + m^2 + 1^2 + m'^2 = m^2 - 2mm' + m'^2$

$2 = -2mm' \qquad \therefore\ mm' = -1$

따라서 두 직선이 서로 수직이면 기울기의 곱은 -1이 된다.

2 두 직선 $ax+by+c=0$과 $a'x+b'y+c'=0$의 위치 관계

$ax+by+c=0$, $a'x+b'y+c'=0$은 $b\neq 0$, $b'\neq 0$일 때 다음과 같이 변형된다.

$$y=-\frac{a}{b}x-\frac{c}{b},\ y=-\frac{a'}{b'}x-\frac{c'}{b'}$$

이때, 이 둘 사이에는 다음의 위치 관계가 존재한다.

(1) $\frac{a}{a'}\neq\frac{b}{b'}$ $\Longleftrightarrow$ 한 점에서 만난다. $\Longleftrightarrow$ 한 쌍의 해를 갖는다.

(2) $\frac{a}{a'}=\frac{b}{b'}\neq\frac{c}{c'}$ $\Longleftrightarrow$ 평행하다. $\Longleftrightarrow$ 해가 없다(불능).

(3) $\frac{a}{a'}=\frac{b}{b'}=\frac{c}{c'}$ $\Longleftrightarrow$ 일치한다. $\Longleftrightarrow$ 해가 무수히 많다(부정).

(4) $aa'+bb'=0$ $\Longleftrightarrow$ 수직이다. $\Longleftrightarrow$ 한 쌍의 해를 갖는다.

바로바로 CHECK√

01 두 직선 $3x-y+2=0$, $mx-y-1=0$이 서로 평행일 때, m의 값은?

① 2　② -2
③ 3　④ -3

02 점 (0, 0)을 지나고, 직선 $y=-\frac{1}{2}x+1$에 수직인 직선의 방정식은?

① $y=-\frac{1}{2}x$　② $y=2x$
③ $y=-2x+1$　④ $y=\frac{1}{2}x+1$

01 $\frac{3}{m}=\frac{-1}{-1}\neq\frac{2}{-1}$
$\therefore m=3$

답 ③

02 $y=-\frac{1}{2}x+1$에 수직이므로
$y=2x+b$ ⋯ ㉮
(0, 0)을 지나므로 ㉮에 대입하면
$0=2\times 0+b \Rightarrow b=0$
$\therefore y=2x$

답 ②

04 정점을 지나는 직선

1 두 직선의 교점을 지나는 직선

$(ax+by+c)k+(a'x+b'y+c')=0$은 k의 값에 관계없이 항상 $ax+by+c=0$, $a'x+b'y+c'=0$인 두 직선의 교점을 지난다.

2 두 직선의 교점을 지나는 직선 풀이 방법

두 직선 $2x+3y-12=0$, $4x-3y-6=0$의 교점과 점 P(1, 2)를 지나는 직선의 방정식을 구하는 문제가 주어질 때, 두 식을 연립하여 교점을 구한 후 교점과 점 P(1, 2)를 지나는 직선의 방정식을 구하면 된다.

그러나 위의 공식을 생각하면서 두 직선 $2x+3y-12=0$, $4x-3y-6=0$의 교점을 지나는 직선을 실수 k에 대하여 $(2x+3y-12)k+(4x-3y-6)=0$으로 놓으면. 이 직선이 점 P(1, 2)를 지나므로 $x=1$, $y=2$를 대입하여 k의 값을 구한 후 다시 위 식에 대입하면 두 직선의 교점을 구하지 않고도 두 직선의 교점과 점 P(1, 2)를 지나는 직선의 방정식을 구할 수 있다.

바로 바로 CHECK√

두 직선 $x+y-5=0$, $2x-y-1=0$의 교점과 점 (1, 2)를 지나는 직선의 방정식은?

① $y=x+1$　　② $y=2x$
③ $y=3x+1$　　④ $y=4x-2$

두 직선의 교점을 지나는 직선의 방정식은
$(x+y-5)k+(2x-y-1)=0$ ⋯ ㉮
여기에 $x=1$, $y=2$를 대입하면
$(1+2-5)k+(2\times1-2-1)=0$
$-2k-1=0 \Rightarrow k=-\frac{1}{2}$
k값을 ㉮식에 대입하면
$(x+y-5)\times(-\frac{1}{2})+(2x-y-1)=0$
양변에 -2를 곱해서 분모를 제거하면
$(x+y-5)-2(2x-y-1)=0$
$x+y-5-4x+2y+2=0$
$-3x+3y-3=0$
$-x+y-1=0$
$\therefore y=x+1$

답 ①

05 점과 직선 사이의 거리

1 점과 직선 사이의 거리

좌표평면 위의 점 $P(x_1, y_1)$에서 직선 $ax+by+c=0$ 사이의 거리 d는

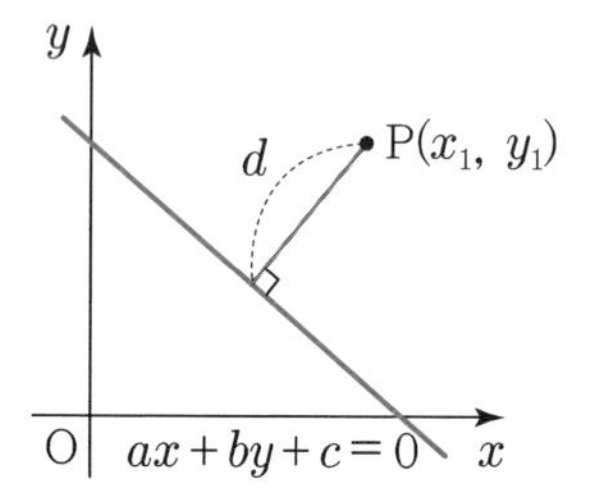

$$d=\frac{|ax_1+by_1+c|}{\sqrt{a^2+b^2}}$$

특히, 원점 O(0, 0)과 직선 $ax+by+c=0$ 사이의 거리 d는

$$d=\frac{|c|}{\sqrt{a^2+b^2}}$$

2 점과 직선 사이의 거리의 풀이 방법

(1) $y=ax+b$ 꼴은 $ax-y+b=0$ 꼴로 고친다.

(2) 평행한 두 직선 사이의 거리는 한 직선 위의 임의의 점과 다른 직선 사이의 거리와 같다. 이때, x절편 또는 y절편을 이용하면 거리를 쉽게 구할 수 있다.

(3) "이등분선 위의 임의의 점 $P(x_1, y_1)$에서 두 직선에 이르는 거리가 같다."에서 이등분선을 구한다.

바로 바로 CHECK√

01 다음 주어진 점으로부터 주어진 직선까지의 거리 d를 구하여라.

(1) $3x+4y-10=0$, 원점

(2) $y=-\frac{3}{4}x+5$, $(1,\ -2)$

02 두 점 $\mathrm{A}(1,\ 2)$, $\mathrm{B}(5,\ 2)$에 대하여 선분 AB의 중점에서 직선 $3x-4y+7=0$에 이르는 거리를 구하면?

① 1　② $\frac{6}{5}$

③ $\frac{7}{5}$　④ $\frac{8}{5}$

01 좌표평면 위의 점 $\mathrm{P}(x_1,\ y_1)$에서 직선 $ax+by+c=0$까지의 거리

$$d=\frac{|ax_1+by_1+c|}{\sqrt{a^2+b^2}}$$

(1) $a=3,\ b=4,\ c=-10$, $x_1=0,\ y_1=0$이므로

$$d=\frac{|3\times0+4\times0-10|}{\sqrt{3^2+4^2}}=\frac{|-10|}{5}=2$$

(2) $y=-\frac{3}{4}x+5$를 변형하면

$3x+4y-20=0$

$a=3,\ b=4,\ c=-20$, $x_1=1,\ y_1=-2$이므로

$$d=\frac{|3\times1+4\times(-2)-20|}{\sqrt{3^2+4^2}}=\frac{|-25|}{5}=5$$

02 $\mathrm{A}(1,\ 2)$, $\mathrm{B}(5,\ 2)$의 중점

$=\left(\frac{1+5}{2},\ \frac{2+2}{2}\right)$

$=(3,\ 2)$

점 $(3,\ 2)$에서 직선 $3x-4y+7=0$에 이르는 거리

$$d=\frac{|3\times3+(-4)\times2+7|}{\sqrt{3^2+(-4)^2}}=\frac{8}{5}$$

답 ④

01 직선 $y=mx+n$에서 $m>0$, $n<0$일 때, 다음 중 알맞은 그래프는?

①
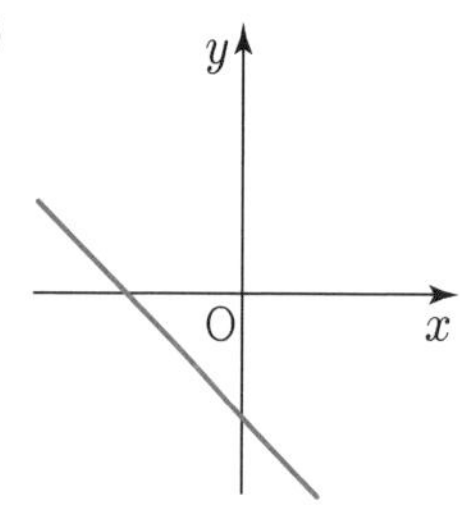

②
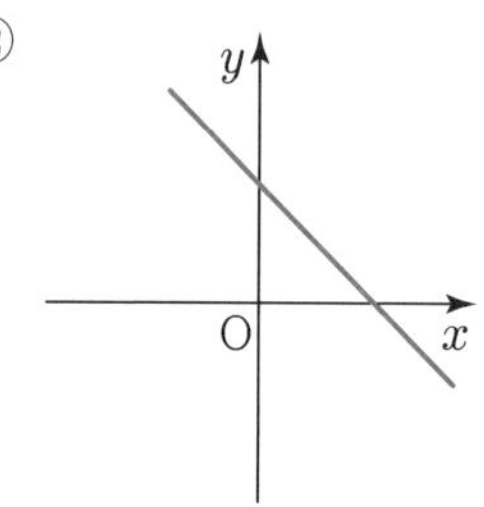

③
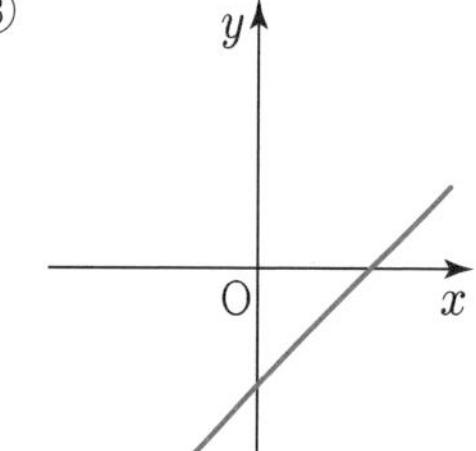

④
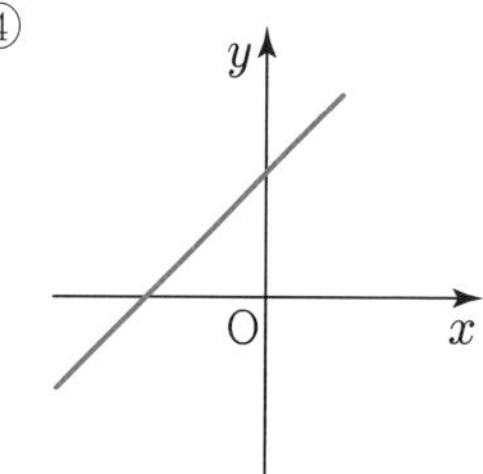

02 다음 직선의 방정식을 구하여라.

(1) x절편이 3이고, y절편이 -1인 직선의 방정식

(2) 두 점 $(0,\ -1)$, $(2,\ 0)$을 지나는 직선의 방정식

03 다음 직선의 방정식을 구하여라.

(1) 점 $(3,\ -5)$를 지나고 x축에 평행한 직선

(2) 점 $(5,\ -2)$를 지나고 y축에 평행한 직선

01

m = 기울기 > 0일 때,
오른쪽 끝이 올라간다.
n = y절편 < 0이므로 ③이 답이 된다.

02

(1) $(3,\ 0)$, $(0,\ -1)$을 지나는 직선의 방정식이므로

$y=\dfrac{-1-0}{0-3}(x-3)$

$\therefore\ y=\dfrac{1}{3}(x-3)$

(2) $y=\dfrac{0-(-1)}{2-0}(x-0)-1$

$\therefore\ y=\dfrac{1}{2}x-1$

ANSWER

01. ③
02. (1) $y=\dfrac{1}{3}(x-3)$ (2) $y=\dfrac{1}{2}x-1$
03. (1) $y=-5$ (2) $x=5$

04 다음 조건에 맞는 직선의 방정식을 구하여라.

(1) 기울기가 -3이고, y절편이 2인 직선의 방정식

(2) 기울기가 $-\frac{1}{2}$이고, 점 (4, 3)을 지나는 직선의 방정식

05 기출 직선 $y=2x+1$에 평행하고, 점 $(0,\ 3)$을 지나는 직선의 방정식은?

① $y=2x$
② $y=2x+3$
③ $y=3x$
④ $y=3x+3$

06 기출 다음 중 직선 $y=\frac{2}{3}x+1$과 수직인 직선의 방정식은?

① $y=\frac{2}{3}x+2$　② $y=-\frac{2}{3}x+2$
③ $y=\frac{3}{2}x+2$　④ $y=-\frac{3}{2}x+2$

04

(1) $y=-3x+4$

(2) $y=-\frac{1}{2}(x-4)+3$

$\therefore\ y=-\frac{1}{2}x+5$

05

$y=2x-1$에 평행하다는 것은 기울기가 같다는 것으로 $y=2x+b$
y절편이 3이므로
$\therefore\ y=2x+3$

06

두 직선이 수직이려면 두 직선의 기울기를 서로 곱했을 때 -1이 되어야 한다.
직선 $y=\frac{2}{3}x+1$의 기울기인 $\frac{2}{3}$와 곱해서 -1이 되는 수는 $-\frac{3}{2}$이다.

ANSWER

04. (1) $y=-3x+2$
(2) $y=-\frac{1}{2}x+5$
05. ② 06. ④

07 다음 그림과 같은 좌표평면에서 두 점 $A(2,\ 1)$, $B(0,\ -3)$를 지나는 직선의 식은?

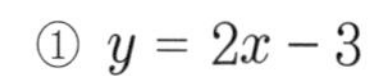

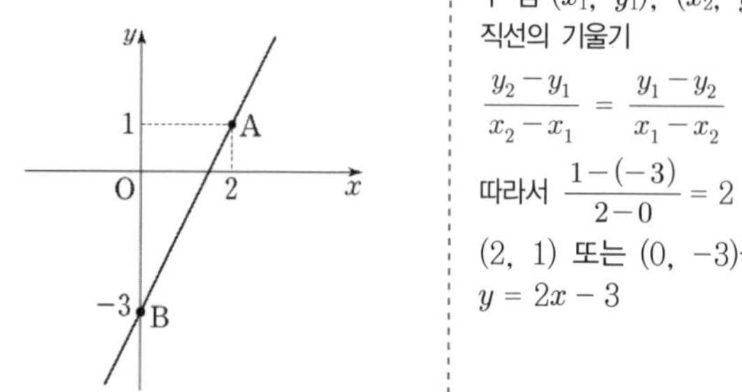

① $y = 2x - 3$

② $y = 2x + 1$

③ $y = 3x - 3$

④ $y = 3x + 1$

08 두 점 $(-2,\ 3)$, $(3,\ -4)$를 지나는 직선의 방정식은?

① $y = \frac{7}{5}x + \frac{1}{5}$

② $y = -\frac{7}{5}x - \frac{1}{5}$

③ $y = \frac{7}{5}x - \frac{1}{5}$

④ $y = -\frac{7}{5}x + \frac{1}{5}$

07

두 점 $(x_1,\ y_1)$, $(x_2,\ y_2)$를 지나는 직선의 기울기

$\frac{y_2 - y_1}{x_2 - x_1} = \frac{y_1 - y_2}{x_1 - x_2}$

따라서 $\frac{1-(-3)}{2-0} = 2$

$(2,\ 1)$ 또는 $(0,\ -3)$을 지나므로

$y = 2x - 3$

08

$y - 3 = \frac{-4-3}{3-(-2)}(x + 2)$

$\therefore\ y = -\frac{7}{5}x + \frac{1}{5}$

ANSWER

07. ① 08. ④

09 두 직선 $2x+3y-1=0$, $kx+4y+1=0$이 한 점에서 만나기 위한 상수 k의 조건은?

① $k \neq \frac{4}{3}$　　② $k \neq \frac{8}{3}$

③ $k=3$　　④ $k=4$

09

$2x+3y-1=0 \Rightarrow y=-\frac{2}{3}x+\frac{1}{3}$

$kx+4y+1=0 \Rightarrow y=-\frac{k}{4}x-\frac{1}{4}$

한 점에서 만난다는 것은 기울기가 같지 않다는 의미이므로

$-\frac{2}{3} \neq -\frac{1}{4}k$

$\therefore k \neq \frac{8}{3}$

10 기출 직선 $2x-y-1=0$과 평행하고, 점 $(0,\ 5)$를 지나는 직선의 방정식은?

① $y=-2x-5$　　② $y=-\frac{1}{2}x+1$

③ $y=\frac{1}{2}x+1$　　④ $y=2x+5$

10

평행하다는 것은 기울기가 같다는 의미이므로

$y=2x+b$

점 $(0,\ 5)$를 지나므로

$5=2\times 0+b \Rightarrow b=5$

$\therefore y=2x+5$

11 기출 직선 $y=-\frac{1}{2}x+3$에 수직이고, 점 $(0,\ 1)$을 지나는 직선의 방정식은?

① $y=2x+1$　　② $y=3x+1$

③ $y=-2x+1$　　④ $y=-3x+1$

11

$y=-\frac{1}{2}x+3$에 수직인

직선의 기울기는 2이다.

$y=2x+b$에서 점 $(0,\ 1)$을 지나므로

$y=2x+1$

ANSWER

09. ②　10. ④　11. ①

12 두 직선 $x+y+1=0$, $ax+y+4=0$이 서로 평행할 때, 상수 a의 값은?

기출

① -4　② -1
③ 1　④ 4

13 점 $(1, 1)$을 지나고, 직선 $x-2y-1=0$에 수직인 직선의 방정식은?

① $x+2y-3=0$
② $x-2y+1=0$
③ $2x+y-3=0$
④ $2x-y-1=0$

14 세 점 $\mathrm{A}(3, 2)$, $\mathrm{B}(1, -1)$, $\mathrm{C}(a, -2)$가 한 직선 위에 있을 때, a의 값은?

고난도

① $a=\frac{1}{3}$　② $a=-\frac{1}{3}$
③ $a=3$　④ $a=-3$

12

평행하다. → 기울기가 같다.
$x+y+1=0$
$\Rightarrow y=-x-1$: 기울기 -1
$ax+y+4=0$
$\Rightarrow y=-ax-4$: 기울기 $-a$
$-1=-a$
$\therefore a=1$

13

점 (x_1, y_1)을 지나고 기울기가 a인 직선의 방정식 $y-y_1=a(x-x_1)$
$x-2y-1=0 \Rightarrow y=\frac{1}{2}(x-1)$
$y=\frac{1}{2}(x-1)$에 수직이므로 기울기는 -2이다. 점 $(1, 1)$을 지나므로
$y-1=-2(x-1)$
$\therefore 2x+y-3=0$

14

한 직선 → 기울기가 같다.
$\overline{\mathrm{AB}}$의 기울기 $=$ $\overline{\mathrm{BC}}$의 기울기
$\frac{-1-2}{1-3}=\frac{-2+1}{a-1}$
$\frac{3}{2}=\frac{-1}{a-1}$
$3a-3=-2$
$\therefore a=\frac{1}{3}$

ANSWER
12. ③　13. ③　14. ①

15 두 점 $(2,\ 1)$, $(3,\ 4)$를 지나는 직선과 평행하고, 점 $(-1,\ 2)$를 지나는 직선의 방정식은?

① $y = 3x + 5$
② $y = -3x + 5$
③ $y = 3x - 5$
④ $y = -3x - 5$

16 다음 물음에 답하여라.

(1) 점 $(2,\ -3)$을 지나고 직선 $y = 2x + 1$과 만나지 않는 직선의 방정식은?

(2) 두 점 $\mathrm{A}(2,\ 3)$, $\mathrm{B}(4,\ -1)$을 이은 선분 AB의 수직이등분선의 방정식은?

17 고난도 직선 $x + ay + 1 = 0$이 직선 $2x - by + 1 = 0$과 수직이고, 직선 $x - (b-3)y - 1 = 0$과 평행일 때, $a^2 + b^2$의 값은?

① 5
② 7
③ 10
④ 13

15

$(2,\ 1)$, $(3,\ 4)$를 지나는 직선의

기울기 $= \dfrac{4-1}{3-2} = 3$

평행하고, 점 $(-1,\ 2)$를 지나므로

$y = 3(x+1) + 2$

$\therefore\ y = 3x + 5$

16

(1) 만나지 않는다. → 평행 → 기울기가 같다.

$y - (-3) = 2(x - 2)$

$\therefore\ y = 2x - 7$

(2) $\overline{\mathrm{AB}}$의 수직이등분선은 A, B의 중점을 지나고 직선 AB와 수직이다.

A, B의 중점

$\mathrm{M}\left(\dfrac{2+4}{2},\ \dfrac{3-1}{2}\right) = \mathrm{M}(3,\ 1)$

직선 AB의 기울기

$= \dfrac{-1-3}{4-2} = \dfrac{-4}{2} = -2$

기울기 $= \dfrac{1}{2}$ ($\because$ 수직)

기울기가 $\dfrac{1}{2}$이고 중점 $\mathrm{M}(3,\ 1)$을 지나므로 $y = \dfrac{1}{2}(x-3) + 1$

$\therefore\ y = \dfrac{1}{2}x - \dfrac{1}{2}$

17

두 직선 $x + ay + 1 = 0$, $2x - by + 1 = 0$이 서로 수직이므로

$1 \times 2 + a \times (-b) = 0$, $ab = 2$

또, 두 직선 $x + ay + 1 = 0$, $x - (b-3)y - 1 = 0$이 서로 평행하므로

$\dfrac{1}{1} = \dfrac{a}{-(b-3)} \neq \dfrac{1}{-1}$, $a = -b + 3$

$a + b = 3$

$\therefore\ a^2 + b^2 = (a+b)^2 - 2ab$
$= 3^2 - 2 \times 2$
$= 9 - 4 = 5$

ANSWER

15. ①

16. (1) $y = 2x - 7$ (2) $y = \dfrac{1}{2}x - \dfrac{1}{2}$

17. ①

18 직선 $(2+k)x+(1+2k)y+(1-4k)=0$이 k의 값에 관계없이 한 점 $(a,\ b)$를 지날 때, ab의 값은?

① -6 ② -3
③ -2 ④ 2

19 직선 $y-kx+3k=2$는 k의 값에 관계없이 항상 일정한 점을 지난다. 그 정점을 구하면?

① $(3,\ 2)$ ② $(2,\ 3)$
③ $(-2,\ 3)$ ④ $(2,\ -3)$

20 두 직선 $2x-y-1=0$, $x-y-3=0$의 교점과 원점을 지나는 직선의 방정식을 구하면?

① $7x+4y+6=0$ ② $7x+4y-6=0$
③ $5x+2y=0$ ④ $5x-2y=0$

21 두 직선 $2x+5y+1=0$, $x-2y-4=0$의 교점을 지나고, 직선 $5x-y-4=0$에 수직인 직선의 방정식을 구하면?

① $5x-y-11=0$ ② $x-5y-11=0$
③ $x+5y+3=0$ ④ $5x+y+3=0$

18

$(2+k)x+(1+2k)y+(1-4k)=0$
$k(x+2y-4)+(2x+y+1)=0$
$x+2y-4=0$ ⋯ ㉮
$2x+y+1=0$ ⋯ ㉯
㉮, ㉯를 연립하면
$x=-2,\ y=3$
점 $(a,\ b)$는 $(-2,\ 3)$이므로
$\therefore\ ab=(-2)\times 3=-6$

19

$y-kx+3k-2=0$
$(y-2)+(-x+3)k=0$
$y-2=0,\ -x+3=0$
$x=3,\ y=2$
$\therefore\ (3,\ 2)$

20

$2x-y-1=0$ ⋯ ㉮
$x-y-3=0$ ⋯ ㉯
㉮−㉯를 하면 $x=-2,\ y=-5$
두 점 $(-2,\ -5)$, $(0,\ 0)$을 지나는 직선
$y=\dfrac{0-(-5)}{0-(-2)}(x+2)-5$
$y=\dfrac{5}{2}x \Rightarrow 2y=5x$
$\therefore\ 5x-2y=0$

21

$2x+5y+1=0$과 $x-2y-4=0$의 교점은 $x=2,\ y=-1$
$5x-y-4=0 \Rightarrow y=5x-4$에 수직이므로 기울기 $=-\dfrac{1}{5}$
기울기가 $-\dfrac{1}{5}$이고 $(2,\ -1)$을 지나므로
$y=-\dfrac{1}{5}(x-2)-1$
$y=-\dfrac{1}{5}x-\dfrac{3}{5}$
$\therefore\ x+5y+3=0$

ANSWER

18. ① 19. ① 20. ④ 21. ③

22 다음 주어진 점과 직선 사이의 거리를 구하여라.

(1) 점 $(0,\ 0)$, 직선 $4x+3y-5=0$

(2) 점 $(1,\ -3)$, 직선 $x+2y+5=0$

23 제1사분면 위의 점 $(a,\ 2)$에서 직선 $3x+4y+1=0$에 이르는 거리가 3일 때, a의 값은?

① 1　② 2
③ 3　④ 4

24 두 직선 $2x-y-3=0$과 $2x-y+5=0$ 사이의 거리를 구하면?

고난도

① $\dfrac{8\sqrt{5}}{5}$　② $\dfrac{8\sqrt{5}}{3}$
③ $\dfrac{8\sqrt{3}}{5}$　④ $\dfrac{8\sqrt{3}}{3}$

22

(1) $d=\dfrac{|4\times0+3\times0-5|}{\sqrt{4^2+3^2}}$
$=\dfrac{|0+0-5|}{5}=1$

(2) $d=\dfrac{|1\times1+2\times(-3)+5|}{\sqrt{1^2+2^2}}$
$=\dfrac{0}{\sqrt{5}}=0$

23

$3=\dfrac{|3\times a+4\times2+1|}{\sqrt{3^2+4^2}}$
$|3a+9|=15$
$3a+9=\pm15$
$a=2$ 또는 $a=-8$
$\therefore\ a=2(\because\ (a,\ 2)$는 제1사분면)

24

직선 $2x-y-3=0$ 위의 한 점 $(0,\ -3)$에서 $2x-y+5=0$까지의 거리
$d=\dfrac{|2\times0+(-1)\times(-3)+5|}{\sqrt{2^2+(-1)^2}}$
$=\dfrac{8}{\sqrt{5}}=\dfrac{8\sqrt{5}}{5}$

ANSWER

22. (1) 1　(2) 0
23. ②　24. ①

03 원의 방정식

원의 방정식은 매회 1문제 출제되는 단원입니다. 보통 원의 중심과 반지름의 길이가 주어진 형태로 출제되지만 좌표축에 접하는 형태로도 출제됩니다. x축 또는 y축에 접했을 때 반지름의 길이에 혼동하는 일이 없도록 합니다.

01 원의 방정식

1 원의 방정식 중요⁺

(1) 원의 정의

좌표평면에서 한 정점으로부터 일정한 거리에 있는 점의 자취를 원이라 한다. 이때, 이 정점을 원의 중심, 일정한 거리를 원의 반지름이라 한다.

(2) 원의 방정식

① 기본형 : 중심이 $(0,\ 0)$이고 반지름이 r인 원의 방정식은

$$x^2 + y^2 = r^2$$

② 표준형 중요⁺ : 중심이 $(a,\ b)$이고 반지름이 r인 원의 방정식은

$$(x-a)^2 + (y-b)^2 = r^2$$

③ 일반형 : $x^2 + y^2 + Ax + By + C = 0$은 중심과 반지름이 다음과 같은 원이다.

$$\bullet \text{중심} : \left(-\frac{A}{2},\ -\frac{B}{2}\right) \quad \bullet \text{반지름} : \frac{\sqrt{A^2+B^2-4C}}{2}$$

위의 중심과 반지름을 이용하여 표준형의 식을 만든다면,

$$(x+\frac{A}{2})^2+(y+\frac{B}{2})^2=\left(\frac{\sqrt{A^2+B^2-4C}}{2}\right)^2$$

기초학습 **일반형을 표준형으로 쉽게 바꾸는 방법**

일반형 $x^2 + y^2 - 4x - 6y - 12 = 0$에서

$x^2 + y^2 (-4)x (-6)y (-12) = 0$

$\div(-2)$ $\div(-2)$ [부호를 바꿔서]

⇓

중심 : (2, 3)

[각각 제곱]⇓

반지름$^2 = 2^2 + 3^2 + 12 = 25$

반지름 $= 5$

중심이 (2, 3)이고 반지름이 5이므로 표준형으로 바꾸면 $(x-2)^2 + (y-3)^2 = 5^2$

심화학습

1. 원의 방정식의 특징 : x^2, y^2의 계수가 서로 같고, xy항이 없을 때, 이러한 이차식은 원이 된다.
2. $A^2 + B^2 - 4C$를 원의 판별식이라 할 때,
   ① $A^2 + B^2 - 4C > 0$이면 실원
   ② $A^2 + B^2 - 4C = 0$이면 점원
   ③ $A^2 + B^2 - 4C < 0$이면 허원
3. $(x-a)^2 + (y-b)^2 = r^2$은 원 $x^2 + y^2 = r^2$을 x축 방향으로 a만큼, y축 방향으로 b만큼 평행이동한 것이다.

수 학

바로 바로 CHECK√

01 점 $(3,\ 4)$를 중심으로 하고 원점을 지나는 원의 방정식은?

① $(x+3)^2+(y+4)^2=5^2$

② $(x-3)^2+(y-4)^2=5^2$

③ $(x-3)^2+(y-4)^2=5$

④ $(x+3)^2+(y+4)^2=5$

01 점 $(a,\ b)$를 중심으로 하고 반지름을 r로 하는 원의 방정식은
$(x-a)^2+(y-b)^2=r^2$이므로
$a=3,\ b=4$, 반지름 r은 점 $(3,\ 4)$와 점 $(0,\ 0)$ 사이의 거리이다. 따라서
$r^2=(3-0)^2+(4-0)^2$
$=9+16=25=5^2$
$\therefore\ (x-3)^2+(y-4)^2=5^2$

답 ②

02 좌표평면 위의 점 $(1,\ 3)$이 중심이고, 반지름의 길이가 2인 원의 방정식은?

① $(x+1)^2+(y+3)^2=2$

② $(x-1)^2+(y-3)^2=2$

③ $(x+1)^2+(y+3)^2=4$

④ $(x-1)^2+(y-3)^2=4$

02 원의 중심이 $(a,\ b)$이고, 반지름이 r일 때, 원의 방정식은
$(x-a)^2+(y-b)^2=r^2$이므로
$(x-1)^2+(y-3)^2=2^2$
$\therefore\ (x-1)^2+(y-3)^2=4$

답 ④

03 다음 중 $(x-1)^2+y^2=1$의 그래프를 바르게 나타낸 것은?

①
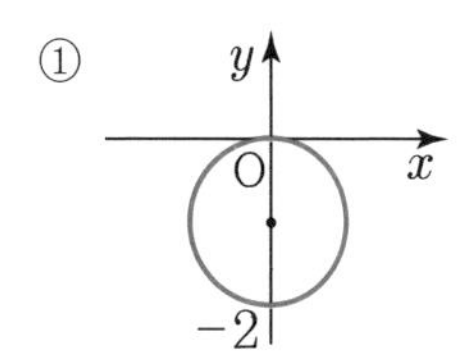

②
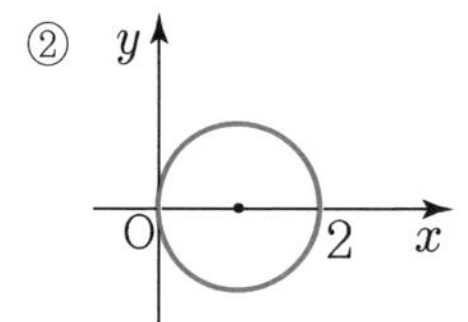

③
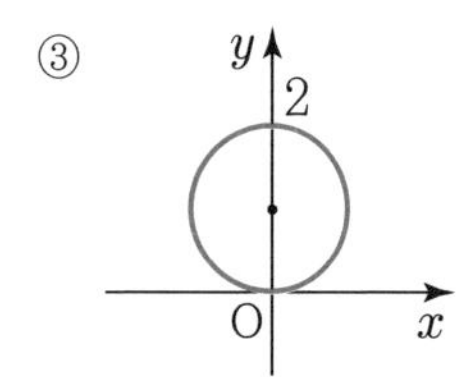

④
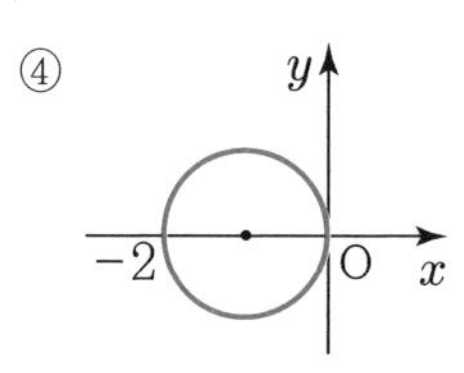

03 $(x-1)^2+y^2=1$에서 중심은 $(1,\ 0)$, 반지름은 1이다.

답 ②

04 원 $x^2+y^2-4x+6y+11=0$의 중심과 반지름은?

① $(-2,\ 3),\ 2$ ② $(2,\ -3),\ 2$

③ $(-2,\ 3),\ \sqrt{2}$ ④ $(2,\ -3),\ \sqrt{2}$

04 $x^2-4x+4+y^2+6y+9+11-13=0$
$(x-2)^2+(y+3)^2=(\sqrt{2})^2$
$\therefore$ 원의 중심 $(2,\ -3)$
반지름 $r=\sqrt{2}$

답 ④

2 좌표축에 접하는 원의 방정식

(1) x축에 접하는 원의 방정식

$|y좌표| = (반지름의\ 길이)$

$(x-a)^2+(y-b)^2=b^2$, 중심 $(a,\ b)$

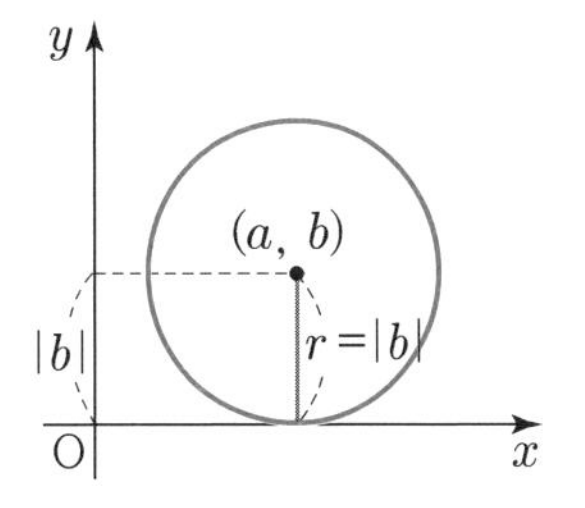

(2) y축에 접하는 원의 방정식

$|x좌표| = (반지름의\ 길이)$

$(x-a)^2+(y-b)^2=a^2$, 중심 $(a,\ b)$

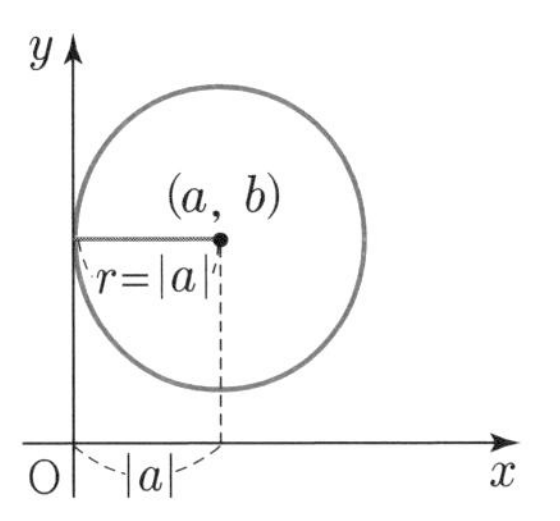

(3) x축, y축에 동시에 접하는 원의 방정식

$|x좌표| = |y좌표| = (반지름의\ 길이)$

제1사분면 $\Rightarrow (x-r)^2+(y-r)^2=r^2$

제2사분면 $\Rightarrow (x+r)^2+(y-r)^2=r^2$

제3사분면 $\Rightarrow (x+r)^2+(y+r)^2=r^2$

제4사분면 $\Rightarrow (x-r)^2+(y+r)^2=r^2$

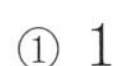

바로바로 CHECK√

01 중심이 C(3, 3)이고 x축과 y축에 동시에 접하는 원의 반지름의 길이는?

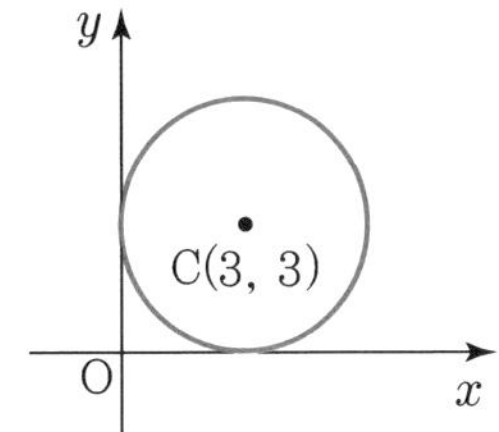

① 1
② 2
③ 3
④ 4

02 원 $x^2+y^2+4x-2y=10$과 중심이 같고, x축에 접하는 원의 넓이는?

① π ② 2π
③ 3π ④ 4π

01 중심 (3, 3)이고, x축과 y축에 동시에 접하므로 $(x-3)^2+(y-3)^2=3^2$
$\therefore r=3$

답 ③

02 $x^2+y^2+4x-2y=10$에서
$(x+2)^2+(y-1)^2=15$
따라서 중심의 좌표가 $(-2,\ 1)$이고
x축에 접하는 원의 방정식은
$(x+2)^2+(y-1)^2=1$이므로
구하는 원의 넓이는 π이다.

답 ①

02 원과 직선의 위치 관계

1 원과 직선의 위치 관계(Ⅰ)

원과 직선의 위치 관계는 두 점에서 만나는 경우, 접하는 경우, 만나지 않는 경우의 세 가지로 생각할 수 있다.

직선 $y = ax + b \cdots$ ㉮, 원 $x^2 + y^2 = r^2 \cdots$ ㉯에서 ㉮를 ㉯에 대입하여 정리하면 $(a^2 + 1)x^2 + 2abx + b^2 - r^2 = 0$, 즉 x에 관한 이차방정식이 된다. 한편, 이 이차방정식의 판별식을 D라 하면 직선 ㉮와 원 ㉯ 사이에는 다음의 관계가 성립한다.

(1) $D > 0 \Longleftrightarrow$ 서로 다른 두 점에서 만난다. $\Longleftrightarrow$ 서로 다른 두 실근

(2) $D = 0 \Longleftrightarrow$ 한 점에서 만난다(접한다). $\Longleftrightarrow$ 중근

(3) $D < 0 \Longleftrightarrow$ 만나지 않는다. $\Longleftrightarrow$ 서로 다른 두 허근

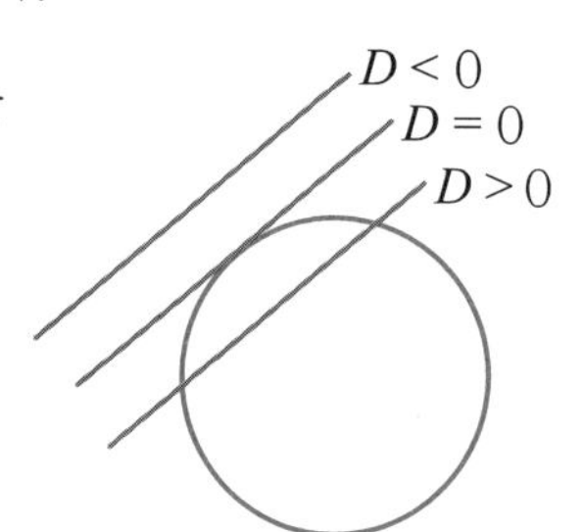

2 원과 직선의 위치 관계(Ⅱ)

반지름의 길이가 r인 원에서 원의 중심과 직선 사이의 거리가 d일 때, 원과 직선의 위치 관계는 다음과 같다.

(1) $d < r \Longleftrightarrow$ 서로 다른 두 점에서 만난다.

(2) $d = r \Longleftrightarrow$ 한 점에서 만난다(접한다).

(3) $d > r \Longleftrightarrow$ 만나지 않는다.

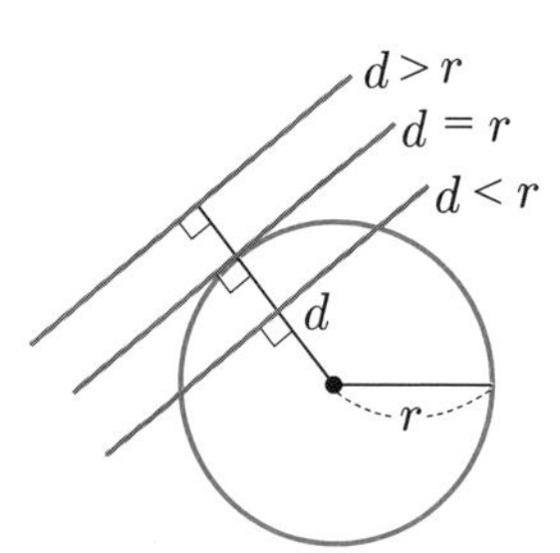

03 원의 접선의 방정식

1 원 위의 점(접점)을 알 때의 접선의 방정식

(1) 원 $x^2+y^2=r^2$ 위의 점 $(x_1,\ y_1)$에서의 접선의 방정식

$$x_1x+y_1y=r^2$$

(2) 원 $(x-a)^2+(y-b)^2=r^2$ 위의 점 $(x_1,\ y_1)$에서의 접선의 방정식

$$(x_1-a)(x-a)+(y_1-b)(y-b)=r^2 \rightarrow \text{원의 중심 } (a,\ b)$$

(3) 원 $x^2+y^2+Ax+By+C=0$ 위의 점 $(x_1,\ y_1)$에서의 접선의 방정식

$$x_1x+y_1y+A\times\frac{x_1+x}{2}+B\times\frac{y_1+y}{2}+C=0$$

바로바로 CHECK√

01 원 $x^2+y^2=4$ 위의 점 $(-1,\ \sqrt{3})$에서 그은 접선의 방정식은?

① $x-\sqrt{3}y+2=0$　② $x-\sqrt{3}y+4=0$
③ $\sqrt{3}x-y+2=0$　④ $\sqrt{3}x-y+4=0$

02 원 $(x-3)^2+(y+1)^2=10$ 위의 점 $(4,\ 2)$를 지나는 접선의 방정식은 $x+ay+b=0$이다. 이때 $a+b$의 값은?

① -7　② -5
③ -3　④ -1

01 $x^2+y^2=4$ 위의 점 $(x_1,\ y_1)$에서의 접선은 $x_1x+y_1y=4$이므로,
$x_1=-1,\ y_1=\sqrt{3}$을 대입하면,
$-x+\sqrt{3}y=4$
$\therefore x-\sqrt{3}y+4=0$

답 ②

02 점 $(4,\ 2)$가 원 $(x-3)^2+(y+1)^2=10$ 위의 점이므로
$(4-3)(x-3)+(2+1)(y+1)=10$
$\therefore x+3y-10=0$
따라서 $a=3,\ b=-10$이므로
$\therefore a+b=-7$

답 ①

2 기울기 m을 알 때의 접선의 방정식

원에 접하고 기울기가 m인 접선의 방정식(직선의 방정식)을 구하는 방법은 다음과 같다.

(1) 판별식 $D = 0$을 이용

접선의 방정식을 $y = mx + b$라 놓고 이것을 이차식에 대입하여 x에 관한 방정식으로 정리한 다음 판별식 $D = 0$을 이용하여 b를 구한다.

(2) 원의 성질을 이용

원의 중심에서 접선까지의 거리(반지름의 길이)로 b를 구한다.

(3) 접선의 공식을 이용

① 기울기가 m일 때, $x^2 + y^2 = r^2$에 접하는 접선의 방정식

$$y = mx \pm r\sqrt{m^2 + 1}$$

② 기울기가 m일 때, $(x - a)^2 + (y - b)^2 = r^2$에 접하는 접선의 방정식

$$y - b = m(x - a) \pm r\sqrt{m^2 + 1}$$

바로 바로 CHECK√

직선 $y=2x+3$에 평행하고 원 $(x-3)^2+(y+1)^2=4$에 접하는 접선의 방정식을 구하여라.

1) 판별식 $D=0$을 이용

$\begin{cases} y=2x+n \\ (x-3)^2+(y+1)^2=4 \end{cases}$

$(x-3)^2+(2x+n+1)^2=4$

$x^2-6x+9+4x^2+4(n+1)x+(n+1)^2=4$

$5x^2+2(2n-1)x+(n^2+2n+6)=0$

의 해가 하나이므로 판별식 $\frac{D}{4}=0$

$\frac{D}{4}=(2n-1)^2-5(n^2+2n+6)$

$=4n^2-4n+1-5n^2-10n-30$

$=-n^2-14n-29=0$

$n^2+14n+29=0$의 해는

$n=-7\pm2\sqrt{5}$

$\therefore\ y=2x-7\pm2\sqrt{5}$

2) 원의 성질을 이용

(반지름과 중심 사이의 거리)

$y=2x+n$과 원 $(x-3)^2+(y+1)^2=4$의 중심 $(3,\ -1)$까지의 거리는 2이다.

$2x-y+n=0$과 $(3,\ -1)$까지의 거리

$d=\frac{|2\times3-(-1)+n|}{\sqrt{2^2+(-1)^2}}=2$

$|n+7|=2\sqrt{5}\Rightarrow n+7=\pm2\sqrt{5}$

$n=-7\pm2\sqrt{5}$

$\therefore\ y=2x-7\pm2\sqrt{5}$

3) 접선의 방정식 공식 이용

원 $(x-3)^2+(y+1)^2=4$에 접하고 기울기가 2인 접선이므로

$y+1=2(x-3)\pm2\sqrt{2^2+1}$

$y=2x-6-1\pm2\sqrt{5}$

$\therefore\ y=2x-7\pm2\sqrt{5}$

3 원 밖의 한 점 (x_1, y_1)에서 원에 그은 접선의 방정식

(1) **판별식 $D = 0$을 이용** : 접선의 기울기를 m이라 하면 접선의 방정식은 $y - y_1 = m(x - x_1)$이다. 여기에서 $y = m(x - x_1) + y_1$을 이차식에 대입하여 x에 관한 이차방정식으로 정리한 다음 판별식 $D = 0$을 이용하여 기울기 m을 구한다.

(2) **원의 성질을 이용** : 원의 중심에서 접선까지의 거리(반지름)로 기울기 m을 구한다.

바로 바로 CHECK√

점 $(2, 0)$에서 원 $x^2 + y^2 = 2$에 그은 접선의 방정식을 구하여라.

1) 판별식 $D = 0$을 이용
점 $(2, 0)$을 지나는 접선의 기울기를 m이라고 하면 접선의 방정식은
$y - 0 = m(x - 2)$
$\therefore\ y = mx - 2m \cdots ㉮$
이것을 $x^2 + y^2 = 2$에 대입하여 정리하면
$(m^2 + 1)x^2 - 4m^2x + 4m^2 - 2 = 0$
이차방정식의 판별식
$\frac{D}{4} = (-2m^2)^2 - (m^2 + 1)(4m^2 - 2)$
$= 0$
$m^2 = 1\ \therefore\ m = \pm 1$
이것을 ㉮에 대입하면
$\therefore\ y = x - 2$ 또는 $y = -x + 2$

2) 원의 성질을 이용
(반지름과 직선 사이의 거리)
$x^2 + y^2 = 2$에서 $x^2 + y^2 = (\sqrt{2})^2$이므로 원점을 중심으로 하고 반지름의 길이가 $\sqrt{2}$인 원이다.
점 $(2, 0)$을 지나는 접선의 기울기를 m이라고 하면 접선의 방정식은
$y - 0 = m(x - 2)$
$\therefore\ mx - y - 2m = 0 \cdots ㉮$
원의 중심 $(0, 0)$과 직선 사이의 거리는 원의 반지름의 길이와 같으므로
$\frac{|-2m|}{\sqrt{m^2 + (-1)^2}} = \sqrt{2}$
$|-2m| = \sqrt{2m^2 + 2}$
양변을 제곱하여 정리하면 $m^2 = 1$
$\therefore\ m = \pm 1$
이것을 ㉮에 대입하면
$\therefore\ y = x - 2$ 또는 $y = -x + 2$

01 다음 방정식이 나타내는 원의 중심 좌표와 반지름의 길이를 각각 구하여라.

(1) $(x-3)^2+(y+5)^2=4$

(2) $x^2+y^2-6x+4y-3=0$

(3) $2x^2+2y^2=32$

(4) $4x^2+4y^2-8x+12y-6=0$

02 다음 원의 방정식을 구하여라.

(1) 두 점 P(4, 2), Q(2, −4)를 지름의 양 끝으로 하는 원

(2) 세 점 P(2, 1), Q(1, 0), R(1, 3)을 지나는 원

01

(1) $(x-3)^2+(y+5)^2=2^2$
$\therefore$ 중심 $(3,\ -5)$, $r=2$

(2) $x^2+y^2-6x+4y-3=0$
$(x-3)^2+(y+2)^2=16=4^2$
$\therefore$ 중심 $(3,\ -2)$, $r=4$

(3) $2x^2+2y^2=32$
$x^2+y^2=16=4^2$
$\therefore$ 중심 $(0,\ 0)$, $r=4$

(4) $4x^2+4y^2-8x+12y-6=0$
$x^2+y^2-2x+3y-\frac{3}{2}=0$
$(x-1)^2+(y+\frac{3}{2})^2=\frac{19}{4}=\left(\frac{\sqrt{19}}{2}\right)^2$
$\therefore$ 중심 $(1,\ -\frac{3}{2})$, $r=\frac{\sqrt{19}}{2}$

02

(1) 원의 중심은 두 점 P, Q의 중점이 된다.
$\mathrm{M}\left(\frac{4+2}{2},\ \frac{2-4}{2}\right)=\mathrm{M}(3,\ -1)$
$r=\overline{\mathrm{PM}}=\overline{\mathrm{QM}}$
$r=\sqrt{(4-3)^2+(2+1)^2}$
$=\sqrt{10}$
$\therefore (x-3)^2+(y+1)^2=10$

(2) 주어진 원의 중심을 $\mathrm{C}(a,\ b)$라 하면
$\overline{\mathrm{CP}}^2=\overline{\mathrm{CQ}}^2=\overline{\mathrm{CR}}^2$이므로
$\overline{\mathrm{CP}}^2=(a-2)^2+(b-1)^2$ ⋯ ㉮
$\overline{\mathrm{CQ}}^2=(a-1)^2+b^2$ ⋯ ㉯
$\overline{\mathrm{CR}}^2=(a-1)^2+(b-3)^2$ ⋯ ㉰
㉮, ㉯, ㉰를 연립하여 풀면
$a=\frac{1}{2}$, $b=\frac{3}{2}$
$\overline{\mathrm{CP}}=\sqrt{\left(\frac{1}{2}-2\right)^2+\left(\frac{3}{2}-1\right)^2}$
$=\frac{\sqrt{10}}{2}$이므로
$\left(x-\frac{1}{2}\right)^2+\left(y-\frac{3}{2}\right)^2=\frac{5}{2}$

ANSWER

01. **(1)** 중심 $(3,\ -5)$, $r=2$
(2) 중심 $(3,\ -2)$, $r=4$
(3) 중심 $(0,\ 0)$, $r=4$
(4) 중심 $(1,\ -\frac{3}{2})$, $r=\frac{\sqrt{19}}{2}$

02. **(1)** $(x-3)^2+(y+1)^2=10$
(2) $\left(x-\frac{1}{2}\right)^2+\left(y-\frac{3}{2}\right)^2=\frac{5}{2}$

03 기출 그림과 같이 중심이 $C(2,\ 1)$이고, 원점을 지나는 원의 방정식은?

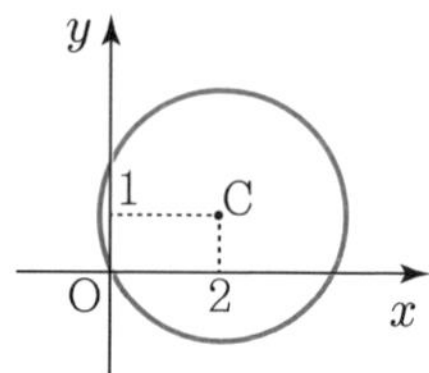

① $(x-2)^2+(y-1)^2=\sqrt{5}$
② $(x-2)^2+(y-1)^2=5$
③ $(x-1)^2+(y-2)^2=\sqrt{5}$
④ $(x-1)^2+(y-2)^2=5$

03
반지름의 길이를 r라 하면 중심이 $(2,\ 1)$ 이므로
$(x-2)^2+(y-1)^2=r^2$이다.
원점을 지나므로 $(0,\ 0)$을 대입하면
$(0-2)^2+(0-1)^2=4+1=5=r^2$
$\therefore\ (x-2)^2+(y-1)^2=5$

04 기출 좌표평면 위의 점 $C(1,\ 1)$가 중심이고, 반지름의 길이가 2인 원의 방정식은?

① $(x-1)^2+y^2=1$
② $x^2+(y-1)^2=2$
③ $(x-1)^2+(y-1)^2=3$
④ $(x-1)^2+(y-1)^2=4$

04
원의 중심이 $(a,\ b)$이고, 반지름이 r일 때, 원의 방정식 $(x-a)^2+(y-b)^2=r^2$에
$a=1,\ b=1,\ r=2$를 대입하면,
$\therefore\ (x-1)^2+(y-1)^2=4$

05 기출 원 $x^2+y^2-2x-8=0$의 반지름의 길이는?

① 1
② 2
③ 3
④ 4

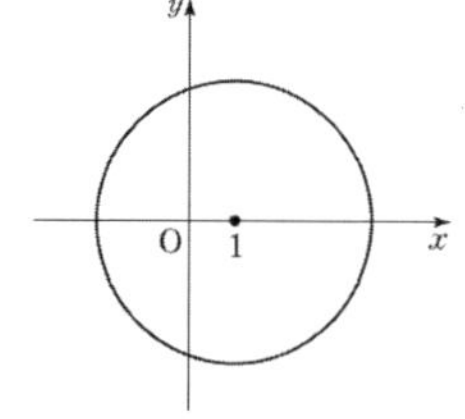

05
$x^2+y^2-2x-8=0$
$x^2-2x+1+y^2-8-1=0$
$(x-1)^2+y^2=9=3^2$
따라서 반지름의 길이는 3이다.

ANSWER
03. ② 04. ④ 05. ③

06

그림과 같이 중심이 $(2,\ 2)$이고, x축과 y축에 동시에 접하는 원의 방정식은 $(x-a)^2+(y-b)^2=r^2$이다. $a+b+r$의 값은?

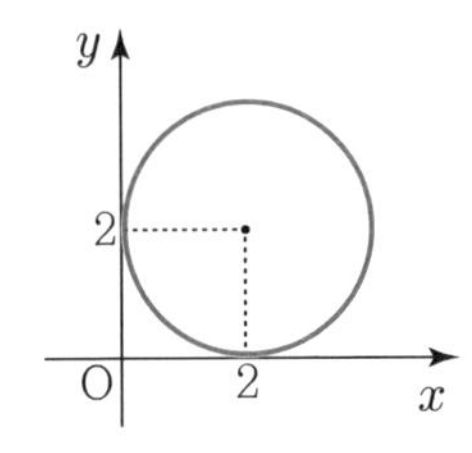

① 2
② 4
③ 6
④ 8

07

원 $x^2+y^2-2x-4y=0$과 중심이 같고, 점 $(1,\ -2)$를 지나는 원의 방정식은?

① $(x-1)^2+(y-2)^2=14$
② $(x+1)^2+(y+2)^2=14$
③ $(x-1)^2+(y-2)^2=16$
④ $(x+1)^2+(y+2)^2=16$

08

중심이 $(2,\ -1)$이고, 반지름의 길이가 3인 원의 방정식이 $x^2+y^2+Ax+By+C=0$일 때, $A+B+C$의 값은?

① -3　　② -4
③ -5　　④ -6

06

x축과 y축에 동시에 접할 때
$r=|x$좌표$|=|y$좌표$|=$(반지름의 길이)
이므로 $(x-2)^2+(y-2)^2=2^2=4$이다.
따라서 $a=2,\ b=2,\ r=2$
$\therefore\ a+b+r=2+2+2=6$

07

$x^2+y^2-2x-4y=0$
$\Rightarrow\ (x-1)^2+(y-2)^2=5$와 중심이 같고, 원의 중심 $(1,\ 2)$에서 $(1,\ -2)$까지의 거리가 반지름 r이므로
$r=\sqrt{(1-1)^2+(-2-2)^2}=4$
$\therefore\ (x-1)^2+(y-2)^2=16$

08

$(x-2)^2+(y+1)^2=3^2$
$x^2+y^2-4x+2y-4=0$
$A=-4,\ B=2,\ C=-4$
$\therefore\ A+B+C=(-4)+2+(-4)$
$=-6$

ANSWER
06. ③　07. ③　08. ④

09 원 $x^2+y^2=4$와 직선 $y=x+k$의 위치 관계가 다음과 같을 때, k의 값 또는 범위를 구하여라.

(1) 서로 다른 두 점에서 만난다.

(2) 접한다.

(3) 만나지 않는다.

10 방정식 $x^2+y^2+2x-4y+k=0$이 원이 되기 위한 k의 값의 범위는?
고난도

① $k>4$ ② $k<4$
③ $k>5$ ④ $k<5$

11 직선 $y=mx+2$와 원 $x^2+y^2=1$이 만나지 않기 위한 m값의 범위는?

① $-\sqrt{3}<m<\sqrt{3}$ ② $-\sqrt{5}<m<\sqrt{3}$
③ $-\sqrt{6}<m<\sqrt{6}$ ④ $-\sqrt{2}<m<\sqrt{2}$

09

$x^2+y^2=4$에 $y=x+k$를 대입
$x^2+(x+k)^2=4$
$2x^2+2kx+k^2-4=0$

(1) $\frac{D}{4}=b'^2-ac>0$
$k^2-2(k^2-4)>0$
$k^2-8<0$
$\therefore -2\sqrt{2}<k<2\sqrt{2}$

(2) $\frac{D}{4}=b'^2-ac=0$
$k^2=8$
$\therefore k=\pm 2\sqrt{2}$

(3) $\frac{D}{4}=b'^2-ac<0$
$k^2-8>0$
$\therefore k<-2\sqrt{2}$ 또는 $k>2\sqrt{2}$

10

$(x+1)^2+(y-2)^2=5-k$
$5-k>0$
$\therefore k<5$

11

$x^2+y^2=1$에 $y=mx+2$를 대입하면
$x^2+(mx+2)^2=1$
$(m^2+1)x^2+4mx+3=0$
$\frac{D}{4}=b'^2-ac<0$
$(2m)^2-3(m^2+1)<0$
$4m^2-3m^2-3<0$
$m^2<3$
$\therefore -\sqrt{3}<m<\sqrt{3}$

ANSWER

09. (1) $-2\sqrt{2}<k<2\sqrt{2}$
(2) $k=\pm 2\sqrt{2}$
(3) $k<-2\sqrt{2}$ 또는 $k>2\sqrt{2}$
10. ④ 11. ①

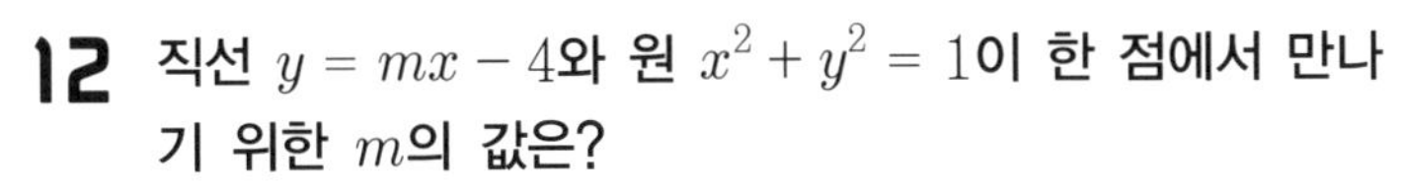

12 직선 $y = mx - 4$와 원 $x^2 + y^2 = 1$이 한 점에서 만나기 위한 m의 값은?

① $m = \pm\sqrt{11}$

② $m = \pm\sqrt{13}$

③ $m = \pm\sqrt{15}$

④ $m = \pm\sqrt{17}$

12

$x^2 + y^2 = 1$에 $y = mx - 4$를 대입하면

$x^2 + (mx - 4)^2 = 1$

$(m^2 + 1)x^2 - 8mx + 15 = 0$

$\frac{D}{4} = b'^2 - ac = 0$

$(-4m)^2 - 15(m^2 + 1) = 0$

$m^2 - 15 = 0$

$\therefore\ m = \pm\sqrt{15}$

13 원 $x^2 + y^2 - 4x + 6y + 7 = 0$ 위의 점에서 직선 $3x - 4y + 12 = 0$에 이르는 거리의 최솟값은? (고난도)

① $6 - \sqrt{6}$ ② 6

③ $\sqrt{6}$ ④ $6 + \sqrt{6}$

13

$x^2 + y^2 - 4x + 6y + 7 = 0$

$(x - 2)^2 + (y + 3)^2 = (\sqrt{6})^2$

점 $(2, -3)$에서 직선 $3x - 4y + 12 = 0$에 내린 수선의 발과 원의 교점에서 최솟값을 갖고, 그 값은 거리에서 반지름의 길이를 뺀 것과 같으므로

$d = \frac{|3\times2+(-4)\times(-3)+12|}{\sqrt{3^2+(-4)^2}} = 6$

$\therefore\ d - r = 6 - \sqrt{6}$

14 원 밖의 한 점 $P(5,\ 1)$에서 원 $(x - 2)^2 + (y - 1)^2 = 2^2$에 그은 접선의 길이는? (단, C는 중심, T는 접점) (고난도)

① $\sqrt{2}$ ② $\sqrt{3}$

③ $\sqrt{5}$ ④ $\sqrt{6}$

14

$(\overline{PT})^2 + (\overline{TC})^2 = (\overline{PC})^2$

$\overline{TC}$는 원의 반지름과 같으므로 2

$\overline{PC}$는 $P(5,\ 1)$과 원의 중심 $C(2,\ 1)$ 사이의 거리이므로

$\overline{PC} = \sqrt{(5-2)^2+(1-1)^2} = 3$

$(\overline{PT})^2 + 2^2 = 3^2$

$(\overline{PT})^2 = 5$

$\therefore\ \overline{PT} = \sqrt{5}$

ANSWER

12. ③ 13. ① 14. ③

15 원 $x^2+y^2=5$ 위의 한 점 $(2,\ 1)$에서의 접선의 방정식은?

① $2x+y=5$　② $2x-y=5$
③ $-2x+y=5$　④ $-2x-y=5$

15

$x^2+y^2=r^2$ 위의 점 $(x_1,\ y_1)$에서의 접선의 방정식은 $x_1x+y_1y=r^2$

$2\times x+1\times y=5$

$\therefore\ 2x+y=5$

16 원 $x^2+y^2-4x-6y+3=0$ 위의 한 점 $(5,\ 4)$에서의 접선의 방정식은?

① $3x-y=19$
② $3x+y=19$
③ $-3x+y=19$
④ $-3x-y=19$

16

$(x-a)^2+(y-b)^2=r^2$ 위의 점 $(x_1,\ y_1)$에서의 접선의 방정식은

$(x_1-a)(x-a)+(y_1-b)(y-b)=r^2$ ··· ㉮

$x^2+y^2-4x-6y+3=0$

$(x-2)^2+(y-3)^2=10$

$(x_1,\ y_1)=(5,\ 4)$를 ㉮에 대입하면

$(5-2)(x-2)+(4-3)(y-3)=10$

$3(x-2)+(y-3)=10$

$\therefore\ 3x+y=19$

17 원 $x^2+y^2=4$에 접하고 기울기가 2인 접선의 방정식을 구하면?

① $y=2x\pm2\sqrt{5}$
② $y=-2x\pm2\sqrt{5}$
③ $y=3x\pm2\sqrt{3}$
④ $y=-3x\pm2\sqrt{5}$

17

기울기$(m)=2$이고 $x^2+y^2=r^2$에 접하는 접선의 방정식

$y=mx\pm r\sqrt{m^2+1}$

$=2x\pm2\sqrt{2^2+1}$

$=2x\pm2\sqrt{5}$

$\therefore\ y=2x\pm2\sqrt{5}$

ANSWER

15. ①　16. ②　17. ①

18 다음 직선의 방정식을 구하여라.

(1) 원 $x^2+y^2=5$에 접하고 직선 $2x-y=0$과 평행한 직선

(2) 원 $x^2+y^2=6$에 접하고 직선 $x+3y-4=0$과 수직인 직선

18

$y=mx\pm r\sqrt{m^2+1}$

(1) $m=2$

$y=2x\pm\sqrt{5}\times\sqrt{2^2+1}$

$\therefore\ y=2x\pm5$

(2) $m=3$

$y=3x\pm\sqrt{6}\times\sqrt{3^2+1}$

$\therefore\ y=3x\pm2\sqrt{15}$

ANSWER

18. **(1)** $y=2x\pm5$

(2) $y=3x\pm2\sqrt{15}$

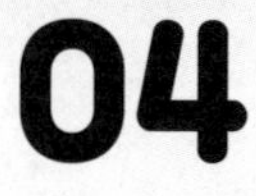

Chapter

04 도형의 이동

학습 point⁺

도형의 이동은 매회 1문제씩 출제되는 단원입니다. 최근에는 대칭이동에 대한 문제가 출제되고 있습니다. x축, y축, 원점 및 직선 $y = x$에 대하여 대칭이동했을 때, 점의 부호 및 위치가 어떻게 바뀌는지 파악할 수 있도록 합니다.

01 평행이동

1 평행이동의 정의

도형을 일정한 방향으로 일정한 거리만큼 이동하는 것을 평행이동이라 한다.

2 평행이동의 구분

(1) 점의 평행이동 중요⁺

좌표평면 위의 점 $P(x,\ y)$를 x축 방향으로 a만큼, y축 방향으로 b만큼 평행이동한 점을 Q라 하면 $Q(x+a,\ y+b)$이다. 이와 같이 점 $P(x,\ y)$를 점 $Q(x+a,\ y+b)$로 이동시키는 것을 평행이동이라 하고, $T : (x,\ y) \to (x+a,\ y+b)$와 같이 나타낸다. 즉, x 대신에 $x+a$를, y 대신에 $y+b$를 대입하여 구한다.

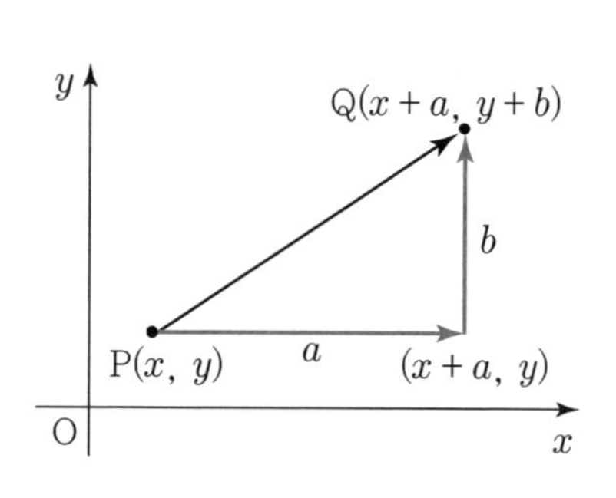

바로 바로 CHECK√

01 점 $(-4,\ 3)$이 평행이동 $f : (x,\ y) \to (x+3,\ y-2)$에 의하여 옮겨지는 점의 좌표는?

① $(-7,\ 1)$ ② $(1,\ -1)$
③ $(2,\ -1)$ ④ $(-1,\ 1)$

01 평행이동하여 옮겨진 좌표를 $x',\ y'$라 하면 $x' = x+3,\ y' = y-2$가 된다.
x와 y에 각각 -4와 3을 대입하면
$x' = -4+3 = -1,\ y' = 3-2 = 1$
옮겨지는 점의 좌표는 $(-1,\ 1)$이다.

답 ④

02 점 A$(-2,\ -3)$을 x축의 방향으로 5만큼, y축의 방향으로 4만큼 평행이동한 점 B의 좌표는?

① $(1,\ 3)$
② $(3,\ 1)$
③ $(1,\ -3)$
④ $(3,\ -1)$

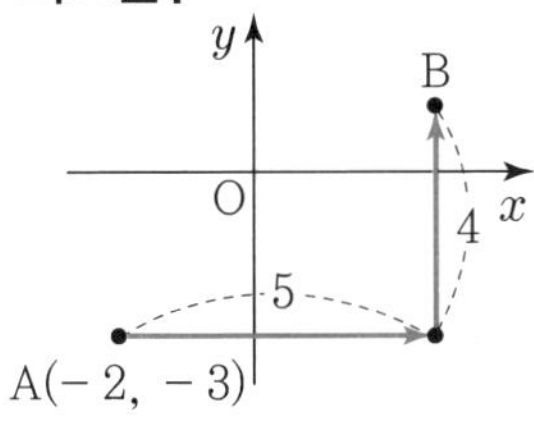

02 $\mathrm{A}(-2,\ -3) \xrightarrow{x+5,\ y+4} \mathrm{B}(-2+5,\ -3+4)$
$\therefore$ B$(3,\ 1)$

답 ②

(2) 도형의 평행이동

좌표평면 위의 도형 $f(x,\ y)=0$을 평행이동 $T:(x,\ y) \to (x+a,\ y+b)$에 의하여 이동한 도형의 방정식은 $f(x-a,\ y-b)=0$이다. 즉, x 대신에 $x-a$를, y 대신에 $y-b$를 대입하여 구한다.

심화학습 도형의 평행이동 시 점의 좌표에서 이동한 거리만큼 빼는 이유

도형 F 위의 한 점 P$(x,\ y)$를 x축의 방향으로 a만큼, y축의 방향으로 b만큼 평행이동한 점의 좌표를 P$'(x',\ y')$라 하면, $x'=x+a,\ y'=y+b$이므로
$x=x'-a,\ y=y'-b \cdots$ ㉮
이때, 점 P$(x,\ y)$는 도형 F 위의 점이므로 방정식 $f(x,\ y)=0 \cdots$ ㉯
를 만족한다. 따라서 ㉮를 ㉯에 대입하면 $f(x'-a,\ y'-b)=0$이다.
즉, 도형 F$'$ 위의 점 P$'(x',\ y')$는 방정식 $f(x-a,\ y-b)=0$을 만족하므로
$f(x-a,\ y-b)=0$은 도형 F$'$의 방정식이다.

바로바로 CHECK√

01 점의 평행이동 $f:(x,\ y) \to (x+2,\ y+1)$에 의하여 원 $x^2+y^2+6x+2y+8=0$이 옮겨지는 원의 방정식을 구하여라.

01 $x^2+y^2+6x+2y+8=0$
$\to (x+3)^2+(y+1)^2=2$
x 대신 $x-2$, y 대신 $y-1$을 대입하면
$(x-2+3)^2+(y-1+1)^2=2$
$\therefore (x+1)^2+y^2=(\sqrt{2})^2$

02 다음 도형을 x축의 방향으로 -2만큼, y축의 방향으로 5만큼 평행이동한 도형의 방정식을 구하여라.

(1) $y = x$

(2) $x - 2y + 3 = 0$

(3) $(x-3)^2 + (y+5)^2 = 9$

(4) $y = x^2 - 2x + 4$

02 (1) $y - 5 = x + 2$
$\therefore\ y = x + 7$

(2) $(x+2) - 2(y-5) + 3 = 0$
$\therefore\ x - 2y + 15 = 0$

(3) $(x+2-3)^2 + (y-5+5)^2 = 9$
$\therefore\ (x-1)^2 + y^2 = 9$

(4) $y - 5 = (x+2)^2 - 2(x+2) + 4$
$\therefore\ y = x^2 + 2x + 9$

02 대칭이동

1 대칭이동의 정의

좌표평면 위에서 한 점을 정직선(또는 정점)에 대하여 대칭인 점으로 옮기는 것을 직선(또는 점)에 대한 대칭이동이라 한다.

2 대칭이동의 구분

(1) 점의 대칭이동 중요+

① x축에 대한 대칭이동 : y 대신에 $-y$를 대입한다.

$$T : (x,\ y) \rightarrow (x,\ -y)$$

② y축에 대한 대칭이동 : x 대신에 $-x$를 대입한다.

$$T:(x,\ y) \rightarrow (-x,\ y)$$

③ 원점에 대한 대칭이동 : x 대신에 $-x$를, y 대신에 $-y$를 대입한다.

$$T:(x,\ y) \rightarrow (-x,\ -y)$$

④ 직선 $y = x$에 대한 대칭이동 : x 대신에 y를, y 대신에 x를 대입한다.

$$T:(x,\ y) \rightarrow (y,\ x)$$

① x축에 대칭	② y축에 대칭
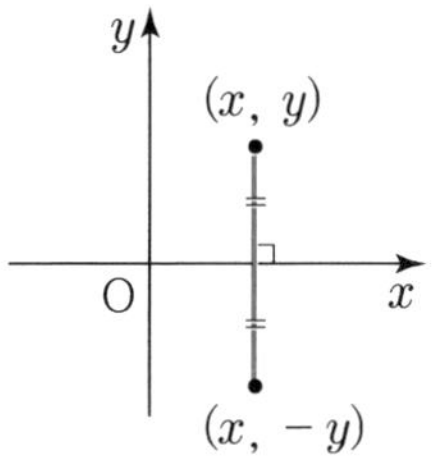 y, $(x,\ y)$, O, x, $(x,\ -y)$	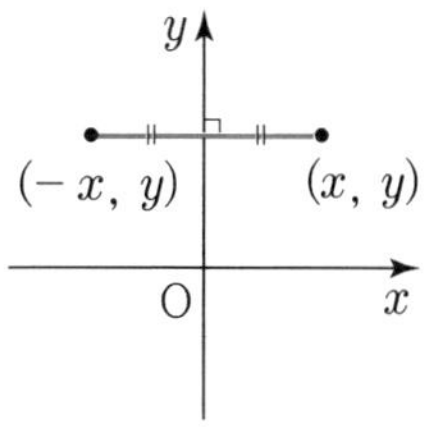 y, $(-x,\ y)$, $(x,\ y)$, O, x
③ 원점에 대칭	**④ 직선 $y = x$에 대칭**
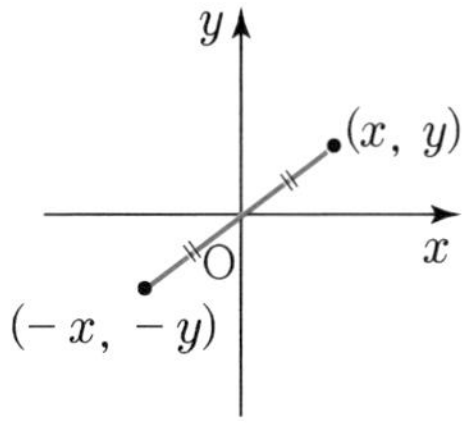 y, $(x,\ y)$, O, x, $(-x,\ -y)$	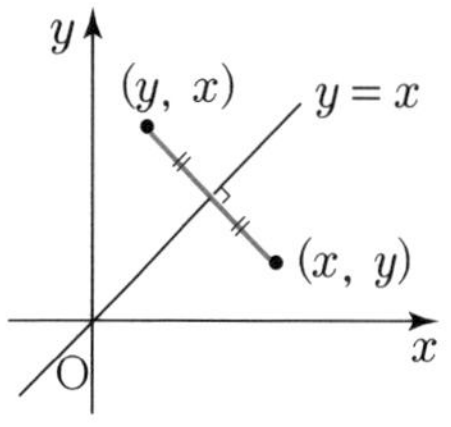 y, $(y,\ x)$, $y=x$, $(x,\ y)$, O, x

⑤ 기 타

㉠ 직선 $y=-x$에 대한 대칭이동 : $(x,\ y) \to (-y,\ -x)$

㉡ 직선 $x=a$에 대한 대칭이동 : $(x,\ y) \to (2a-x,\ y)$

㉢ 직선 $y=b$에 대한 대칭이동 : $(x,\ y) \to (x,\ 2b-y)$

㉣ 점 $(a,\ b)$에 대한 대칭이동 : $(x,\ y) \to (2a-x,\ 2b-y)$

바로 바로 CHECK√

01 점 $(3,\ -2)$를 y축에 대하여 대칭이동한 점의 좌표는?

① $(-3,\ -2)$ ② $(3,\ 2)$
③ $(-2,\ 3)$ ④ $(-3,\ 2)$

01 y축에 대하여 대칭이동하였으므로 x 대신 $-x$를 대입한다.
$\therefore (-3,\ -2)$

답 ①

02 점 $(4,\ -5)$를 x축에 대하여 대칭이동한 점의 좌표는?

① $(-4,\ -5)$ ② $(-4,\ 5)$
③ $(-5,\ 4)$ ④ $(4,\ 5)$

02 x축에 대하여 대칭이동하였으므로 y대신 $-y$를 대입한다.
$\therefore (4,\ 5)$

답 ④

03 점 $(3,\ -2)$를 원점에 대하여 대칭이동한 점의 좌표는?

① $(3,\ 2)$ ② $(-3,\ 2)$
③ $(-2,\ 3)$ ④ $(-2,\ -3)$

03 원점에 대해 대칭이동하였으므로 x, y의 부호가 모두 바뀐다.
$\therefore (-3,\ 2)$

답 ②

04 점 $P(2,\ 4)$를 y축에 대하여 대칭이동한 점을 Q라고 할 때, 선분 PQ의 길이는?

① 2
② 4
③ 6
④ 8

Q(−2, 4) P(2, 4) y x −2 O 2

04 y축에 대하여 대칭이동하였으므로 x 대신 $-x$를 대입한다.
$Q(-2,\ 4)$
$\therefore \overline{PQ} = |-2-2|$
$= |-4| = 4$

답 ②

(2) 도형의 대칭이동

좌표평면 위의 도형 $f(x,\ y) = 0$을 대칭이동하여 얻은 도형의 방정식은 다음과 같다.

① x축에 대하여 대칭이동 : y 대신에 $-y$를 대입한다.

$$f(x,\ -y) = 0$$

② y축에 대하여 대칭이동 : x 대신에 $-x$를 대입한다.

$$f(-x,\ y) = 0$$

③ 원점에 대하여 대칭이동 : x 대신에 $-x$를, y 대신에 $-y$를 대입한다.

$$f(-x,\ -y) = 0$$

④ 직선 $y = x$에 대하여 대칭이동 : x 대신에 y를, y 대신에 x를 대입한다.

$$f(y,\ x) = 0$$

⑤ 기 타

㉠ 직선 $y = -x$에 대하여 대칭이동 : $f(-y,\ -x) = 0$
㉡ 직선 $x = a$에 대하여 대칭이동 : $f(2a - x,\ y) = 0$
㉢ 직선 $y = b$에 대하여 대칭이동 : $f(x,\ 2b - y) = 0$
㉣ 점 $(a,\ b)$에 대하여 대칭이동 : $f(2a - x,\ 2b - y) = 0$

① x축에 대하여 대칭이동

$f(x,\ y)=0 \Rightarrow f(x,\ -y)=0$

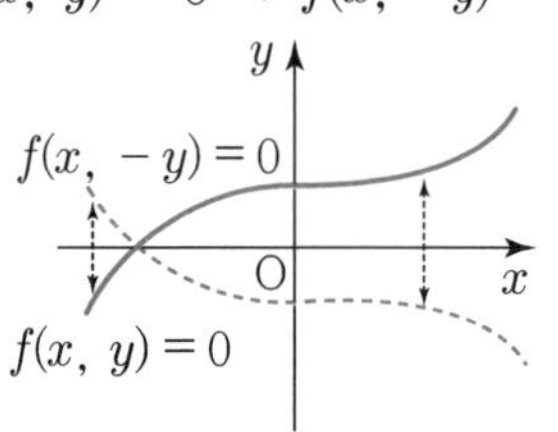

② y축에 대하여 대칭이동

$f(x,\ y)=0 \Rightarrow f(-x,\ y)=0$

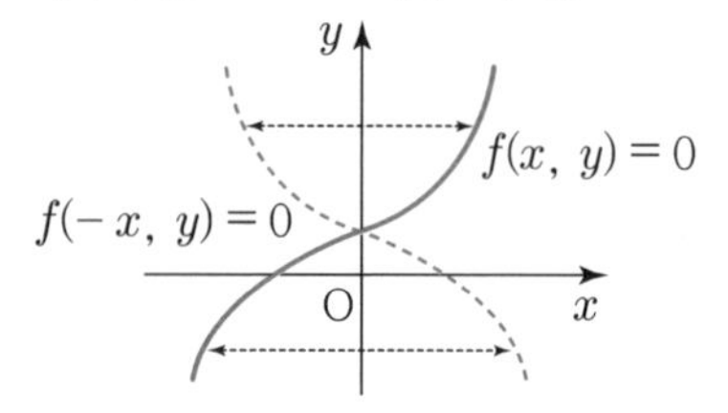

③ 원점에 대하여 대칭이동

$f(x,\ y)=0 \Rightarrow f(-x,\ -y)=0$

④ 직선 $y=x$에 대하여 대칭이동

$f(x,\ y)=0 \Rightarrow f(y,\ x)=0$

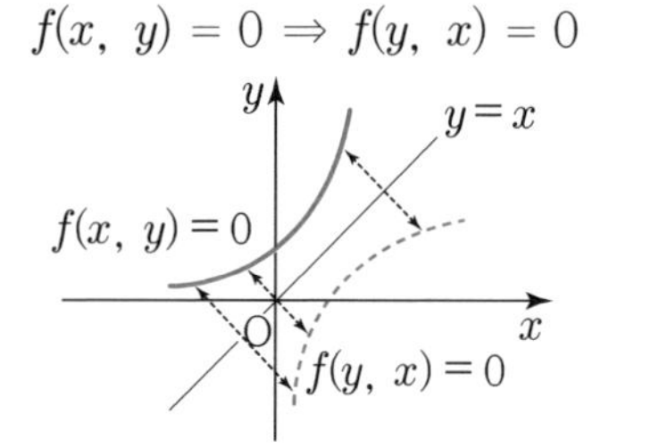

바로 바로 CHECK√

01 **직선 $2x+y+1=0$을 x축에 대하여 대칭이동한 도형의 방정식은?**

① $x+2y+1=0$　② $-2x+y+1=0$
③ $-2x-y+1=0$　④ $2x-y+1=0$

01 x축에 대하여 대칭이동하면
$(x,\ y) \to (x,\ -y)$
이므로 $2x-y+1=0$이 된다.

답 ④

02 **직선 $2x-3y+5=0$을 원점에 대하여 대칭이동한 도형의 방정식은?**

① $2x+3y-5=0$　② $2x+3y+5=0$
③ $3x+2y-5=0$　④ $2x-3y-5=0$

02 원점에 대하여 대칭이동하면
$(x,\ y) \to (-x,\ -y)$
$2(-x)-3(-y)+5=0$
$-2x+3y+5=0$
$\therefore\ 2x-3y-5=0$

답 ④

실전 예상문제

01 **평행이동 $(x,\ y) \to (x+3,\ y-2)$에 대하여 다음 물음에 답하여라.**

(1) 위의 평행이동에 의하여 점 $(3,\ 4)$가 옮겨지는 점의 좌표를 구하여라

(2) 위의 평행이동에 의하여 점 $(3,\ 4)$로 옮겨지는 점의 좌표를 구하여라

02 기출 **좌표평면 위의 점 $\mathrm{A}(1,\ 1)$을 x축의 방향으로 2만큼 평행이동한 점 B의 좌표는?**

① $(2,\ 1)$
② $(3,\ 1)$
③ $(4,\ 1)$
④ $(5,\ 1)$

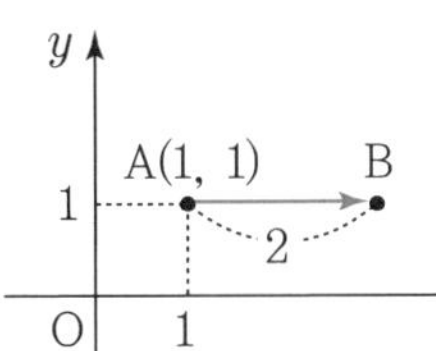

03 **두 점 $\mathrm{A}(-2,\ a)$, $\mathrm{B}(b,\ 5)$가 어떤 평행이동에 의하여 각각 $\mathrm{A}'(2,\ 4)$, $\mathrm{B}'(6,\ 4)$로 옮겨질 때, 이 평행이동에 의한 점 $(a,\ b)$가 옮겨지는 점의 좌표는?**

① $(1,\ 9)$ ② $(9,\ 1)$
③ $(2,\ 8)$ ④ $(8,\ 2)$

04 **점 $(-2,\ 1)$이 평행이동하여 $(1,\ 3)$으로 옮겨질 때, 점 $(3,\ -2)$는 어떤 점으로 옮겨지는가?**

① $(6,\ 0)$ ② $(-6,\ 0)$
③ $(0,\ 6)$ ④ $(0,\ -6)$

01

$f(x,\ y) \to f'(x+\alpha,\ y+\beta)$

(1) $(3,\ 4) \xrightarrow{x+3,\ y-2} (6,\ 2)$
$\therefore (6,\ 2)$

(2) $(x,\ y) \xrightarrow{x+3,\ y-2} (3,\ 4)$
$\therefore (0,\ 6)$

02

$\mathrm{A}(1,\ 1) \xrightarrow{x+2} \mathrm{B}(3,\ 1)$

03

주어진 평행이동은 x축의 방향으로 4만큼, y축의 방향으로 -1만큼 평행이동한 것이므로
$a-1=4,\ b+4=6$
$a=5,\ b=2$
따라서 점 $(5,\ 2)$를 평행이동하면 점 $(9,\ 1)$로 옮겨진다.

04

$f(-2,\ 1) \xrightarrow{x+3,\ y+2} f'(1,\ 3)$
$f(3,\ -2) \xrightarrow{x+3,\ y+2} f'(6,\ 0)$

ANSWER

01. (1) $(6,\ 2)$ (2) $(0,\ 6)$
02. ② 03. ② 04. ①

05 이차함수 $y = x^2$을 x축의 방향으로 2만큼, y축의 방향으로 1만큼 평행이동한 이차함수는?
기출

① $y = x^2 + 1$　② $y = x^2 + 2$
③ $y = (x-2)^2 + 1$　④ $y = (x+2)^2 - 2$

05
이차함수 $y = ax^2$을 x축 방향으로 α만큼, y축 방향으로 β만큼 평행이동한 이차함수 구하는 공식 : $y - \beta = a(x - \alpha)^2$
$a = 1$, $\alpha = 2$, $\beta = 1$을 대입하면
$y - 1 = (x-2)^2$
$\therefore\ y = (x-2)^2 + 1$

06 점 $(1,\ 4)$를 점 $(2,\ 7)$로 옮기는 평행이동에 의하여 원 $x^2 + y^2 = 4$가 옮겨진 도형의 방정식은 $x^2 + y^2 + ax + by + c = 0$이다. 이때, $a + b + c$의 값은?
고난도

① -4　② -2
③ 0　④ 2

06
$(1,\ 4) \xrightarrow{x+1,\ y+3} (2,\ 7)$
원 $x^2 + y^2 = 4$에 x 대신 $x - 1$을, y 대신 $y - 3$을 대입하면
$(x-1)^2 + (y-3)^2 = 4$
$x^2 - 2x + 1 + y^2 - 6y + 9 - 4 = 0$
$x^2 + y^2 - 2x - 6y + 6 = 0$
$a = -2,\ b = -6,\ c = 6$
$\therefore\ a + b + c = -2$

07 직선 $2x - y + 1 = 0$을 x축으로 2, y축으로 n만큼 평행이동한 식이 $2x - y - 7 = 0$이다. 이때, n의 값은?

① $n = -2$　② $n = -3$
③ $n = -4$　④ $n = -5$

07
x축으로 2만큼 $x - 2$
y축으로 n만큼 $y - n$
평행이동하였으므로
$2(x-2) - (y-n) + 1 = 2x - y - 7$
$2x - y + n - 4 + 1 = 2x - y - 7$
$\therefore\ n = -4$

08 함수 $y = x^2 - 2x + a$의 그래프를 y축의 방향으로 -3만큼 평행이동한 그래프가 x축에 접할 때, a의 값은?
고난도

① 1　② 2
③ 3　④ 4

08
$y = x^2 - 2x + a$를 y축의 방향으로 -3만큼 평행이동하면
$y + 3 = x^2 - 2x + a$
$y = x^2 - 2x + a - 3$
$= (x-1)^2 + a - 4$
x축과 접하려면 $a - 4 = 0$
$\therefore\ a = 4$

ANSWER
05. ③　06. ②　07. ③　08. ④

09 원 $x^2+y^2+6x-2y-22=0$을 x축의 방향으로 a만큼, y축의 방향으로 3만큼 평행이동한 원이 원점을 지날 때, 양수 a의 값은?

① 3　　② 5
③ 7　　④ 9

10 점 $(-3,\ -2)$를 y축에 대하여 대칭이동한 점은?

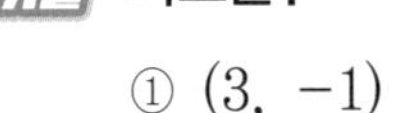

① $(3,\ -2)$　　② $(3,\ 2)$
③ $(-3,\ -2)$　　④ $(-3,\ 2)$

11 점 $\mathrm{A}(-1,\ 3)$을 직선 $y=x$에 대하여 대칭이동한 점의 좌표는?

기출

① $(3,\ -1)$
② $(-3,\ 1)$
③ $(-1,\ -3)$
④ $(1,\ 3)$

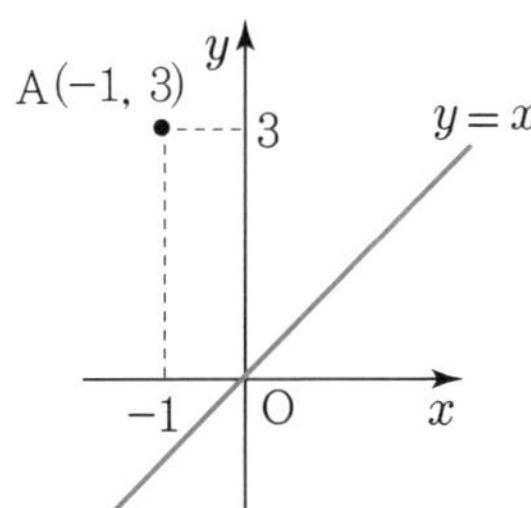

12 점 $\mathrm{P}(1,\ 4)$를 y축에 대하여 대칭이동한 점을 Q, 점 Q를 원점에 대하여 대칭이동한 점을 R라 할 때, $\overline{\mathrm{QR}}$의 길이는?

① $\sqrt{17}$　　② $2\sqrt{17}$
② $\sqrt{13}$　　④ $2\sqrt{13}$

09

$x^2+y^2+6x-2y-22=0$은
$(x+3)^2+(y-1)^2=32$이므로
x축의 방향으로 a만큼, y축의 방향으로 3만큼 평행이동한 원의 방정식은
$(x-a+3)^2+(y-3-1)^2=32$
이 원이 원점을 지나므로
$(-a+3)^2+16=32$
$a^2-6a-7=0$
$(a-7)(a+1)=0$
$\therefore\ a=7(\because\ a>0)$

10

점 $(-3,\ -2)$를 y축에 대하여 대칭이동하였으므로, x대신 $-x$를 대입한다.
$\therefore\ (3,\ -2)$

11

직선 $y=x$에 대하여 대칭이동한 점의 좌표는 x 대신 y, y 대신 x를 대입한다.
$(-1,\ 3)\to(3,\ -1)$

12

$\mathrm{Q}(-1,\ 4)$, $\mathrm{R}(1,\ -4)$
$\overline{\mathrm{QR}}=\sqrt{(1+1)^2+(-4-4)^2}$
$=2\sqrt{17}$

ANSWER

09. ③　10. ①　11. ①　12. ②

13  그림과 같이 점 A$(1,\ -2)$를 x축에 대하여 대칭이동한 점을 B라 하고, y축에 대하여 대칭이동한 점을 C라 할 때, 삼각형 ABC의 넓이는?

① 1
② 2
③ 4
④ 8

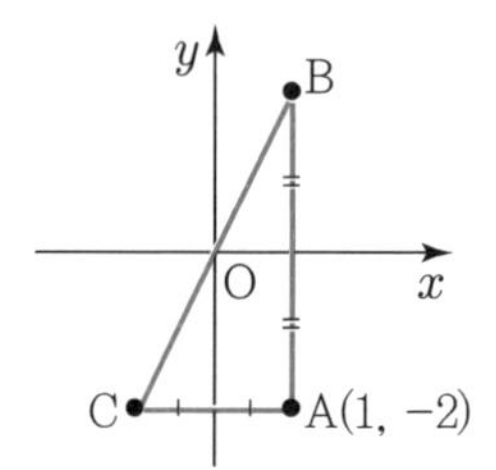

13

점 A$(1,\ -2)$를 x축에 대하여 대칭이동하면 y의 부호가 바뀌므로 $(1,\ 2)$가 되고, 이를 y축에 대하여 대칭이동하면 x의 부호가 바뀌므로 $(-1,\ -2)$가 된다.
따라서 $\overline{AC} = 2$이고, $\overline{AB} = 4$이므로 삼각형 ABC의 넓이는 $2 \times 4 \times \frac{1}{2} = 4$이다.

14 기출 좌표평면 위의 점 $(4,\ 5)$를 직선 $y = x$에 대하여 대칭이동한 점의 좌표는?

① $(-4,\ -5)$ ② $(-4,\ 5)$
③ $(4,\ -5)$ ④ $(5,\ 4)$

14

점을 직선 $y = x$에 대하여 대칭이동하면 x좌표의 y좌표가 서로 바뀐다.
따라서 대칭이동한 점의 좌표는 $(5,\ 4)$

15 직선 $2x - 3y - 1 = 0$에 대하여 다음과 같이 대칭이동한 도형의 방정식을 각각 구하여라.

(1) x축

(2) y축

(3) 원점

(4) 직선 $y = x$

15

(1) $2x - 3(-y) - 1 = 0$
$2x + 3y - 1 = 0$

(2) $2(-x) - 3y - 1 = 0$
$-2x - 3y - 1 = 0$

(3) $2(-x) - 3(-y) - 1 = 0$
$-2x + 3y - 1 = 0$

(4) $2y - 3x - 1 = 0$
$-3x + 2y - 1 = 0$

ANSWER

13. ③ 14. ④
15. (1) $2x + 3y - 1 = 0$
(2) $-2x - 3y - 1 = 0$
(3) $-2x + 3y - 1 = 0$
(4) $-3x + 2y - 1 = 0$

16 직선 $2x+y-3=0$을 직선 $y=x$에 대하여 대칭이동한 직선의 방정식은?

① $2x+y+3=0$ ② $x+2y-3=0$
③ $2x-y-3=0$ ④ $x-2y+3=0$

16
직선 $y=x$에 대하여 대칭이동한 직선의 방정식은 x 대신 y, y 대신 x를 대입한다.
$2y+x-3=0$
$\therefore x+2y-3=0$

17 직선 $2x-y+3=0$을 원점에 대하여 대칭이동한 후 x축으로 2만큼 평행이동한 직선의 방정식은?

고난도

① $y=-2x-3$ ② $y=-2x-4$
③ $y=2x-7$ ④ $y=2x+7$

17
$y=2x+3$을 원점에 대해 대칭이동하면
$-y=-2x+3$
$y=2x-3 \cdots$ ㉮
㉮를 x축으로 2만큼 평행이동하면
$y=2(x-2)-3$
$\therefore y=2x-7$

18 도형 $x^2+y^2-4x+2y=0$을 원점에 대하여 대칭이동한 도형의 방정식은?

① $x^2+y^2+4x+2y=0$
② $x^2+y^2+4x-2y=0$
③ $x^2+y^2-4x+2y=0$
④ $x^2+y^2-4x-2y=0$

18
원점에 대해 대칭이동한 도형의 방정식은 x와 y의 부호를 모두 반대로 바꾸어서 대입한다.
$(-x)^2+(-y)^2-4(-x)+2(-y)=0$
$\therefore x^2+y^2+4x-2y=0$

ANSWER
16. ② 17. ③ 18. ②

NOTE

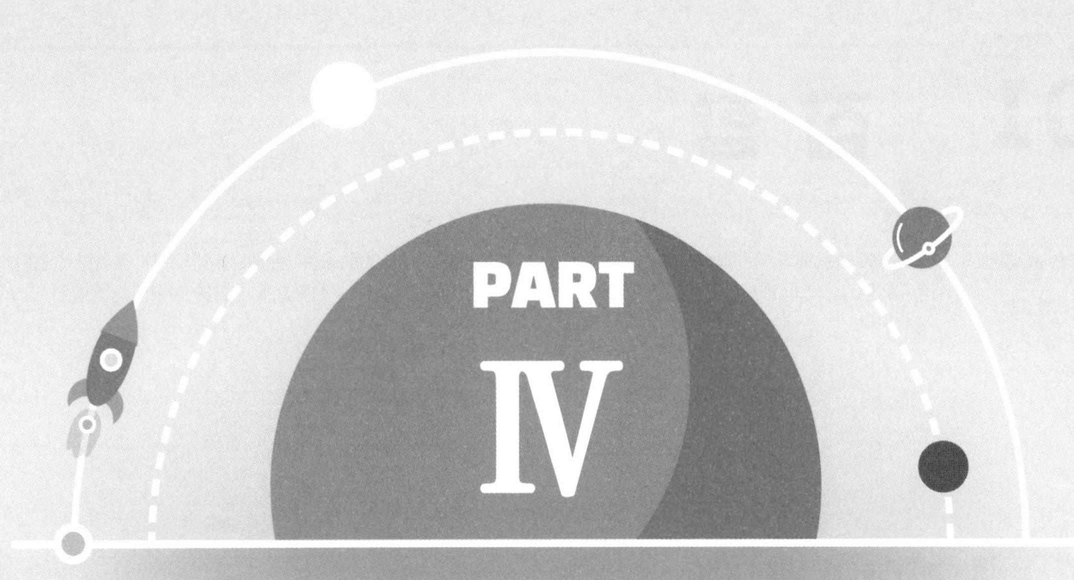

집합과 명제

Chapter

01 집 합

학습 point+

집합에서는 매회 1문제씩 출제되는 단원입니다. 보통 원소의 개수를 묻는 문제로 출제되는데 주어진 집합이 벤 다이어그램으로 제시되어 있지 않으므로 직접 벤 다이어그램을 그려 정확하게 집합을 나타내는 연습을 하도록 합니다.

01 집합과 명제

1 집합과 원소

(1) 집 합

대상을 분명하게 알 수 있는 모임

(2) 원 소

① 집합을 이루고 있는 대상 하나하나 (단, 중복되는 원소는 하나만 표시하고 순서는 상관없다.)

예 집합 = $\{1,\ 2,\ 3,\ 4\}$에 대하여 $1,\ 2,\ 3,\ 4$는 집합 N의 원소가 된다.

② 원소기호 : $\in$, $\notin$, $\ni$, $\not\ni$

원소 a와 집합 S	➡	a는 S에 속한다. $\Rightarrow a \in S$ a는 S에 속하지 않는다. $\Rightarrow a \notin S$

③ 유한집합의 원소의 개수 : 유한집합 A의 원소의 개수를 기호로 $n(A)$로 나타낸다.

예 $A = \{1,\ 2,\ 3,\ 4\}$이면 $n(A) = 4$

바로 바로 CHECK√

01 다음 중 집합이라고 할 수 있는 것은?

① 예쁜 소녀의 모임
② 키가 큰 사람들의 모임
③ 힘센 사람의 모임
④ 한국 여자의 모임

01 예쁘다, 크다, 힘세다의 차이를 객관적으로 명확히 구분할 수 없으므로 집합이 아니다.
답 ④

02 집합 $A = \{\{a\}, b, c\}$에 대하여 원소와 집합 사이의 관계가 옳은 것은?

① $a \in A$ ② $\{b\} \in A$
③ $c \in A$ ④ $\varnothing \in A$

02 ① $\{a\} \in A$
② $b \in A$
④ $\varnothing \notin A$
답 ③

03 집합 $A = \{x \mid x$는 10 이하의 소수$\}$일 때, 다음 중 집합 A의 원소의 개수는?

① 2개 ② 3개
③ 4개 ④ 5개

03 집합 $A = \{x \mid x$는 10 이하의 소수$\}$이므로
$A = \{2, 3, 5, 7\}$
따라서 집합 A의 원소의 개수는 4(개)이다.
답 ③

2 집합을 나타내는 방법

(1) **원소나열법** : 집합의 모든 원소들을 집합 기호 { } 안에 나타내는 방법

$$A = \{a, b, c, d, \cdots\}$$

(2) **조건제시법** : 원소들의 공통된 성질을 제시하여 나타내는 방법

$$Q = \{x \mid f(x)\}$$

조건 공통된 성질

예 12의 양의 약수 집합 A

1) 원소나열법 : $A = \{1,\ 2,\ 3,\ 4,\ 6,\ 12\}$

2) 조건제시법 : $A = \{x \mid x$ 는 12의 양의 약수$\}$

(3) 벤 다이어그램 : 집합의 포함 관계를 쉽게 알아보기 위해서 원이나 타원으로 그려서 표시한다.

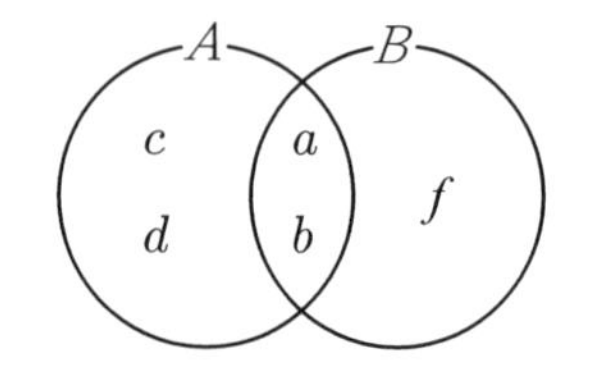

예 $A = \{a,\ b,\ c,\ d\}$, $B = \{a,\ b,\ f\}$일 때

심화학습 조건제시법으로 나타내야 하는 이유

$\{4,\ 8,\ 12,\ 16,\ \cdots\}$과 같은 집합은 원소가 4씩 늘어나는 규칙이 있어 집합의 모든 원소를 예상할 수 있다. 즉, $\{x \mid x$는 4의 배수$\}$와 같이 나타내지 않아도 그 집합을 판단할 수 있다. 하지만 $\{2,\ 3,\ 5,\ 6,\ 7,\ 8,\ \cdots\}$과 같이 원소 사이에 어떤 규칙이 있는지 찾기 어려운 경우 원소나열법으로는 집합의 성격을 나타내는 데는 한계가 있다. 이때, 조건제시법을 이용하여 $\{x \mid \sqrt{x}$는 무리수, x는 자연수$\}$로 나타낸다면 집합을 명확하게 나타낼 수 있다.

3 집합의 종류

(1) 유한집합 : 원소가 유한개인 집합

예 집합 $A = \{x \mid x \le 7,\ x$는 자연수$\}$, 즉 $A = \{1,\ 2,\ 3,\ 4,\ 5,\ 6,\ 7\}$

(2) 무한집합 : 원소가 무한개인 집합

예 집합 $B = \{x \mid x \ge 7,\ x$는 자연수$\}$, 즉 $B = \{7,\ 8,\ 9,\ 10,\ \cdots\}$

(3) 공집합

① 원소가 하나도 없는 집합으로 기호로 $\varnothing$와 같이 나타낸다. ➡ $n(\varnothing) = 0$

② 공집합은 유한집합이다. 즉, $n(\varnothing) = 0$이다

예 집합 $C = \{x \mid x < 1,\ x$는 자연수$\}$, 즉 1보다 작은 자연수는 존재하지 않으므로 공집합이 된다.

잠깐! $A = \{\varnothing\}$은 공집합이 아니다. 왜냐하면 $\varnothing$가 A의 원소이기 때문이다.

4 집합의 포함 관계

(1) 부분집합

집합 A의 모든 원소가 집합 B에 속할 때, A를 B의 부분집합이라 하고, $A \subset B$ 또는 $B \supset A$로 나타내며, 이것을 'A는 B에 포함된다.' 또는 'B는 A를 포함한다.'고 한다.

잠깐! 1) 자기 자신은 자기 자신의 부분집합이라고 할 수 있다. 즉, $A = \{1, 2\}$일 때 A는 A를 포함한다고 할 수 있으므로 '$A \subset A$'라고 할 수 있다.
2) 공집합 $\varnothing$는 임의의 집합 A의 부분집합이다. 즉, '$\varnothing \subset A$'

예 집합 $A = \{a, b, c\}$의 부분집합
원소가 0개인 부분집합 : $\varnothing$
원소가 1개인 부분집합 : $\{a\}$, $\{b\}$, $\{c\}$
원소가 2개인 부분집합 : $\{a, b\}$, $\{a, c\}$, $\{b, c\}$
원소가 3개인 부분집합 : $\{a, b, c\}$

(2) 진부분집합

두 집합 A, B에 있어서 $A \subset B$이고 $A \neq B$일 때, A는 B의 진부분집합이라 하는데, 이는 부분집합 중 자기 자신을 뺀 부분집합이다.

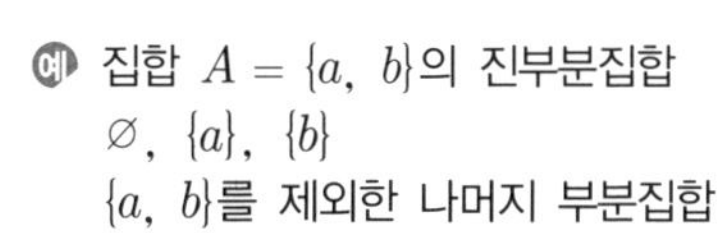
예 집합 $A = \{a, b\}$의 진부분집합
$\varnothing$, $\{a\}$, $\{b\}$
$\{a, b\}$를 제외한 나머지 부분집합

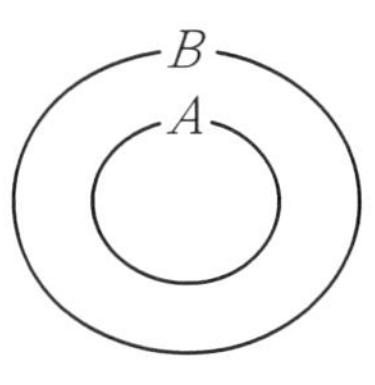

$A \subset B \; (A \neq B)$

(3) 집합의 상등

두 집합 A, B에 있어서 $A \subset B$이고 $B \subset A$일 때, $A = B$로 나타내고 "A와 B는 서로 같다." 또는 "A와 B는 상등이다."고 한다.

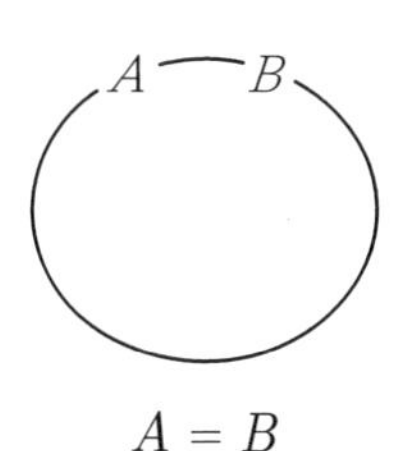

$A = B$

(4) 부분집합의 성질

세 집합 A, B, C에 대하여

① $\varnothing \subset A$, $A \subset A$

② $A \subset B$이고, $B \subset C$이면 $A \subset C$

바로 바로 CHECK√

01 다음 집합의 부분집합을 모두 구하여라.

(1) $\varnothing$ (2) $\{x\}$

(3) $\{x, y\}$ (4) $\{x, y, z\}$

02 다음과 같은 두 집합 A, B의 포함 관계는 어떻게 되는가?

$A=\{2, 3, 5\}$, $B=\{x \mid 1 \le x \le 10$, x는 소수$\}$

03 〈보기〉에서 집합 $A = \{x \mid x$는 6의 약수$\}$의 부분집합을 모두 고른 것은?

보기
㉠ $\varnothing$ ㉡ $\{1, 3\}$ ㉢ $\{2, 5\}$

① ㉠, ㉡ ② ㉠, ㉢

③ ㉡, ㉢ ④ ㉠, ㉡, ㉢

04 집합 $A = \{x \mid x$는 8의 약수$\}$의 부분집합이 아닌 것은?

① $\varnothing$ ② $\{1, 2\}$

③ $\{2, 4, 6\}$ ④ $\{1, 2, 4, 8\}$

05 두 집합 $A = \{a, b\}$, $B = \{a, b, c\}$일 때, 다음 〈보기〉 중 옳은 것을 모두 고른 것은? (단, $\varnothing$는 공집합이다.)

보기
㉠ $A \subset B$ ㉡ $A = B$
㉢ $B \subset A$ ㉣ $\varnothing \subset A$

① ㉠, ㉡ ② ㉡, ㉢

③ ㉢, ㉣ ④ ㉠, ㉣

01 (1) $\varnothing$
(2) $\varnothing$, $\{x\}$
(3) $\varnothing$, $\{x\}$, $\{y\}$, $\{x, y\}$
(4) $\varnothing$, $\{x\}$, $\{y\}$, $\{z\}$, $\{x, y\}$, $\{x, z\}$, $\{y, z\}$, $\{x, y, z\}$

02 $A = \{2, 3, 5\}$
$B = \{2, 3, 5, 7\}$이므로 '$A \subset B$'이다.

03 $A = \{x \mid x$는 6의 약수$\}$
$= \{1, 2, 3, 6\}$
$\varnothing$은 모든 집합의 부분집합이다.

답 ①

04 $A = \{x \mid x$는 8의 약수$\}$
$= \{1, 2, 4, 8\}$

답 ③

05 ㄱ. 집합 A의 원소인 a, b는 모두 집합 B에 포함되므로 $A \subset B$이다.
ㄹ. $\varnothing$는 모든 집합의 부분집합이다.

답 ④

5 부분집합의 개수

유한집합 A의 원소의 개수가 n일 때, 이를테면 임의의 집합 $A = \{a_1, a_2, a_3, \cdots, a_n\}$일 때 부분집합의 개수는 다음과 같다.

(1) 집합 A의 부분집합 개수 : 2^n개

기초학습 부분집합의 개수가 2^n인 이유

집합 $A=\{1, 2, 3, 4, 5\}$일 때, 각 원소들은 부분집합의 원소가 [되거나 / 안 되거나], 즉 두 가지의 경우의 수를 가지고 있다.

$$\begin{matrix} \{1, & 2, & 3, & 4, & 5\} \\ \Downarrow & \Downarrow & \Downarrow & \Downarrow & \Downarrow \\ [2\times & 2\times & 2\times & 2\times & 2] = 2^5 \end{matrix}$$

(2) A의 진부분집합 개수 : $2^n - 1$개

부분집합의 개수에서 자기 자신만 제외하면 진부분집합이므로 하나를 뺀다.

예 $A = \{a, b, c\}$일 때, A의 부분집합 개수 : $2^n = 2^3 = 8$개
A의 진부분집합 개수 : $2^n - 1 = 2^3 - 1 = 7$개
자기 자신, 즉 부분집합 $\{a, b, c\}$에서 하나를 뺀 것

(3) m개의 특정한 원소를 반드시 포함하는 A의 부분집합 개수 : 2^{n-m}개

(4) m개의 특정한 원소를 포함하지 않는 A의 부분집합 개수 : 2^{n-m}개

심화학습 특정 원소를 포함하거나 포함하지 않을 경우 지수를 빼는 이유

집합 $A = \{1, 2, 3, 4, 5\}$라 하자. 만약 1을 반드시 포함시켜야 하고, 2는 포함시켜서는 안 된다고 할 때, 1과 2를 제외한 원소 3, 4, 5는 부분집합의 원소가 [되거나 / 안 되거나], 즉 두 가지 경우의 수가 있지만 원소 1에 대한 경우의 수는 [되어야만 한다]라는 한 가지 밖에 없고, 또한 2에 대한 경우의 수는 [되어선 안 된다]라는 한 가지만 가능하게 되므로 각 원소가 부분집합이 될 경우의 수는 아래와 같게 된다.

$$\begin{matrix} \{1, & 2, & 3, & 4, & 5\} \\ \Downarrow & \Downarrow & \Downarrow & \Downarrow & \Downarrow \\ [1\text{가지} \times & 1\text{가지} \times & 2\text{가지} \times & 2\text{가지} \times & 2\text{가지}] = 2^{5-2} \end{matrix}$$

수 학

바로 바로 CHECK√

01 집합 $A = \{1, 2, 3, 4\}$의 부분집합 중 원소 2를 반드시 포함하는 부분집합의 개수를 구하여라.

01 2를 반드시 원소로 갖는 부분집합의 개수는 (집합 $\{1, 3, 4\}$의 부분집합의 개수와 같다.)
$2^{4-1} = 8$(개)이다.

02 20 미만의 자연수의 집합에서 4의 배수가 되는 수의 집합을 M이라 할 때, M의 부분집합의 개수를 구하면?

① 13개 ② 14개
③ 15개 ④ 16개

02 20 미만의 자연수에서 4의 배수가 되는 수는 4, 8, 12, 16이므로
$M = \{4, 8, 12, 16\}$이다. 따라서 M의 원소의 개수는 4(개)이므로 M의 부분집합의 개수는 $2^4 = 16$(개)이다.

답 ④

02 집합의 연산

1 집합의 연산 중요+

(1) 합집합

① 두 집합 A, B에 대하여 A에 속하거나 B에 속하는 모든 원소로 이루어진 집합을 A와 B의 합집합이라 하고, 기호로 $A \cup B$와 같이 나타낸다.

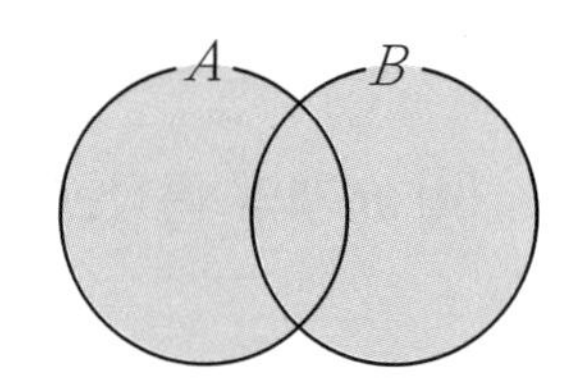

$$A \cup B = \{x \mid x \in A \text{ 또는 } x \in B\}$$

기초학습 or의 일반적 개념과 수학적 개념

(또는)or : 일반적으로 우리가 A 또는(or) B라 말하면, A나 B 중에서 하나만 선택한다는 의미로 쓰지만, 수학적 용어인 (or)는 A도 가능하고 B도 가능하다는 의미이다.

바로 바로 CHECK√

두 집합 $A = \{1,\ 2,\ 3\}$, $B = \{3,\ 4,\ 5,\ 6\}$에 대하여 집합 $A \cup B$를 구하면?

① $\{3\}$ ② $\{1,\ 2,\ 3\}$

③ $\{1,\ 2,\ 3,\ 4\}$ ④ $\{1,\ 2,\ 3,\ 4,\ 5,\ 6\}$

$A = \{1,\ 2,\ 3\}$, $B = \{3,\ 4,\ 5,\ 6\}$
$A \cup B$는 집합 A와 B에 들어 있는 모든 원소들의 모임이므로
$\therefore A \cup B = \{1,\ 2,\ 3,\ 4,\ 5,\ 6\}$

답 ④

(2) 교집합

두 집합 A, B에 대하여 집합 A와 집합 B에 모두 속하는 원소로 이루어진 집합을 A와 B의 교집합이라 하고 기호로 $A \cap B$와 같이 나타낸다.

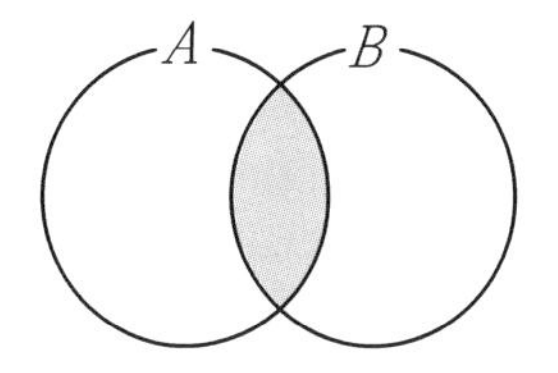

$$A \cap B = \{x \mid x \in A \text{ 그리고 } x \in B\}$$

심화학습 and의 일반적 개념과 수학적 개념

(그리고)and : 일반적으로 우리가 A와(and) B라고 하면 A, B 모두를 선택한다는 의미로 쓰지만, 수학적 용어로 and는 A이면서 B도 되는 동시성을 의미한다. 따라서 집합의 경우, A에도 속하면서 B에도 동시에 속하는 원소들의 모임을 교집합이라 한다.

(3) 서로소

두 집합 A, B에 대하여 공통인 원소가 하나도 없을 때, 즉 $A \cap B = \varnothing$일 때 A와 B는 서로소라고 한다.

기초학습 자연수와 집합에서의 서로소

자연수 범위에서 서로소는 공약수가 1뿐인 두 수를 의미하지만 집합에서의 서로소는 두 집합의 교집합이 공집합일 때 의미한다.

바로 바로 CHECK√

01 두 집합 $A=\{1,\ 2,\ 3,\ 4\}$, $B=\{1,\ 4,\ 5,\ 6\}$일 때, 집합 $A\cap B$의 원소의 개수는?

① 1 ② 2

③ 3 ④ 4

01 $A\cap B=\{1,\ 4\}$이므로
$n(A\cap B)=2$

답 ②

02 집합 $A=\{x\,|\,x$는 6의 약수$\}$, $B=\{x\,|\,x$는 홀수$\}$에 대하여 집합 $A\cap B$를 구하면?

① $\varnothing$ ② $\{2\}$

③ $\{3\}$ ④ $\{1,\ 3\}$

02 $A=\{1,\ 2,\ 3,\ 6\}$
$B=\{1,\ 3,\ 5,\ 7,\ 9\}$
$\therefore A\cap B=\{1,\ 3\}$

답 ④

(4) 전체집합, 여집합

어떤 집합에 대하여 그 부분집합을 생각할 때, 처음 주어진 집합을 전체집합이라 하고, 기호로 U와 같이 나타낸다.
또한, 전체집합 U의 부분집합 A에 대하여 U의 원소 중에서 A에 속하지 않는 원소로 이루어진 집합을 U에 대한 A의 여집합이라 하고, 기호로 A^c와 같이 나타낸다.

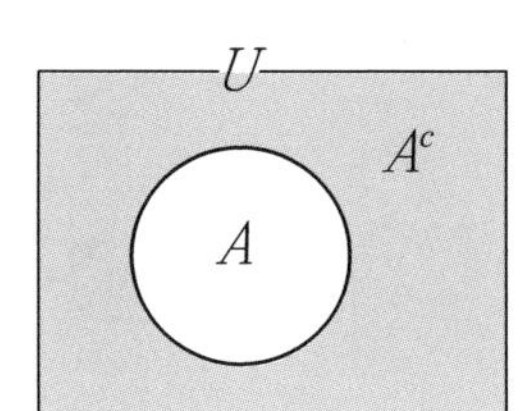

$$A^c=\{x\,|\,x\in U \text{ 그리고 } x\notin A\}$$

바로 바로 CHECK√

01 집합 A에 대하여 집합 A^C은 어떤 집합인지 구하여라.

(1) $U=\{x\,|\,x$는 자연수$\}$, $A=\{x\,|\,x$는 양의 홀수$\}$

(2) $U=\{x\,|\,x$는 실수$\}$, $A=\{x\,|\,x$는 유리수$\}$

01 (1) $A^C=\{x\,|\,x$는 양의 짝수$\}$
(2) $A^C=\{x\,|\,x$는 무리수$\}$

02 전체집합 $U=\{1,\ 2,\ 3,\ 4,\ 5\}$의 부분집합 $A=\{1,\ 3\}$에 대하여 집합 A^C을 구하면?

① $\{2,\ 4,\ 5\}$ ② $\{1,\ 2,\ 5\}$

③ $\{3,\ 4,\ 5\}$ ④ $\{1,\ 3,\ 5\}$

02 $A^C=U-A$이므로
$\{1,\ 2,\ 3,\ 4,\ 5\}-\{1,\ 3\}$
$=\{2,\ 4,\ 5\}$

답 ①

03 전체집합 U의 두 부분집합 A, B에 대하여 다음 중 옳은 것은?

① $A \cup B = \{x \mid x \in A$ 그리고 $x \in B\}$

② $A \cap B = \{x \mid x \in A$ 또는 $x \in B\}$

③ $A - B = \{x \mid x \in A$ 또는 $x \notin B\}$

④ $A^C = \{x \mid x \in U$ 그리고 $x \notin A\}$

03 ① $A \cup B = \{x \mid x \in A$ 또는 $x \in B\}$
② $A \cap B = \{x \mid x \in A$ 그리고 $x \in B\}$
③ $A - B = \{x \mid x \in A$ 그리고 $x \notin B\}$

답 ④

(5) 차집합

두 집합 A, B에 대하여 집합 A에는 속하지만 집합 B에는 속하지 않는 모든 원소로 이루어진 집합을 A에 대한 B의 차집합이라 하고, 기호로 $A - B$와 같이 나타낸다.

$$A - B = \{x \mid x \in A \text{ 그리고 } x \notin B\}$$

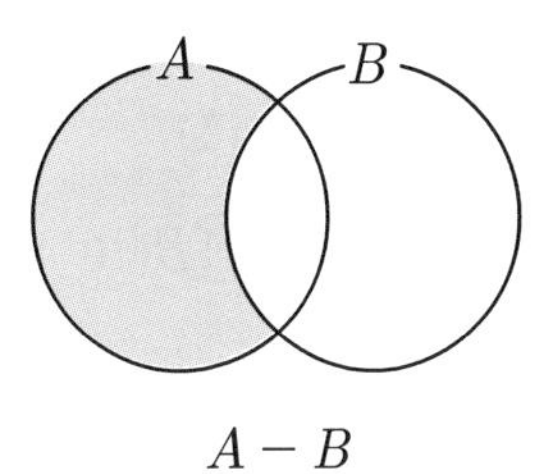

$A - B$

바로바로 CHECK√

01 두 집합 $A = \{1, 2, 3\}$, $B = \{3, 4, 5\}$에 대하여 벤 다이어그램의 어두운 부분을 나타낸 집합은?

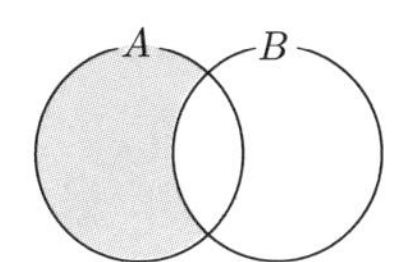

① $\{1, 2\}$

② $\{2, 3\}$

③ $\{3, 4\}$

④ $\{4, 5\}$

01 $A = \{1, 2, 3\}$
$B = \{3, 4, 5\}$
$A - B = \{1, 2\}$

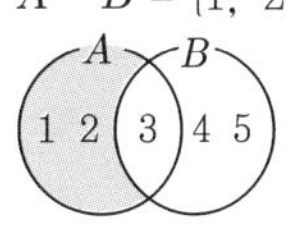

답 ①

02 두 집합 $A = \{1, 2, 3, 4, 5\}$, $B = \{2, 3, 5\}$에 대하여 $A - B$를 구하면?

① $\{1, 3\}$ ② $\{1, 4\}$

③ $\{2, 3\}$ ④ $\{1, 2, 3\}$

02 $A = \{1, 2, 3, 4, 5\}$
$B = \{2, 3, 5\}$
$A - B = \{1, 2, 3, 4, 5\} - \{2, 3, 5\}$
$= \{1, 4\}$

답 ②

2 집합의 연산법칙

(1) 교환법칙

① $A\cup B = B\cup A$　　② $A\cap B = B\cap A$

(2) 결합법칙

① $(A\cup B)\cup C = A\cup(B\cup C)$　　② $(A\cap B)\cap C = A\cap(B\cap C)$

(3) 분배법칙

① $A\cup(B\cap C) = (A\cup B)\cap(A\cup C)$　　② $A\cap(B\cup C) = (A\cap B)\cup(A\cap C)$

3 드모르간의 법칙

(1) 드모르간의 법칙

① $(A\cup B)^C = A^C\cap B^C$

② $(A\cap B)^C = A^C\cup B^C$

바로바로 CHECK√

전체집합 $U=\{1, 2, 3, 4, 5, 6\}$의 두 부분집합 $A=\{1, 3, 4\}$, $B=\{1, 4, 6\}$에 대하여 $(A\cup B)^C$을 구하면?

① $\{2, 5\}$　　② $\{2, 5, 6\}$

③ $\{2, 3, 5\}$　　④ $\{1, 3, 4, 6\}$

$(A\cup B)^C = A^C\cap B^C$

$A^C=\{2, 5, 6\}$

$B^C=\{2, 3, 5\}$이므로

$A^C\cap B^C=\{2, 5\}$

답 ①

(2) 그 외의 법칙

① $A\cup\varnothing = A$, $A\cap\varnothing=\varnothing$, $(A^C)^C = A$

② $A\cup U = U$, $A\cap U = A$, $U^C=\varnothing$

③ $A \cup A^C = U$, $A \cap A^C = \varnothing$, $\varnothing^C = U$

④ $A - B = A \cap B^C = A - (A \cap B)$

⑤ $A \cup B = \varnothing$이면 $A = \varnothing$이고 $B = \varnothing$

$A \cap B = U$이면 $A = U$이고 $B = U$

⑥ $A \cup B = U$이고 $A \cap B = \varnothing$이면 $A = B^C$이고 $B = A^C$

바로 바로 CHECK√

01 전체집합 U의 부분집합 A, B에 대하여 다음 중 틀린 것은? (단, $U \neq \varnothing$)

① $A \cup A^C = U$　② $A \cap A^C = \phi$

③ $(A \cup B)^C = A^C \cup B^C$　④ $A - B = A \cap B^C$

02 다음 벤 다이어그램의 어두운 부분을 나타내는 집합은? (단, A^C은 A의 여집합이다)

① $A \cup B^C$

② $A \cap B^C$

③ $A^C \cup B$

④ $A^C \cap B$

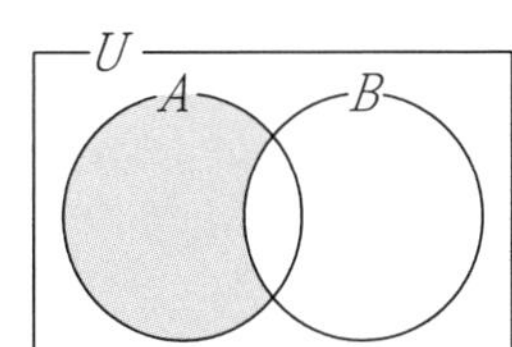

03 전체집합 $U = \{1, 2, 3, 4, 5, 6\}$의 두 부분집합 A, B에 대하여 $A = \{1, 2, 3\}$, $B = \{3, 4\}$일 때, $A \cap B^C$은?

① $\{1\}$　② $\{3\}$

③ $\{1, 2\}$　④ $\{2, 3\}$

01 $(A \cup B)^C = A^C \cap B^C$

⇒ 드모르간의 법칙

답 ③

02 $A \cap B^C = A - B$

$= A - (A \cap B)$

답 ②

03 $B^C = \{1, 2, 5, 6\}$이므로

$A \cap B^C = \{1, 2\}$

답 ③

4 집합의 원소의 개수

(1) 원소의 개수의 표현

임의의 집합 M의 원소가 유한개일 때, 그 원소의 개수는 $n(M)$으로 나타낸다.

(2) 여러 가지 집합의 원소의 개수

① 합집합의 원소의 개수

두 집합 A, B에 대하여 $n(A\cup B)=n(A)+n(B)-n(A\cap B)$가 성립한다.

특히, A와 B가 서로소, 즉 $A\cap B=\varnothing$이면 $n(A\cup B)=n(A)+n(B)$가 성립한다.

② 여집합과 차집합의 원소의 개수

전체집합 U의 두 부분집합 A, B에 대하여

㉠ $n(A^C)=n(U)-n(A)$

㉡ $n(A-B)=n(A)-n(A\cap B)=n(A\cup B)-n(B)$

바로 바로 CHECK√

01 두 집합 A, B에 대하여 $n(A)=15$, $n(B)=18$, $n(A\cap B)=4$일 때, $n(A\cup B)$를 구하면?

① 27 ② 29
③ 31 ④ 33

02 두 집합 A, B에 대하여 $n(A)=12$, $n(B)=10$, $n(A\cup B)=20$일 때, $n(A\cap B)$를 구하면?

① 1 ② 2
③ 3 ④ 4

01 $n(A\cup B)$
$=n(A)+n(B)-n(A\cap B)$
$=15+18-4=29$

답 ②

02 $n(A\cap B)$
$=n(A)+n(B)-n(A\cup B)$
$=12+10-20=2$

답 ②

01 〈보기〉에서 집합인 것을 모두 고르면?

> 보기
> ㉠ 8의 약수들의 모임
> ㉡ 키가 큰 사람들의 모임
> ㉢ 10 이하의 자연수들의 모임
> ㉣ 아름다운 여학생들의 모임

① ㉠, ㉡　　② ㉠, ㉢
③ ㉡, ㉣　　④ ㉢, ㉣

02 다음 중 옳은 것은?

① $n(\varnothing) = 1$　　② $n(\{0\}) = 1$
③ $n(\{\varnothing\}) = 0$　　④ $\varnothing = 0$

03 집합 $A = \{1,\ 2\}$에 대하여 다음 중 옳은 것은? (단, ϕ는 공집합이다)

① $\{1\} \subset A$　　② $\{2\} \in A$
③ $\varnothing \in A$　　④ $\varnothing \cap A = A$

01
키가 크다, 아름답다는 사람마다 느낌이 다르므로 객관적으로 명확히 구분할 수 없다.

02
① $n(\varnothing) = 0$
③ $n(\{\varnothing\}) = 1$

03
② $\{2\} \in A$ → $\{2\}$가 A의 부분집합임을 표현할 때에는 $\in$가 아니라 $\subset$를 사용해야 한다.
③ $\varnothing \in A$ → $\varnothing$은 공집합이므로 $\subset$를 사용해야 한다.
④ $\varnothing \cap A = A$ → 공집합과 집합 A와의 교집합은 공집합이므로 $\varnothing \cap A = \varnothing$이 되어야 한다.

ANSWER
01. ② 02. ② 03. ①

04 집합 $A = \{x \mid x$는 12의 약수$\}$를 원소나열법으로 나타내면?

① $\{1,\ 2,\ 3,\ 4\}$
② $\{1,\ 2,\ 3,\ 6\}$
③ $\{1,\ 2,\ 3,\ 4,\ 6\}$
④ $\{1,\ 2,\ 3,\ 4,\ 6,\ 12\}$

05 집합 $A = \{1,\ 2,\ 4,\ 5,\ 10,\ 20\}$을 조건제시법으로 나타내면?

① $A = \{x \mid x$는 6의 약수$\}$
② $A = \{x \mid x$는 10의 약수$\}$
③ $A = \{x \mid x$는 20의 약수$\}$
④ $A = \{x \mid x$는 30의 약수$\}$

05
집합 A의 원소들은 20의 약수이므로
$\therefore A = \{x \mid x$는 20의 약수$\}$

06 두 집합 A, B에 대하여 $A \cap B = \varnothing$인 것은?

기출

① $A = \{1,\ 3\}$, $B = \{2,\ 4,\ 6\}$
② $A = \{a,\ b,\ c\}$, $B = \{c,\ d,\ e\}$
③ $A = \{1,\ 2,\ 4\}$, $B = \{x \mid x$는 6의 약수$\}$
④ $A = \{x \mid x$는 5 이하의 짝수$\}$, $B = \{1,\ 2,\ 3\}$

06
② $A \cap B = \{c\}$
③ $A \cap B = \{1,\ 2\}$
④ $A = \{2,\ 4\}$이므로 $A \cap B = \{2\}$

07 다음 중 무한집합인 것은?

① $A = \{x \mid x$는 20 이하의 소수$\}$
② $B = \{x \mid x$는 자연수$\}$
③ $C = \{x \mid x$는 $3 < x < 5$인 홀수$\}$
④ $D = \{x \mid x$는 18의 약수$\}$

07
① $A = \{2,\ 3,\ 5,\ 7,\ 11,\ 13,\ 17,\ 19\}$
③ $C = \varnothing$
④ $D = \{1,\ 2,\ 3,\ 6,\ 9,\ 18\}$

ANSWER
04. ④ 05. ③ 06. ① 07. ②

08 다음 중 유한집합이 아닌 것은?

① $A = \{1,\ 2,\ 3,\ \cdots,\ 100\}$
② $B = \{x \mid x$는 10보다 작은 자연수$\}$
③ $C = \{x \mid x$는 100보다 큰 홀수$\}$
④ $D = \{x \mid x$는 $0 < x < 1$인 짝수$\}$

08
공집합은 유한집합이다.

09 집합 $A = \{1,\ 2,\ \{3\},\ \{4,\ 5\}\}$에 대하여 다음 중 옳은 것은?

① $4 \in A$　　② $\{1,\ 2\} \subset A$
③ $\{1,\ 3\} \subset A$　　④ $\{4,\ 5\} \subset A$

09
집합 A는 1, 2, {3}, {4, 5}를 원소로 하는 집합이다.
① $4 \notin A$
④ $\{4,\ 5\} \in A$

10 집합 $A = \{0,\ 1,\ 2,\ 3,\ 4\}$일 때, A의 부분집합의 개수는?

① 16개　　② 24개
③ 30개　　④ 32개

10
원소의 개수가 n개인 부분집합의 개수 : 2^n
$\therefore\ 2^5 = 32$(개)

ANSWER
08. ③　09. ②　10. ④

11 집합 $A = \{a,\ b,\ c,\ d,\ e\}$일 때, a, b가 항상 포함되는 부분집합의 개수는?

① 4개 ② 6개
③ 8개 ④ 10개

12 두 집합 $A = \{1,\ 3,\ 5,\ 6,\ 8\}$, $B = \{2,\ 4,\ 7,\ 9\}$에 대하여 다음 중 옳은 것은?

① $A \subset B$ ② $B \subset A$
③ $A = B$ ④ $A \cap B = \varnothing$

13 $A = \{2,\ 3,\ a^2+4\}$, $B = \{a+1,\ 4,\ 2a+3\}$일 때, $A \cap B = \{2,\ 5\}$가 되도록 a의 값을 정하면?

고난도

① $a = 1$ ② $a = -1$
③ $a = 2$ ④ $a = -2$

14 집합 $A = \{1,\ 2,\ 3,\ 4\}$의 부분집합 $B = \{2,\ 4\}$에 대하여 $A - B$를 구하면?

기출

① $\{3\}$ ② $\{1,\ 2\}$
③ $\{1,\ 3\}$ ④ $\{3,\ 5\}$

11

집합의 원소 n개 중에서 특정한 원소 m개가 포함되어 있는 부분집합의 원소의 개수는 2^{n-m}이므로 $2^{5-2} = 2^3 = 8$(개)

12

집합 A와 B에 동시에 속하는 원소가 존재하지 않으므로, $A \cap B = \varnothing$

13

집합 A와 B에 원소 2, 5가 있어야 된다.
$a^2 + 4 = 5$
$a^2 = 1 \Rightarrow a = \pm 1$
$a = 1$일 때,
$B = \{1+1,\ 4,\ 2 \times 1 + 3\} = \{2,\ 4,\ 5\}$
$a = -1$일 때는 $B = \{0,\ 1,\ 4\}$로 원소 2, 5가 없기 때문에 성립되지 않는다.

14

$A - B$
$= \{1,\ 2,\ 3,\ 4\} - \{2,\ 4\}$
$= \{1,\ 3\}$

ANSWER

11. ③ 12. ④ 13. ① 14. ③

15 다음 중 집합 $A=\{x\,|\,-1 \le x \le 4,\ x$는 정수$\}$와 서로 소인 집합은?

① $\{-3,\ -2,\ 0\}$　　② $\{-1,\ 1,\ 5,\ 6\}$

③ $\{-3,\ -2,\ 5\}$　　④ $\{2,\ 4,\ 8,\ 10\}$

15

$A=\{-1,\ 0,\ 1,\ 2,\ 3,\ 4\}$이므로 집합 A와 서로소인 것은 ③이다.

16 기출 전체집합 $U=\{x\,|\,x$는 8 이하의 자연수$\}$의 두 부분집합 $A=\{2,\ 4,\ 6,\ 8\}$, $B=\{x\,|\,x$는 8 이하의 소수$\}$에 대하여 그림과 같이 벤 다이어그램의 색칠한 부분에 속하는 원소는?

① 1

② 4

③ 5

④ 8

16

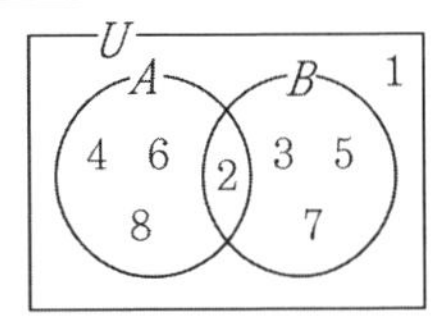

벤 다이어그램의 색칠한 부분은

$(A\cup B)^C$

$= U-(A\cup B)$

$= \{1,\ 2,\ 3,\ 4,\ 5,\ 6,\ 7,\ 8\}$

$\quad - \{2,\ 3,\ 4,\ 5,\ 6,\ 7,\ 8\}$

$= \{1\}$

17 두 집합 A, B에 대하여 $A\cap B=A$일 때, 다음 중 집합 A, B의 관계를 벤 다이어그램으로 나타낸 것은? (단, $A \ne B$)

①
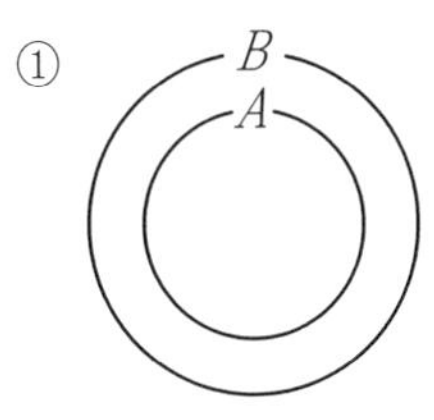

②
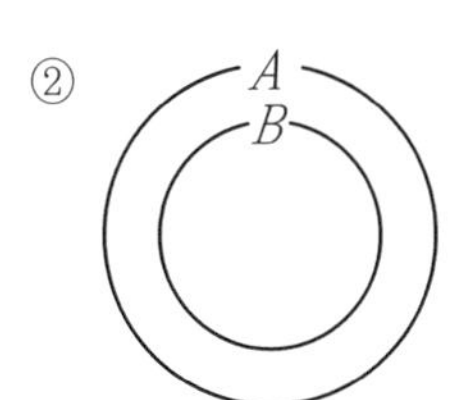

③
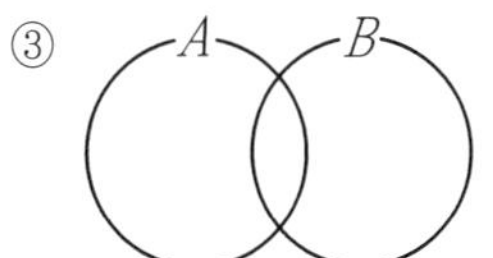

④
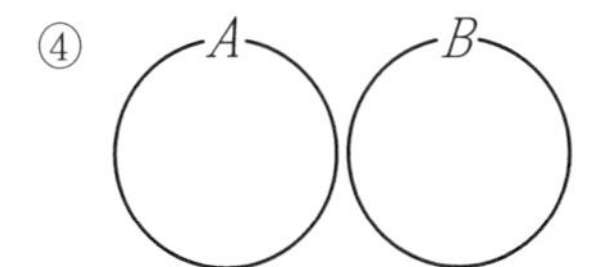

17

$A\cap B=A$, $A \ne B$이므로 A는 B에 포함된다$(A \subset B)$.

ANSWER

15. ③ 16. ① 17. ①

18 두 집합 A, B에 대하여 $A \subset B$일 때, 다음 중 옳은 것은? (단, $A \neq B$)

① $A \cup B = A$　　② $A \cap B = B$
③ $A^C \cap B = \varnothing$　　④ $A - B = \varnothing$

18
$A \subset B$, 즉 A는 B의 부분집합이므로
① $A \cup B = B$
② $A \cap B = A$
③ $A \neq B$이므로 $A^C \cap B \neq \varnothing$

19 다음 중 집합 $A - B^C$ 와 같은 것은?

① $A \cup B$　　② $A \cap B$
③ $A^C \cup B$　　④ $A \cap B^C$

19
$A - B = A \cap B^C$이므로
$A - B^C = A \cap (B^C)^C = A \cap B$

20 전체집합 $U = \{x \mid x$는 8 이하의 자연수$\}$의 두 부분집합 $A = \{2, 3, 4\}$, $B = \{3, 4, 6, 7\}$에 대하여 집합 $(A \cup B)^C$은?

① $\{3, 4\}$
② $\{1, 5, 8\}$
③ $\{2, 6, 7\}$
④ $\{2, 3, 4, 6, 7\}$

20
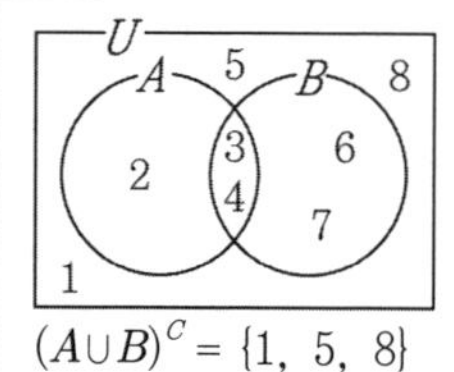

$(A \cup B)^C = \{1, 5, 8\}$

ANSWER
18. ④　19. ②　20. ②

21 전체집합 $U = \{1, 2, 3, 4, 5, 6, 7\}$의 두 부분집합 $A = \{1, 2, 3, 4\}$, $B = \{3, 4, 5, 6\}$에 대하여 $A \cap B^C$은?
고난도

① $\{1, 2\}$ ② $\{2, 3\}$
③ $\{3, 4\}$ ④ $\{1, 2, 3\}$

22 두 집합 $A = \{1, 2, 5, 10\}$, $B = \{2, 3, 5, 7\}$에 대하여 $n(A \cap B)$의 값은?
기출

① 2 ② 4
③ 6 ④ 8

23 집합 $A = \{a, b, c, d\}$, $B = \{b, d, e\}$일 때, 집합 $A \cup B$의 원소의 개수는?
기출

① 2개 ② 5개
③ 6개 ④ 7개

21
$A \cap B = \{3, 4\}$이므로
$A \cap B^C = A - B = \{1, 2\}$

22
$A \cap B = \{2, 5\}$이므로
$n(A \cap B) = 2$

23
$A \cup B = \{a, b, c, d, e\}$
$\therefore n(A \cup B) = 5$(개)

ANSWER
21. ① 22. ① 23. ②

24 전체집합 U의 두 부분집합 A, B에 관하여 $A^C \cup B^C$을 벤 다이어그램으로 바르게 나타낸 것은?

① 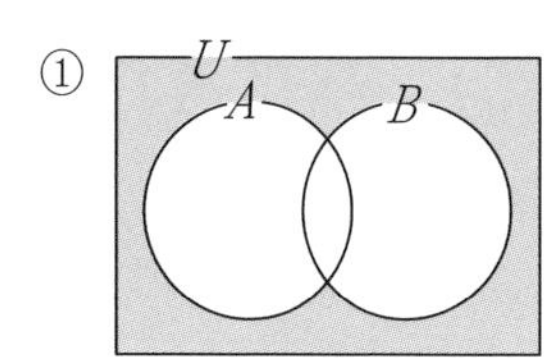

② 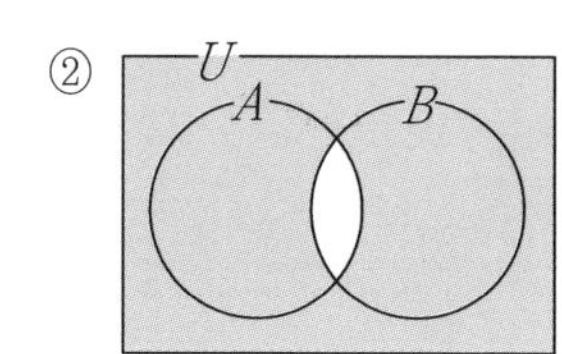

③ 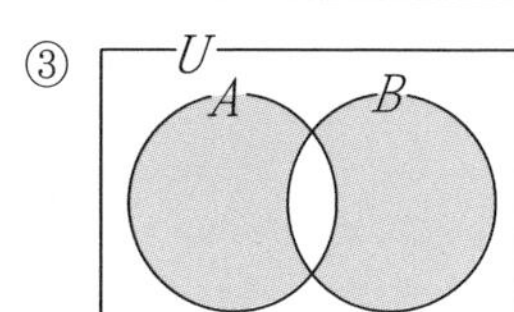

④ 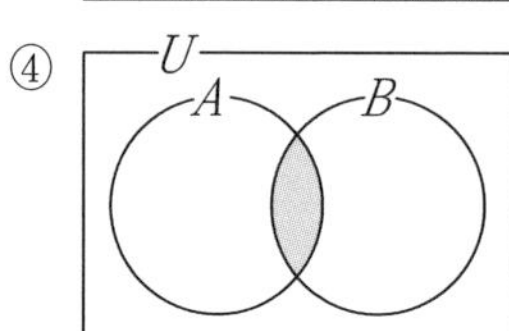

24
$A^C \cup B^C = (A \cap B)^C$이므로 $A \cap B$ 부분을 제외한 나머지 부분을 표시하면 된다.
⇒ 드모르간의 법칙

25 다음은 전체집합 U의 서로 다른 두 부분집합 A, B 사이의 관계를 벤다이어그램으로 나타낸 것이다. 다음 중 색칠한 부분을 나타낸 집합과 같은 것은?

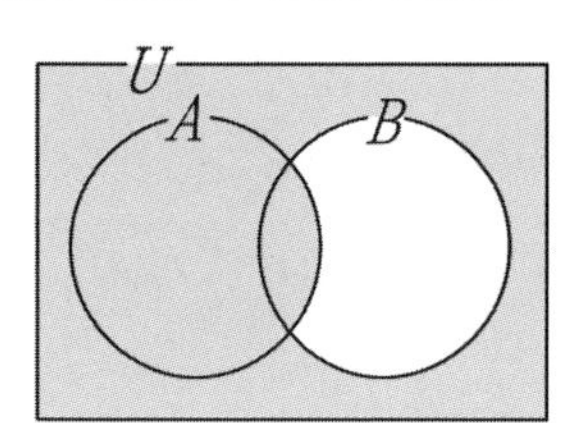

① $A \cap B^C$　　② $(A \cap B) \cup B^C$
③ $(A \cap B^C) \cup A^C$　　④ $(A \cup B) \cap (A^C \cap B)^C$

25
색칠한 부분을 집합으로 나타내면
$(B - A)^C = (B \cap A^C)^C$
$= A \cup B^C$
② $(A \cap B) \cup B^C$
$= (A \cup B^C) \cap (B \cup B^C)$
$= (A \cup B^C) \cap U$
$= A \cup B^C$
③ $(A \cap B^C) \cup A^C$
$= (A \cup A^C) \cap (B^C \cup A^C)$
$= U \cap (B^C \cup A^C)$
$= B^C \cup A^C = (A \cap B)^C$
④ $(A \cup B) \cap (A^C \cap B)^C$
$= (A \cup B) \cap (A \cup B^C)$
$= A \cup (B \cap B^C)$
$= A \cup \varnothing = A$

26 두 집합 A, B에 대하여 $n(A) = 16$, $n(B) = 13$, $n(A \cap B) = 6$일 때, $n(A - B)$를 구하면?

① 10　　② 11
③ 12　　④ 13

26
$n(A - B)$
$= n(A) - n(A \cap B)$
$= 16 - 6 = 10$

ANSWER
24. ②　25. ②　26. ①

27 전체집합이 U의 두 부분집합 A, B에 대하여
고난도 $n(U) = 30$, $n(A \cap B) = 8$, $n(A^C \cap B^C) = 17$일 때, $n(A) + n(B)$의 값을 구하면?

① 20 ② 21
③ 30 ④ 31

28 우리 반에서 수학에 흥미 있는 학생 수는 20명, 국어에 흥미 있는 학생 수는 25명이다. 수학 또는 국어에 흥미 있는 학생 수가 37명일 때, 수학과 국어에 모두 흥미 있는 학생 수를 구하면?

① 5명 ② 6명
③ 7명 ④ 8명

27

$(A \cup B)^C = A^C \cap B^C$이므로
$n(A \cup B)$
$= n(U) - n((A \cup B)^C)$
$= n(U) - n(A^C \cap B^C)$
$= 30 - 17 = 13$
$n(A) + n(B)$
$= n(A \cup B) + n(A \cap B)$
$= 13 + 8 = 21$

28

$A = \{x \mid x$는 수학에 흥미 있는 학생 수$\}$
$B = \{x \mid x$는 국어에 흥미 있는 학생 수$\}$
$n(A) = 20$, $n(B) = 25$
$n(A \cup B) = 37$
$n(A \cup B) = n(A) + n(B) - n(A \cap B)$
$37 = 20 + 25 - x$
$\therefore x = 8$(명)

ANSWER
27. ② 28. ④

Chapter

02 명 제

명제는 매회 1문제씩 출제되는 단원입니다. 기본적인 명제의 뜻을 묻는 문제에서 주어진 명제의 역 또는 대우를 묻는 문제로도 출제됩니다. 역과 대우의 뜻을 정확하게 구분할 수 있도록 합니다.

01 명 제

1 명제

(1) 명제

참인지, 거짓인지를 명확하게 구별할 수 있는 문장이나 식을 명제라 하고, 기호로 P와 같이 나타낸다.

예 장미는 아름답다. → 사람마다 기준이 다르므로 참, 거짓을 명확히 할 수 없어 명제가 아니다.
$1+2=3$이다(명제). → 참인 명제이다.
$1+1=3$이다(명제). → 거짓인 명제이다.
잠깐! 문장이 거짓이라 하더라도 참, 거짓을 판단할 수 있다면 명제이다.

(2) 명제의 부정

명제 p에 대하여 'p가 아니다.'를 명제 p의 부정이라 하고, 기호로 $\sim p$와 같이 나타낸다.

명제 p와 부정 $\sim p$의 참, 거짓 사이에는 다음과 같은 관계가 있다.

① 명제 p가 참이면 부정 $\sim p$는 거짓이다.

② 명제 p가 거짓이면 부정 $\sim p$는 참이다.

명 제	명제의 부정
p p 그리고 q p 또는 q $\sim p$ $\sim q$	$\sim p$ $\sim p$ 또는 $\sim q$ $\sim p$ 그리고 $\sim q$ $\sim(\sim p)=p$ $\sim(\sim q)=q$

예 1) $x = 1$이고 $y = 1$이다. $\Rightarrow x \neq 1$ 또는 $y \neq 1$이다(부정).
2) $x > 3$이면 $2x - 6 > 0$이다. $\Rightarrow x \leq 3$이면 $2x - 6 \leq 0$이다(부정).

바로 바로 CHECK√

01 다음 중 참인 명제는?

① $ab = 0$이면 $a = 0$이고 $b = 0$이다.
② $x < 1$이면 $x < 2$이다.
③ $a + b = 3$이면 $a = 1$이고 $b = 2$이다.
④ 12의 약수는 6의 약수이다.

01 ① $ab = 0$이면 $a = 0$ 또는 $b = 0$이다.(거짓)
③ $a = 2$, $b = 1$이어도 $a + b = 3$이다.(거짓)
④ 4는 12의 약수이지만 6의 약수는 아니다.(거짓)

답 ②

02 〈보기〉에서 명제인 것을 모두 고른 것은?

보기
㉠ 3은 짝수이다.
㉡ 홀수는 소수이다.
㉢ 수학 공부는 어렵다.
㉣ 정삼각형은 이등변삼각형이다.

① ㉠, ㉢ ② ㉠, ㉡, ㉣
③ ㉡, ㉢, ㉣ ④ ㉡, ㉣

02 ㉠, ㉡은 거짓인 명제
㉣은 참인 명제

답 ②

2 정의, 증명, 정리

(1) 정의

용어의 뜻을 명확하게 정한 것을 정의라고 한다.

예 두 변의 길이가 같은 삼각형을 이등변삼각형이라고 한다.

(2) 증명

정의 또는 이미 옳다고 밝혀진 성질을 이용하여 어떤 명제가 참임을 설명하는 것을 증명이라고 한다.

(3) 정리

참으로 증명된 명제 중에서 기본이 되는 것이나 다른 명제를 증명할 때 이용할 수 있는 것을 정리라고 한다.

예 이등변삼각형의 두 밑각의 크기는 같다.

3 조건과 진리집합

(1) 조건(조건명제)

변수에 따라 참 · 거짓이 결정되는 문장이나 식을 조건이라고 한다.

예 $x+1=3$이면 $x=2$이다(참인 명제).
$x+1=3$이면 $x=1$이다(거짓인 명제).

(2) 명제 $p \to q$

두 조건 p, q로 이루어진 명제 'p이면 q이다.'를 기호로 와 같이 나타낸다. 이때 p를 가정, q를 결론이라고 한다.

예 두 수가 양수이면 두 수의 합은 항상 양수이다.
(두 수가 양수이면: p [가정], 두 수의 합은 항상 양수이다: q [결론])

(3) 명제 $p \to q$의 참과 거짓

① 명제 $p \to q$가 참일 때, 기호로 $p \Rightarrow q$와 같이 나타낸다.

② 명제 $p \to q$가 거짓일 때, 기호로 $p \not\Rightarrow q$와 같이 나타낸다.

③ 명제 $p \to q$와 $q \to p$가 모두 참일 때, $p \Longleftrightarrow q$와 같이 나타낸다.

(4) 진리집합

전체집합 U에서 조건 p를 참이 되게 하는 원소들의 집합 P를 조건 p의 진리집합이라고 한다.

예 $U=\{x|x$는 자연수$\}$에 대하여 조건 'p : 5보다 작은 수'의 진리집합은 $P=\{1,\ 2,\ 3,\ 4\}$이다.

(5) 명제 $p \rightarrow q$의 참, 거짓과 집합의 포함 관계

전체집합 U에서의 두 조건 p, q의 진리집합 P, Q 명제 $p \rightarrow q$의 참, 거짓과 집합 P, Q의 포함 관계는 다음과 같다.

$$p \Rightarrow q \Longleftrightarrow P \subset Q$$
$$p \nRightarrow q \Longleftrightarrow P \not\subset Q$$
$$p \Longleftrightarrow q \Longleftrightarrow P = Q$$

예 1) '$\underset{p}{\underline{x > 1}}$이면 $\underset{q}{\underline{x > 0}}$이다.'에서 $p \Rightarrow q$이면 $P \subset Q$

2) 'p : 서울에 산다, q : 한국에 산다.'에서 $P \subset Q$이므로 $p \Rightarrow q$
따라서 '서울에 산다면 한국에 산다.'는 참이다.

기초학습 반 례

어떤 명제가 거짓일 때 거짓임을 증명하기 위해 예로 드는 것

예 '$x^2 = 1 \rightarrow x = 1$'이 거짓이라는 것을 증명하라.

해설 $x^2 = 1$이면 $x = \pm 1$이다. 즉, $x = -1$일 때도 $x^2 = 1$이다.

바로바로 CHECK√

01 명제 'x가 6의 약수이면 x는 8의 약수이다.'가 거짓임을 보여라.

02 다음 명제 $p \rightarrow q$의 참, 거짓을 판별하여라.

(1) $p : -2 < x < -1$, $q : -2 \leq x \leq 2$

(2) $p : xy = 0$, $q : x^2 + y^2 = 0$

01 $x = 3$은 6의 약수이지만 8의 약수가 아니다.

02 (1) 참

(2) 거짓
(반례)$x = 3$, $y = 0$일 때,
$xy = 0$이지만
$x^2 + y^2 \neq 0$이므로 거짓

03 다음 명제의 참, 거짓을 판별하여라.

(1) $x-3=0$이면 $x^2-3x=0$이다.

(2) 12의 약수는 6의 약수이다.

(3) 자연수 x, y에 대하여 xy가 홀수이면 x, y는 모두 홀수이다.

(4) 자연수 x, y에 대하여 $x+y$가 짝수이면 x 또는 y가 짝수이다.

03 (1) '$p : x-3=0$', '$q : x^2-3x=0$'이므로 $P=\{3\}$, $Q=\{0, 3\}$이다.
따라서 $P \subset Q$이므로
주어진 명제는 참이다.

(2) 'p : x는 12의 약수이다.',
'q : x는 6의 약수이다.' 이므로
$P=\{1, 2, 3, 4, 6, 12\}$,
$Q=\{1, 2, 3, 6\}$이다.
따라서 $P \not\subset Q$이므로 주어진 명제는 거짓이다.

(3) 'p : xy가 홀수이다.'의 경우는
(홀수) × (홀수) = (홀수) 이므로
주어진 명제는 참이다.

(4) 'p : 자연수 $x+y$가 짝수'인 경우
$x=1$, $y=3$이면 $x+y=4$(짝수)이지만 x, y는 모두 홀수이므로 주어진 명제는 거짓이다.

4 '모든'이나 '어떤'이 들어 있는 명제

(1) 공집합이 아닌 전체 집합 U에서 조건 $p(x)$에 대하여 진리집합을 p라 하면 다음이 성립한다.

① 모든 x에 대하여 $\begin{cases} p=U\text{이면 참} \\ p \neq U\text{이면 거짓} \end{cases}$

② 어떤 x에 대하여 $\begin{cases} p \neq \varnothing\text{이면 참} \\ p=\varnothing\text{이면 거짓} \end{cases}$

기초학습 '모든'과 '어떤'의 의미

명제 '모든 x에 대하여 $p(x)$'가 참이 되려면 전체집합의 모든 원소가 조건 $p(x)$를 만족시켜야 한다. 이때, 하나라도 만족시키지 않는 원소가 있으면 이 명제는 거짓이 된다. 같은 방법으로 명제 '어떤 x에 대하여 $p(x)$'가 참이 되려면 전체집합의 원소 중 하나라도 조건 $p(x)$를 만족시키야 한다. 이때, 모든 원소가 조건을 만족시키지 않으면 이 명제는 거짓이 된다.

(2) '모든'과 '어떤'이 들어 있는 명제의 부정

① '모든 x에 대하여 p이다.'의 부정은 '어떤 x에 대하여 $\sim p$이다.'

② '어떤 x에 대하여 p이다.'의 부정은 '모든 x에 대하여 $\sim p$이다.'

예 'A, B, C 모두 축구공을 갖고 있다.'의 부정은

A	B	C	
○	○	○	모두 축구공을 갖고 있다.
○	○	×	어떤 사람은 축구공을 갖고 있지 않다. (적어도 한 사람은 축구공을 갖고 있지 않다)
○	×	○	
×	○	○	
○	×	×	
×	○	×	
×	×	○	
×	×	×	

바로바로 CHECK√

01 다음 명제의 참, 거짓을 판별하여라.

(1) 음이 아닌 모든 실수 x에 대하여 $x^2 \neq 0$이다.

(2) 어떤 양의 실수 x에 대하여 $x^2 < x$이다.

01 (1) 0은 음이 아닌 실수이지만 $0^2 = 0$이므로 거짓이다.

(2) $x = \frac{1}{2}$일 때, $x^2 = \frac{1}{4}$이고 $x^2 < x$가 성립한다. 따라서 주어진 명제는 참이다.

02 명제의 역 · 대우

1 명제의 역 · 대우 중요+

(1) **역** : 명제 $p \rightarrow q$의 역은 $q \rightarrow p$(가정과 결론의 순서 바꿈)

(2) **대우** : 명제 $p \rightarrow q$의 대우는 $\sim q \rightarrow \sim p$(가정과 결론의 부정 후 위치를 바꿈)

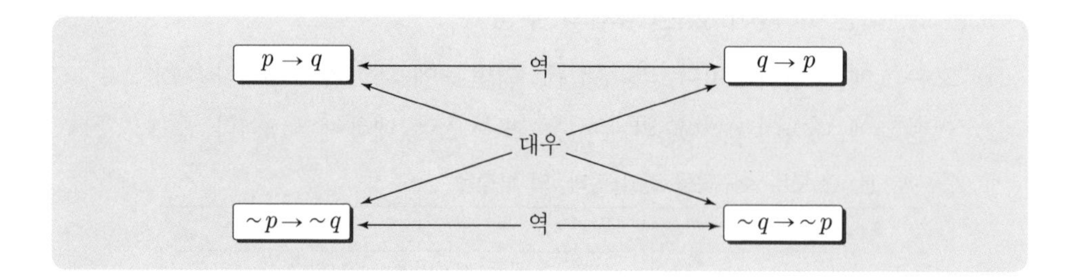

바로바로 CHECK√

명제 '$x > 3$이면 $2x - 6 > 0$이다.'의 역, 대우를 각각 구하여라.

역 : $2x - 6 > 0$이면 $x > 3$이다.
대우 : $2x - 6 \le 0$이면 $x \le 3$이다.

2 명제의 역, 대우의 참과 거짓

명제와 대우의 참, 거짓에 대하여 다음이 성립한다.

(1) 명제 $p \to q$가 참이면 대우 $\sim q \to \sim p$도 반드시 참이다.

(2) 명제 $p \to q$가 거짓이면 대우 $\sim q \to \sim p$도 반드시 거짓이다.

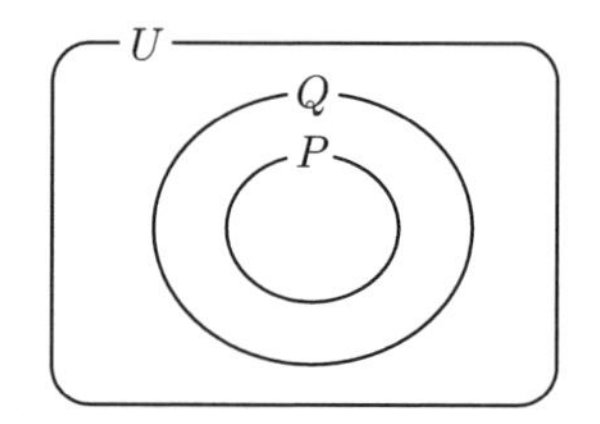

잠깐! 명제 $p \to q$가 참이면 $P \subset Q$이고, $P \subset Q$이면 $Q^C \subset P^C$이므로 명제 $\sim q \to \sim p$는 참이다. 역으로 명제 $\sim q \to \sim p$가 참이면 $Q^C \subset P^C$이고, $Q^C \subset P^C$이면 $P \subset Q$이므로 명제 $p \to q$는 참이다.

바로바로 CHECK√

01 다음 명제 중 역이 참인 것은? (단, a, b, x, y는 실수이다.)

① $x = 0$이면 $xy = 0$이다.
② $x \ge 1$이면 $x^2 \ge 1$이다.
③ $a^2 + b^2 > 0$이면 $a \ne 0$ 또는 $b \ne 0$이다.
④ xy가 홀수이면 $x + y$가 짝수이다.

01 ① 역 : $xy = 0$이면 $x = 0$이다. (거짓)
(반례) $x = 1$, $y = 0$
② 역 : $x^2 \ge 1$이면 $x \ge 1$이다. (거짓)
(반례) $x = -2$
③ 역 : $a \ne 0$ 또는 $b \ne 0$ 이면 $a^2 + b^2 > 0$이다. (참)
④ 역 : $x + y$가 짝수이면 xy가 홀수이다. (거짓)
(반례) $x = 2$, $y = 4$

답 ③

02 두 조건 p, q가 다음과 같을 때, 참인 것은?

p : 2의 약수이다.	q : 4의 약수이다.

① $q \rightarrow p$ ② $\sim p \rightarrow q$
③ $\sim q \rightarrow \sim p$ ④ $p \rightarrow \sim q$

02 조건 p, q의 진리집합을 각각 P, Q라 하면,
$P = \{x \mid x$는 2의 약수$\}$
$Q = \{x \mid x$는 4의 약수$\}$
$P = \{1, 2\}$
$Q = \{1, 2, 4\}$
$P \subset Q$
$p \rightarrow q$가 참이므로 대우를 찾으면 된다.
답 ③

3 대우를 이용한 증명법과 귀류법

(1) 대우를 이용한 증명

명제 $p \rightarrow q$가 참이면 그 대우 $\sim q \rightarrow \sim p$도 참이므로 어떤 명제가 참임을 보이고자 할 때, 그 대우가 참임을 보이면 된다.

예 명제 '$a^2 + b^2 = 0$이면 $a = 0$이고 $b = 0$이다.'가 참임을 대우를 이용하여 증명하여라.
주어진 명제의 대우는 '$a \neq 0$ 또는 $b \neq 0$이면 $a^2 + b^2 \neq 0$이다.'
(i) $a \neq 0$이면
$a^2 > 0$이고 $b^2 \geq 0$이므로 $a^2 + b^2 > 0$, 즉 $a^2 + b^2 \neq 0$이다.
(ii) $b \neq 0$이면
$b^2 > 0$이고 $a^2 \geq 0$이므로 $a^2 + b^2 > 0$, 즉 $a^2 + b^2 \neq 0$이다.
따라서 주어진 명제의 대우가 참이므로 주어진 명제도 참이다.

(2) 귀류법을 이용한 증명

어떤 명제를 증명할 때, 가정으로부터 결론을 직접 이끌어 내는 것은 어렵지만 명제를 부정하여 모순이 발생함을 보이는 것은 쉬운 경우가 있다. 이때 명제를 부정하여 모순을 이끌어 냄으로써 원래 명제가 참임을 보이는 방법을 귀류법이라고 한다.

예 명제 '$\sqrt{2}$는 무리수이다.'가 참임을 귀류법을 이용하여 증명하여라.
$\sqrt{2}$가 유리수라고 가정하면
$\sqrt{2} = \frac{n}{m}$ (m, n은 서로소인 자연수)
이 식의 양변을 제곱하면 $2 = \frac{n^2}{m^2}$이므로 $2m^2 = n^2 \cdots$ ㉮
이때 n^2이 2의 배수이므로 n도 2의 배수이다.
n이 2의 배수이므로 $n = 2k$ (k는 자연수)로 놓고 ㉮에 대입하면
$2m^2 = (2k)^2$, 즉 $m^2 = 2k^2$이다.
그런데 m^2이 2의 배수이므로 m도 2의 배수이다.
즉, m, n이 모두 2의 배수가 되어 m, n은 서로소라는 가정에 모순이다.
따라서 $\sqrt{2}$는 무리수이다.

바로 바로 CHECK√

01 다음은 자연수 n에 대하여 명제 'n^2이 3의 배수이면 n도 3의 배수이다.'가 참임을 대우를 이용하여 증명하는 과정이다.

> 증명
> 주어진 명제의 대우는
> 'n이 3의 배수가 아니면 n^2은 3의 배수가 아니다.'이다.
> $n=$ (가) 또는 $n=$ (나) (k는 자연수)(이)라 하면
> (i) $n=$ (가)일 때, $n^2=3($ (다) $)+1$
> (ii) $n=$ (나)일 때, $n^2=3($ (라) $)+1$
> 즉 n^2은 3으로 나누면 나머지가 1인 자연수가 되므로
> n이 3의 배수가 아니면 n^2도 3의 배수가 아니다.
> 따라서 주어진 명제의 대우가 참이므로 주어진 명제도 참이다.

위의 과정에서 (가)~(라)에 알맞은 것을 차례대로 나열한 것은?

① $3k-2,\ 3k-1,\ 3k^2+2k,\ 3k^2+4k+1$
② $3k-2,\ 3k-1,\ 3k^2-4k+1,\ 3k^2-2k$
③ $3k-1,\ 3k-2,\ 3k^2-4k+1,\ 3k^2-2k$
④ $3k+1,\ 3k+2,\ 3k^2+2k,\ 3k^2+4k+1$

01 $n=3k-2$ 또는 $3k-1$ (k는 자연수)이라 하면
(i) $n=$ $\boxed{3k-2}$일 때
$n^2=(3k-2)^2$
$=9k^2-12k+4$
$=3(\boxed{3k^2-4k+1})+1$
(ii) $n=$ $\boxed{3k-1}$일 때
$n^2=(3k-1)^2$
$=9k^2-6k+1$
$=3(\boxed{3k^2-2k})+1$

답 ②

02 다음은 명제 '$\sqrt{5}$가 무리수이다'가 참임을 증명하는 과정이다.

> 증명
> $\sqrt{5}$가 (가)라고 가정하면 $\sqrt{5}=\dfrac{a}{b}$
> (a, b는 (나)인 정수, $b\neq 0$)꼴로 나타낼 수 있다.
> 양변을 제곱하여 정리하면
> $a^2=5b^2 \cdots$ ㉠
> 여기서 a^2이 (다)이므로 a도 (다)이다.
> $a=5k$(k는 정수)로 놓으면 ㉠에서 $25k^2=5b^2$ $\therefore b^2=5k^2$
> 따라서 b^2이 (다)이므로 b도 (다)이다.
> 그러므로 a, b가 (나)라는 가정에 모순이므로 $\sqrt{5}$는 무리수이다.

위의 과정에서 (가), (나), (다)에 알맞은 것을 써넣어라.

02 $\sqrt{5}$가 유리수라고 가정하면 $\sqrt{5}=\dfrac{a}{b}$
(a, b는 서로소인 정수, $b\neq 0$)꼴로 나타낼 수 있다.
양변을 제곱하여 정리하면
$a^2=5b^2 \cdots$ ㉠
여기서 a^2이 5의 배수이므로 a도 5의 배수이다.
$a=5k$(k는 정수)로 놓으면 ㉠에서
$25k^2=5b^2$ $\therefore b^2=5k^2$
따라서 b^2이 5의 배수이므로 b도 5의 배수이다.
그러므로 a, b가 서로소라는 가정에 모순이므로
$\sqrt{5}$는 무리수이다.
(가) 유리수
(나) 서로소
(다) 5의 배수

03 충분조건과 필요조건

1 충분 · 필요 · 필요충분조건의 개념 중요+

(1) 충분조건과 필요조건

명제 $p \to q$가 참일 때, 즉 $p \Rightarrow q$일 때 p는 q이기 위한 충분조건, q는 p이기 위한 필요조건이라고 한다.

p 이기 위한 필요조건

$p \Longrightarrow q$

q 이기 위한 충분조건

(2) 필요충분조건

명제 $p \to q$와 그 역 $q \to p$가 참일 때, 즉 $p \Longleftrightarrow q$일 때, p는 q이기 위한 필요충분조건이라 한다.

$p \Longleftrightarrow q$

[필요충분조건]

2 충분조건, 필요조건과 진리집합의 포함 관계

전체집합 U에서의 두 조건 p, q의 진리집합을 각각 P, Q라 할 때,

① $\mathrm{P} \subset \mathrm{Q} \Longleftrightarrow \begin{cases} p\text{는 } q\text{이기 위한 충분조건이다.} \\ q\text{는 } p\text{이기 위한 필요조건이다.} \end{cases}$

② $\mathrm{P} = \mathrm{Q} \Longleftrightarrow$ p는 q이기 위한 필요충분조건이다.

3 삼단논법

$p \to q$가 참이고 $q \to r$가 참이면 $p \to r$도 참이다.

예 '피타고라스는 사람이다. 사람은 동물이다. 따라서 피타고라스는 동물이다.'

바로 바로 CHECK√

01 다음 (　) 안에 필요, 충분, 필요충분조건 중에서 알맞은 것을 써넣어라.

(1) $x = 1$은 $x^2 = 1$이 되기 위한 (　　)조건이다.

(2) $x > 2$는 $x > 4$가 되기 위한 (　　)조건이다.

(3) $a = b$는 $a + m = b + m$이 되기 위한 (　　)조건이다.

01 (1) 충분
(2) 필요
(3) 필요충분

02 a, b가 자연수일 때, $a + b = 2$는 $a = 1$이고 $b = 1$이기 위한 무슨 조건인가?

① 필요조건
② 충분조건
③ 필요충분조건
④ 아무 조건도 아니다.

02 a, b가 자연수라고 했으므로
$a + b = 2$이면 $a = 1$이고 $b = 1$이다.
역으로 $a = 1$이고 $b = 1$이면
$a + b = 2$이므로
$(a + b = 2) \Longleftrightarrow (a = 1$이고 $b = 1)$
$\therefore$ 필요충분조건

답 ③

03 두 명제 $p \to \sim q$와 $r \to q$가 모두 참일 때, 다음 명제 중 반드시 참이라고 할 수 <u>없는</u> 것은?

① $r \to \sim p$　② $\sim q \to \sim r$
③ $q \to \sim p$　④ $p \to r$

03 (i) 주어진 두 명제가 참이므로 그 대우 $q \to \sim p$와 $\sim q \to \sim r$도 참이다.
(ii) $p \to \sim q$와 $\sim q \to \sim r$가 참이므로 삼단논법을 적용하면 $p \to \sim r$도 참이다. 따라서 그 대우인 $r \to \sim p$도 참이다.

답 ④

04 절대부등식

1 절대부등식

문자를 포함한 부등식 중에서 $x+9>x$, $(x+y)^2 \ge 0$과 같이 문자에 어떤 실수를 대입하여도 항상 성립하는 부등식을 절대부등식이라고 한다.

(1) a, b가 실수일 때, 다음 부등식이 성립한다.

(1) $a^2 \pm ab + b^2 \ge 0$ (단, 등호는 $a=b=0$일 때 성립)
(2) $a^2 \pm 2ab + b^2 \ge 0$ (단, 등호는 $a \mp b$일 때 성립, 부호동순)
(3) $|a+b| \le |a| + |b|$
(4) $a^2+b^2+c^2-ab-bc-ca \ge 0$ (단, 등호는 $a=b=c$일 때 성립)

(2) 산술평균과 기하평균

양수 a, b에 대하여 $\frac{a+b}{2}$를 산술평균, $\sqrt{ab}$를 기하평균이라고 한다. 산술평균과 기하평균사이에는 다음과 같다.

$a>0$, $b>0$일 때, $\frac{a+b}{2} \ge \sqrt{ab}$ (단, $a=b$일 때 등호 성립)

기초학습 (산술평균) ≥ (기하평균)인 이유

$a \ge b$이면 $a^2 \ge b^2$이므로

$$\left(\frac{a+b}{2}\right)^2 - (\sqrt{ab})^2 = \frac{a^2+2ab+b^2}{4} - ab = \frac{a^2-2ab+b^2}{4} = \left(\frac{a-b}{2}\right)^2 \ge 0$$

따라서 $\frac{a+b}{2} \ge \sqrt{ab}$

바로 바로 CHECK√

01 $x>0$, $y>0$일 때, 다음 식의 최솟값을 구하여라.

(1) $x+\frac{4}{x}$

(2) $(x+\frac{1}{y})(y+\frac{1}{x})$

02 $a>0$일 때, $a+\frac{1}{a}$의 최솟값은?

① 1　② $\sqrt{2}$
③ $\sqrt{3}$　④ 2

01 (1) $x>0$이므로

$x+\frac{4}{x}\ge 2\sqrt{x\times\frac{4}{x}}=4$

(단, 등호는 $x=\frac{4}{x}$, $x=2$일 때 성립)

(2) $x>0$, $y>0$이므로

$(x+\frac{1}{y})(y+\frac{1}{x})$

$=xy+\frac{1}{xy}+2\ge 2\sqrt{xy\times\frac{1}{xy}}+2$

$=4$

(단, 등호는 $xy=\frac{1}{xy}$일 때 성립)

02 $a>0$이므로

$a+\frac{1}{a}\ge 2\sqrt{a\times\frac{1}{a}}=2$

(단, 등호는 $a=\frac{1}{a}$, 즉 $a=1$일 때 성립)

답 ④

2 부등식의 대소 관계를 이용한 증명

(1) 두 수의 차를 이용

① $A-B>0 \Longleftrightarrow A>B$　② $A-B<0 \Longleftrightarrow A<B$

③ $A-B=0 \Longleftrightarrow A=B$

예 2와 5의 대소는 $5-2=3>0$이므로 $2<5$

(2) 두 수의 거듭제곱의 차를 이용

① $A\ge 0$, $B\ge 0$일 때, $A^2-B^2>0 \Longleftrightarrow A>B$

② A, B의 양, 0, 음에 관계없이 $A^3-B^3>0 \Longleftrightarrow A>B$

예 $\sqrt{2}$와 $\sqrt{5}$에서 $(\sqrt{5})^2-(\sqrt{2})^2=5-2=3>0$이므로 $\sqrt{2}<\sqrt{5}$

(3) 두 수의 비를 이용($A>0$, $B>0$)

① $\frac{B}{A}>1 \Longleftrightarrow B>A$　② $\frac{B}{A}<1 \Longleftrightarrow B<A$

③ $\frac{B}{A}=1 \Longleftrightarrow B=A$

예 3^{200}과 2^{300}에서 $\frac{3^{200}}{2^{300}}=\left(\frac{3^2}{2^3}\right)^{100}=\left(\frac{9}{8}\right)^{100}>1$이므로 $3^{200}>2^{300}$

01 다음의 식 또는 문장 중에서 명제가 아닌 것은?

① $x-2<6$
② 8은 짝수이다.
③ 9는 3의 배수이다.
④ $x=1$이면 $x+3>2$이다.

02 조건 '$p(x)$: x는 12의 약수이다.'의 진리집합은?

① $\{1,\ 4,\ 8,\ 12\}$
② $\{x\,|\,x\in N,\ x<12\}$
③ $\{1,\ 2,\ 3,\ 4,\ 6,\ 12\}$
④ $\{x\,|\,x\in N,\ x<6\}$

03 기출 다음 중 참인 명제는?

① $1+2>5$
② $x+3=5$
③ $x=2$이면 $2x=4$이다.
④ 2의 배수는 4의 배수이다.

04 조건 $a=0$ 또는 $b=0$의 부정은?

① $a\neq 0$ 또는 $b\neq 0$
② $a\neq 0$ 그리고 $b\neq 0$
③ $a\neq 0$ 그리고 $b=0$
④ $a=0$ 그리고 $b\neq 0$

01
① $x<8$일 때는 참이지만 $x\geq 8$일 때는 거짓이 되므로 명제가 아니다.

02
조건 p가 참이 되게 하는 집합을 진리집합이라 한다.
12의 약수 $=\{1,\ 2,\ 3,\ 4,\ 6,\ 12\}$

03
① $3>5$ (거짓)
② x의 값에 따라 참, 거짓이 달라지므로 명제가 아니다.
③ $x=2$일 때 $2\times 2=4$이다. (참)
④ 2는 4의 배수가 아니다. (거짓)

04
$\sim(a$ 또는 $b)=\sim a$ 그리고 $\sim b$

ANSWER
01. ① 02. ③ 03. ③ 04. ②

05 명제 'p이면 $\sim q$이다.'의 역은?

① p이면 q이다.
② $\sim p$이면 q이다.
③ q이면 $\sim p$이다.
④ $\sim q$이면 p이다.

06 명제 'a가 짝수이면 a는 4의 배수이다.'의 역은?

기출

① a가 4의 배수이면 a는 짝수이다.
② a가 4의 배수가 아니면 a는 짝수가 아니다.
③ a가 짝수이면 a는 4의 배수가 아니다.
④ a가 짝수가 아니면 a는 4의 배수가 아니다.

07 다음 명제 중 그 역이 참인 것은?

고난도

① $x+y \geq 2$이면 $x \geq 1$ 또는 $y \geq 1$이다.
② $x=0$이면 $xy=0$
③ $x \geq y$이면 $\dfrac{1}{x} \geq \dfrac{1}{y}$
④ $x<2$이면 $|x-1|<|x-3|$

08 명제 $p \rightarrow q$가 참일 때, 다음 중 항상 참인 것은? (단, $\sim p$는 명제 p의 부정, $\sim q$는 명제 q의 부정)

기출

① $p \rightarrow \sim q$
② $q \rightarrow \sim p$
③ $\sim p \rightarrow \sim q$
④ $\sim q \rightarrow \sim p$

05
명제의 역 : 명제 $p \rightarrow q$에서 가정과 결론을 바꾼 명제이다.

06
명제의 역 : 명제 $p \rightarrow q$에서 가정과 결론을 바꾼 명제이다.

07
$|x-1|<|x-3|$이면 $x<2$이다. (참)
$|x-1|^2<|x-3|^2$
$x^2-2x+1<x^2-6x+9$
$4x<8$
$\therefore x<2$

08
$p \rightarrow q$(참)이면 대우도 항상 참이므로
$p \rightarrow q$의 대우는 $\sim q \rightarrow \sim p$

ANSWER
05. ④ 06. ① 07. ④ 08. ④

09 명제 '$x > 1$이면 $x^2 > 1$이다.'의 대우는?

기출

① $x^2 > 1$이면 $x > 1$이다.
② $x \le 1$이면 $x^2 \le 1$이다.
③ $x^2 \le 1$이면 $x \le 1$이다.
④ $x > 1$이면 $x^2 \le 1$이다.

10 명제 '$x = 1$이면 $x^2 = 1$이다.'의 대우는?

기출

① $x = 1$이면 $x^2 \ne 1$이다.
② $x \ne 1$이면 $x^2 \ne 1$이다.
③ $x^2 = 1$이면 $x = 1$이다.
④ $x^2 \ne 1$이면 $x \ne 1$이다.

11 다음 ( ) 안에 알맞은 것은?

기출

> $x = 2$는 $x^2 = 4$이기 위한 (   )이다.

① 부정 ② 충분조건
③ 필요조건 ④ 필요충분조건

12 다음 중 p가 q이기 위한 필요조건이지만 충분조건이 아닌 것은? (단, x, y는 실수)

고난도

① $p : x = 0$이고 $y = 0$ $q : x^2 + y^2 = 0$
② $p : xy > x + y > 4$ $q : x > 2$이고 $y > 2$
③ $p : x + y < 0$이고 $xy > 0$ $q : x < 0$이고 $y < 0$
④ $p : (x - 1) > 2$ $q : (x - 1)^2 > 4$

09

'A이면 B이다.'의 대우
$\Rightarrow$ '$\sim B$이면 $\sim A$이다.'
'$x > 1$이면 $x^2 > 1$이다.'의 대우
$\Rightarrow x^2 \le 1$이면 $x \le 1$이다.

10

'$x = 1$이면 $x^2 = 1$이다.'의 대우
$\Rightarrow$ '$x^2 \ne 1$이면 $x \ne 1$이다.'

11

$p : x = 2$
$q : x^2 = 4$ $\therefore x = \pm 2$
$\therefore x = 2 \Rightarrow x^2 = 4$

12

$q \to p$가 참, $p \to q$가 거짓인 명제를 찾는다.
$xy > x + y > 4 \nRightarrow x > 2$이고 $y > 2$
(반례로 $x = 3$, $y = 2$)
$x > 2$이고 $y > 2 \Rightarrow xy > x + y > 4$
(필요조건)
① p는 q이기 위한 필요충분조건
③ p는 q이기 위한 필요충분조건
④ p는 q이기 위한 충분조건이지만 필요조건은 아니다.

ANSWER

09. ③ 10. ④ 11. ② 12. ②

13 x, y가 실수일 때, $x = y = 0$은 $x^2 + y^2 = 0$이기 위한 무슨 조건인가?

① 충분조건　② 필요조건
③ 필요충분조건　④ 아무 조건도 아니다.

13

1) (→) $x = y = 0$이면
$x^2 + y^2 = 0^2 + 0^2 = 0$
$\therefore x = y = 0 \Rightarrow x^2 + y^2 = 0$
2) (←) x, y는 실수이므로
$x^2 \ge 0$이고 $y^2 \ge 0$
그런데 $x^2 + y^2 = 0$이면
$x^2 = 0$이고, $y^2 = 0$
$\Rightarrow x = 0$이고 $y = 0$
$\therefore x = y = 0 \Leftarrow x^2 + y^2 = 0$
1), 2)에서 $x = y = 0 \Longleftrightarrow x^2 + y^2 = 0$

14 명제 $p \rightarrow \sim q$와 $\sim r \rightarrow q$가 모두 참일 때, 다음 명제 중 반드시 참이라고 할 수 없는 것은?

① $q \rightarrow \sim p$　② $q \rightarrow \sim r$
③ $\sim q \rightarrow r$　④ $p \rightarrow r$

14

(i) 주어진 두 명제가 참이므로 그 대우
$q \rightarrow \sim p$와 $\sim q \rightarrow r$도 참이다.
(ii) $p \rightarrow \sim q$와 $\sim q \rightarrow r$이 참이므로
삼단논법을 적용하면 $p \rightarrow r$도 참이다.
반드시 참이라고 할 수 없는 것은 ②이다.
※ $p \rightarrow r$이 참이므로 그 대우 $\sim r \rightarrow \sim p$ 도 참이다.

15 다음은 자연수 n에 대하여 명제 'n^2이 3의 배수이면 n도 3의 배수이다.'를 증명한 것이다.

고난도

증명

주어진 명제의 대우를 구하면
'n이 3의 배수가 아니면 n^2도 (가) .'이다.
n이 3의 배수가 아니므로 $n = 3m \pm 1$ (m은 자연수)에서
$n^2 = 9m^2 \pm 6m + 1 = 3(3m^2 \pm 2m) + 1$
따라서 $3m^2 \pm 2m$이 (나) 이므로
n^2은 (다) .
대우가 (라) 이므로 주어진 명제도 (라) 이다.

위의 과정에서 빈 칸에 들어갈 수나 식이 잘못 연결된 것은?

① (가) 3의 배수가 아니다.
② (나) 자연수
③ (다) 3의 배수이다.
④ (라) 참

15

주어진 명제의 대우를 구하면
'n이 3의 배수가 아니면 n^2도 3의 배수가 아니다.'이다.
n이 3의 배수가 아니므로
$n = 3m \pm 1$ (m은 자연수)에서
$n^2 = 9m^2 \pm 6m + 1 = 3(3m^2 \pm 2m) + 1$
따라서, $3m^2 \pm 2m$이 자연수 이므로
n^2은 3의 배수가 아니다.
대우가 참이므로 주어진 명제도 참이다.

ANSWER
13. ③　14. ②　15. ③

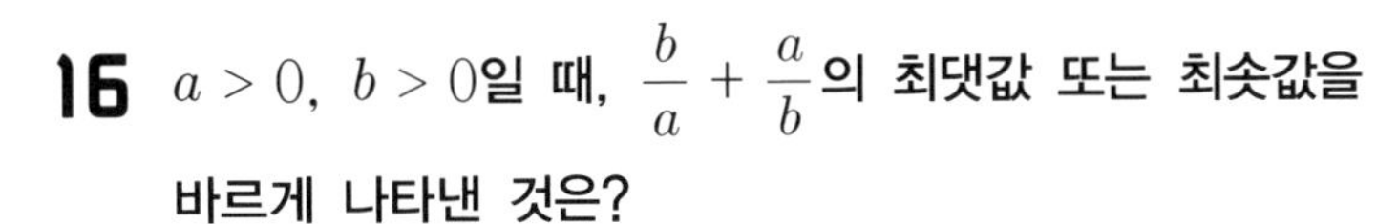

16 $a > 0$, $b > 0$일 때, $\frac{b}{a} + \frac{a}{b}$의 최댓값 또는 최솟값을 바르게 나타낸 것은?

① 최댓값 2　　② 최솟값 2
③ 최댓값 4　　④ 최솟값 4

16

산술평균 ≥ 기하평균

$\frac{a+b}{2} \geq \sqrt{ab}$ (단, 등호는 $a = b$일 때 성립)

$a > 0$, $b > 0$이므로

$\frac{b}{a} > 0$, $\frac{a}{b} > 0$이다.

$\frac{b}{a} + \frac{a}{b} \geq 2\sqrt{\frac{b}{a} \times \frac{a}{b}} = 2$

∴ 최솟값 2

17 $a > 0$, $b > 0$일 때, $\left(a+\frac{1}{b}\right)\left(b+\frac{4}{a}\right)$의 최솟값은?

① 6　　② 7
③ 8　　④ 9

17

$(a + \frac{1}{b})(b + \frac{4}{a})$

$= ab + 4 + 1 + \frac{4}{ab}$

$= ab + \frac{4}{ab} + 5 \geq 2\sqrt{ab \times \frac{4}{ab}} + 5 = 9$

(단, 등호는 $ab = \frac{4}{ab}$일 때 성립)

18 $x > 0$, $y > 0$이고 $xy = 1$일 때, $2x + 3y$의 최솟값을 구하면?

① $\sqrt{6}$　　② $2\sqrt{6}$
③ $3\sqrt{6}$　　④ $4\sqrt{6}$

18

산술평균 ≥ 기하평균

$\frac{2x+3y}{2} \geq \sqrt{2x \times 3y}$

$2x + 3y \geq 2\sqrt{6xy} = 2\sqrt{6}$
(단, 등호는 $2x = 3y$일 때 성립)

ANSWER

16. ② 17. ④ 18. ②

NOTE

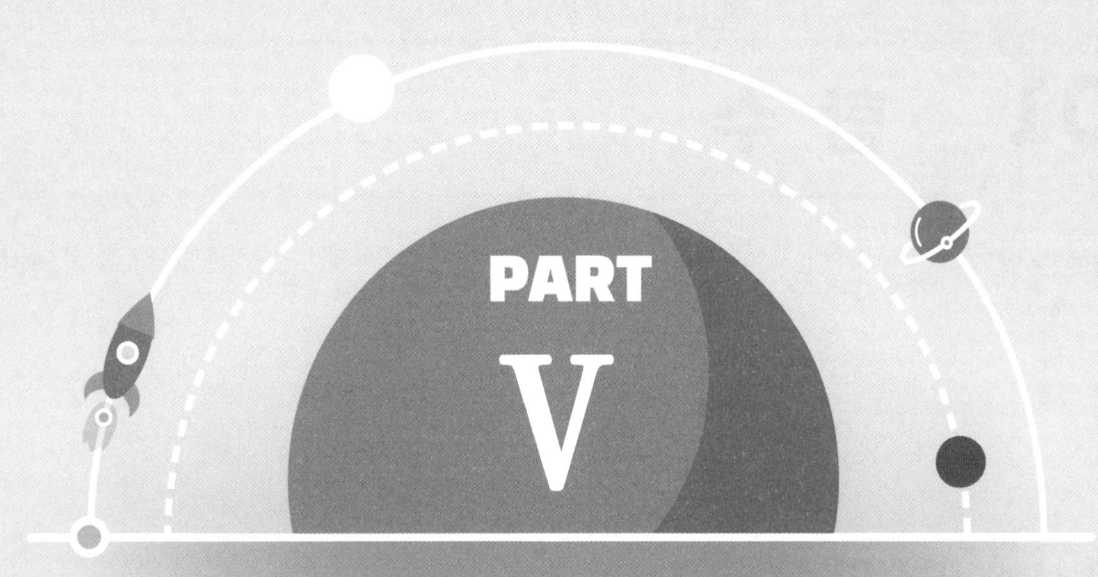

함 수

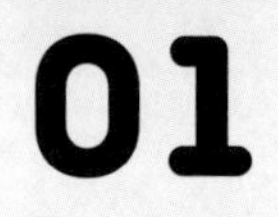

Chapter 01 함 수

학습 point+

함수 단원에서는 매회 1문제씩 출제됩니다. 보통 합성함수와 역함수에 대한 내용에서 출제됩니다. 함수의 대응관계 표나 그래프를 이용할 수 있도록 출제되므로 그림을 정확하게 이해할 수 있도록 합니다.

01 함수의 뜻

1 대 응

공집합이 아닌 두 집합 X, Y에 대하여 집합 X의 원소에 집합 Y의 원소를 짝지어 주는 것을 집합 X에서 집합 Y로의 대응이라고 한다.

집합 X의 원소 x에 집합 Y의 원소 y가 대응할 때, 이것을 기호로 $x \to y$로 나타내고, x가 y가 대응한다고 한다.

2 함 수

(1) 함수의 정의

공집합이 아닌 두 집합 X, Y에 있어서 집합 X의 각 원소에 대하여 집합 Y의 원소가 오직 한 개씩만 대응되어질 때, 이 대응을 X에서 Y로의 함수라 한다.

(2) 함수의 표시 방법

① X에서 Y로의 함수는 문자 f를 써서 다음과 같이 나타낸다.

$$f : X \to Y \text{ 또는 } X \xrightarrow{f} Y$$

② 함수 f에 의해 X의 원소 x에 Y의 원소 y가 대응하는 것을

$$f : x \rightarrow y,\ x \xrightarrow{f} y,\ y = f(x)$$

로 나타낸다. 이때 y를 f에 의한 x의 함수 값(또는 상)이라 하며, $f(x)$로 나타내고 y에 대하여 x를 역상(또는 원상)이라 한다. 또한 x를 독립변수, y를 종속변수라고도 한다.

3 정의역 · 공역 · 치역

함수 $f : X \rightarrow Y$가 주어졌을 때, 집합 X를 f의 정의역이라 하고, 집합 Y를 f의 공역이라 한다. $x(x \in X)$의 상 전체의 집합 $\{f(x) \mid x \in X\}$를 함수 f의 치역이라 하며 $f(X)$로 나타낸다. 이때 $f(X)$는 Y의 부분집합이다. 집합 X에서 집합 Y로의 함수 f에 대하여 정리하면 다음과 같다.

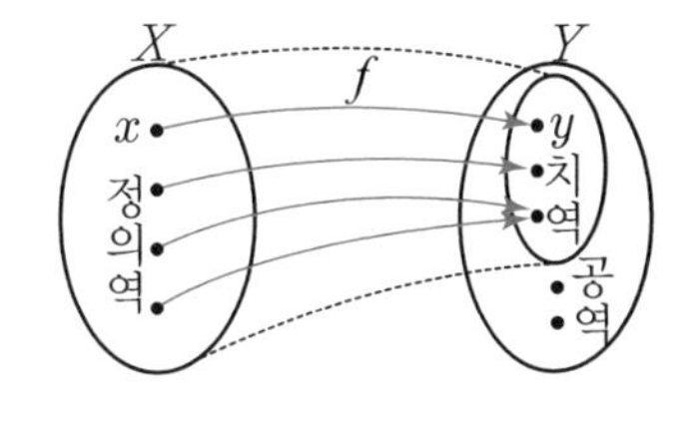

잠깐! 1) 정의역과 공역이 주어지지 않을 때, 정의역과 공역은 실수 전체의 집합 R로 간주한다.
2) X에서 Y로의 함수이면 X의 각 원소에 대응하는 Y의 원소가 반드시 있어야 하고, X의 각 원소에 대응하는 Y의 원소는 오직 하나이어야만 한다.

4 서로 같은 함수

두 함수 $f : X \rightarrow Y$, $g : X \rightarrow Y$에서 정의역의 모든 원소 x에 대하여 $f(x) = g(x)$일 때, 두 함수 f와 g는 서로 같다고 하며, 이것을 기호로

$$f = g$$

와 같이 나타낸다.

예 정의역이 $\{0, 1\}$인 두 함수 $f(x) = x^2$, $g(x) = x$에서 $f(0) = g(0) = 0$, $f(1) = g(1) = 1$이므로 $f = g$이다.

바로 바로 CHECK√

01 집합 $X=\{-1,\ 0,\ 1\}$, $Y=\{0,\ 1,\ 2,\ 3\}$이 있다. 다음 중 X에서 Y로의 함수가 아닌 것은?

① $f: x \to |x|$　② $f: x \to x^2+1$

③ $f: x \to 2x+1$　④ $f: x \to x^3+1$

02 다음 중 X에서 Y로의 함수인 것은?

①
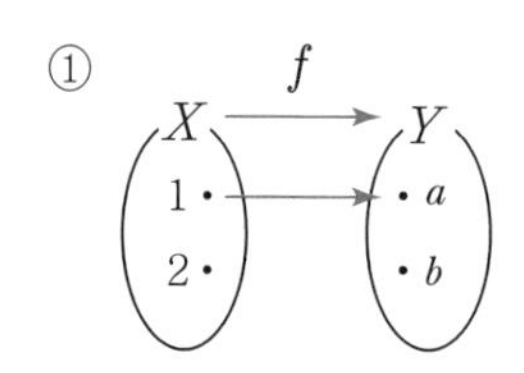

②
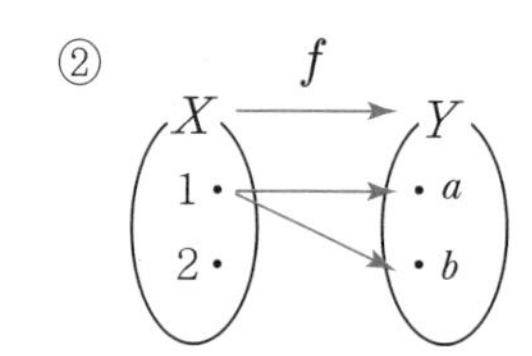

③
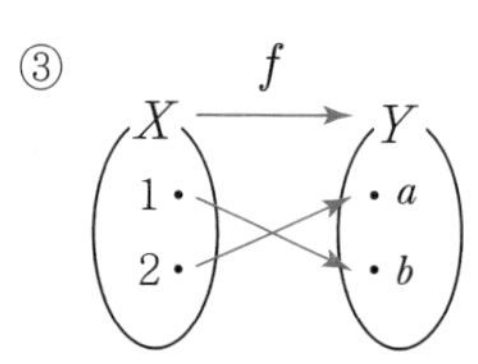

④
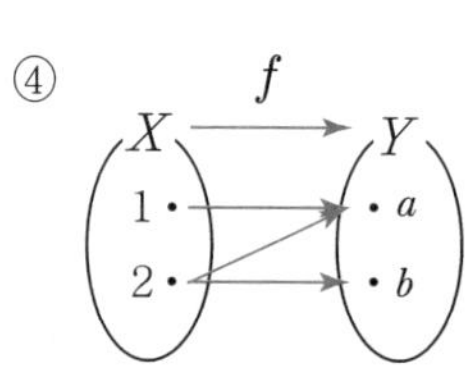

03 다음 중 x에서 y로의 함수인 그래프는?

①
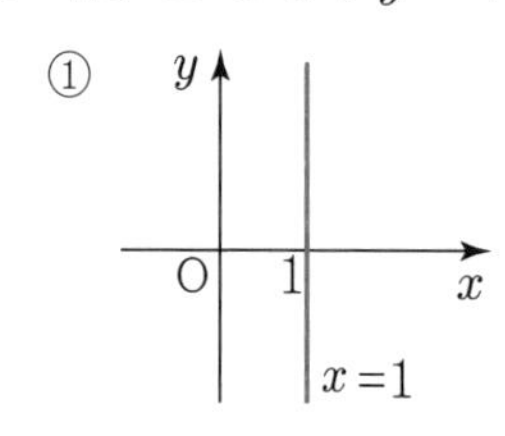

②
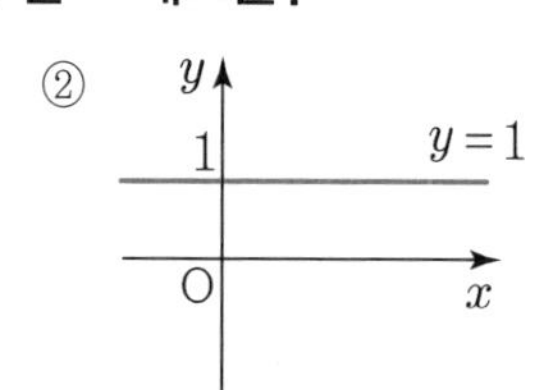

③
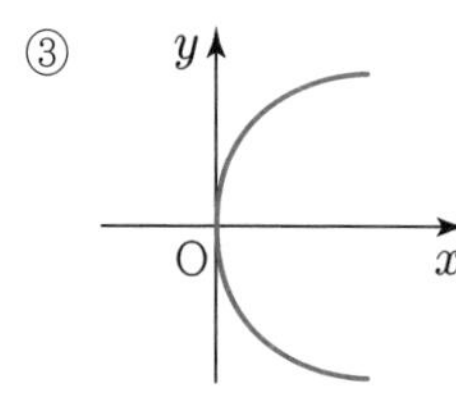

④
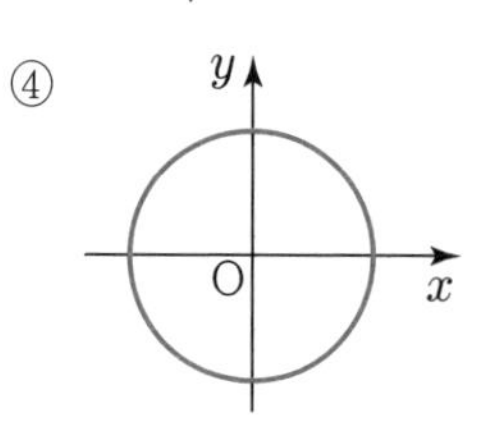

04 다음 중 $X=\{-1,\ 0,\ 1\}$을 정의역으로 하는 세 함수 $f(x)=x^3$, $g(x)=x^2$, $h(x)=|x|$ 중 서로 같은 것을 찾아라.

---

01 각 함수의 치역을 $f(X)$라 하면,
③ $f(X)=\{-1,\ 1,\ 3\}$
① $f(X)=\{0,\ 1\}$
② $f(X)=\{1,\ 2\}$
④ $f(X)=\{0,\ 1,\ 2\}$
따라서 $f(X)\not\subset Y$인 것은 ③이다.

답 ③

02 함수란, 정의역 집합 X의 원소가 공역 집합 Y의 원소에 하나씩 대응되어지는 대응관계를 뜻한다.
① 정의역의 원소 2가 대응되는 값이 없으므로 함수가 아니다.
② 정의역의 원소 2가 대응되는 값이 없고, 1이 대응되는 값이 2개이므로 함수가 아니다.
④ 정의역의 원소 2가 대응되는 값이 2개이므로 함수가 아니다.

답 ③

03 함수 $f: x \to y$에서 x의 모든 원소가 y의 한 원소에만 대응하는 함수
⇒ 상수함수

답 ②

04 집합 $X=\{-1,\ 0,\ 1\}$에서 세 함수의 함숫값을 각각 구하면
$f(-1)=-1,\ f(0)=0,\ f(1)=1,$
$g(-1)=1,\ g(0)=0,\ g(1)=1,$
$h(-1)=1,\ h(0)=0,\ h(1)=1$
따라서 서로 같은 함수는 g와 h이다.

02 함수의 그래프

함수 $f: X \to Y$, $y = f(x)$에서 정의역 X의 원소 x와 이에 대응하는 함숫값 $f(x)$의 쌍 $(x,\ f(x))$의 전체집합 $G = \{(x,\ f(x)) \mid x \in X\}$를 함수 $y = f(x)$의 그래프라 한다.

예 정의역이 $\{0,\ 1\}$인 두 함수 $f(x) = x^2$, $g(x) = x$에서 $f(0) = g(0) = 0$, $f(1) = g(1) = 1$이므로 $f = g$이다.
1) 정의역이 $\{-1,\ 0,\ 1\}$인 함수 $y = |x|$의 그래프는 [그림 1]과 같고 치역은 $\{0,\ 1\}$이다.
2) 정의역이 실수 전체의 집합인 함수 $y = x^2$의 그래프는 [그림 2]와 같고 치역은 $\{y \mid y \geq 0\}$이다.

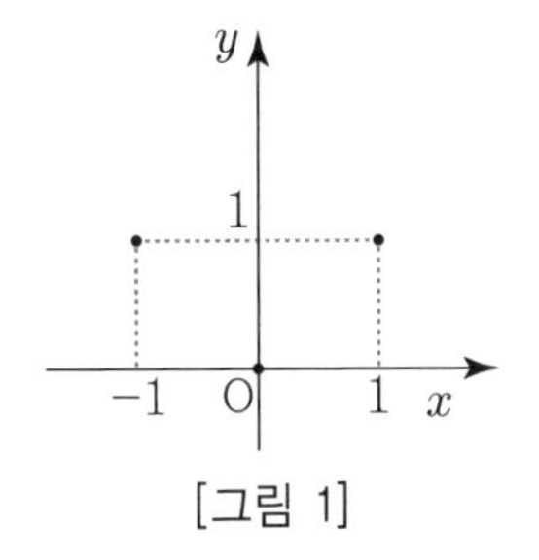

[그림 1]

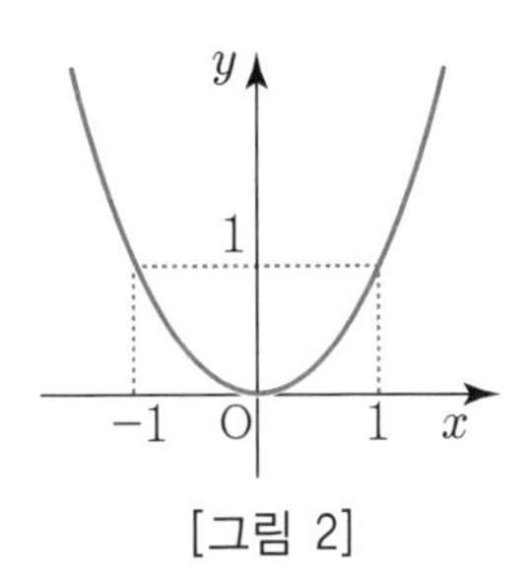

[그림 2]

03 일대일대응

1 일대일 함수

함수 $f: X \to Y$에서 정의역 X의 서로 다른 임의의 두 원소에 대한 함숫값이 서로 다를 때, 즉 $x_1 \neq x_2$이면 $f(x_1) \neq f(x_2)$인 관계를 만족하는 함수 f를 X에서 Y로의 일대일 함수라고 한다.

2 일대일대응

함수 $f: X \to Y$가 일대일 함수이고 치역과 공역이 같을 때, 이 함수를 일대일대응이라고 한다.
즉, 함수 $f: X \to Y$에서

(1) X의 임의의 두 원소 x_1, x_2에 대하여 $x_1 \neq x_2$이면 $f(x_1) \neq f(x_2)$이다.

(2) 치역과 공역이 같다. 즉, $\{f(x) \mid x \in X\} = Y$이다.

3 항등함수

일대일대응 중에서 정의역, 공역이 모두 같고 정의역 X의 각 원소 x에 x 자신이 대응하는 함수를 X에서의 항등함수라 하고 기호로 I_X 또는 I와 같이 나타낸다. 즉, 함수 $f: X \rightarrow Y$에서 $X = Y$, X의 임의의 원소 x에 대하여 $f(x) = x$이다.

4 상수함수

함수 $f: X \rightarrow Y$에서 정의역 X의 모든 원소가 공역 Y의 한 원소에만 대응될 때, 즉 함수 f의 치역이 하나의 원소만으로 되어 있을 경우, 이러한 함수를 상수함수라 한다.

$f: X \rightarrow Y$에서 $f(x) = c(c \in Y$, c는 상수)

5 함수의 개수

집합 X, Y의 원소의 개수가 각각 a, b일 때

(1) X에서 Y로의 함수의 개수는 b^a

(2) X에서 Y로의 일대일 함수의 개수는
$b \times (b-1) \times \cdots \times \{b-(a-1)\}$ (단, $b \geq a$)

(3) X에서 Y로의 일대일대응의 개수는
$b! = b \times (b-1) \times \cdots \times 2 \times 1$ (단, $a = b$)

(4) X에서 Y로의 상수함수의 개수는 b

바로 바로 CHECK√

다음 함수의 그래프 중 실수 집합 R에서 실수 집합 R로의 일대일대응 함수인 것은?

①
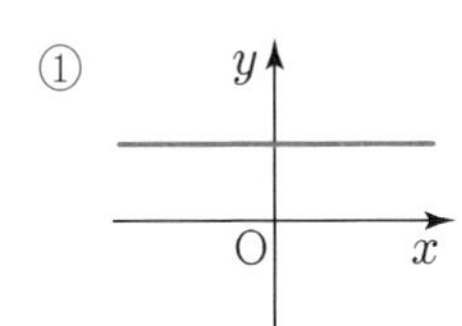

②
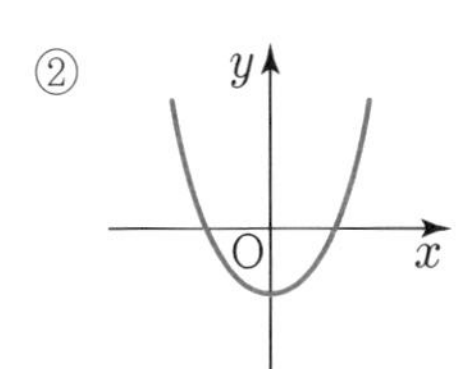

③
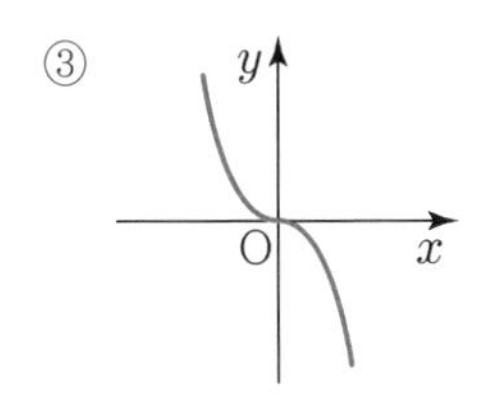

④
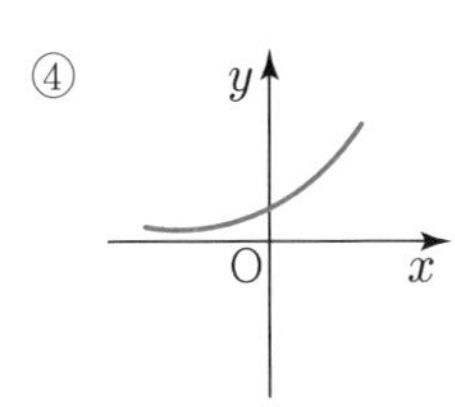

X에서 Y로 일대일 대응되고, 치역과 공역이 일치하는 것은 ③의 그래프이다.

답 ③

04 합성함수

1 합성함수의 정의 중요+

(1) 두 함수 $f: X \to Y$, $g: Y \to Z$에 대하여 다음 그림과 같이 X의 임의의 원소 x에 대하여 Y의 원소 y가 대응하고, 다시 이 y에 대하여 Z의 원소 z를 대응시킬 수 있다.

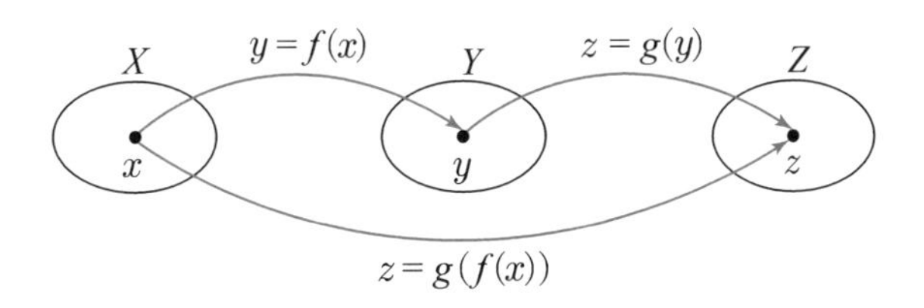

(2) 이때 X의 원소 x에 대하여 Z의 원소 $g(f(x))$를 대응시킴으로써 X를 정의역, Z를 공역으로 하는 새로운 함수를 얻는다. 이 함수를 f와 g의 합성함수라 하고 $g \circ f$로 표시한다. 즉, 두 함수 $f: X \to Y$, $g: Y \to Z$에 대하여 합성함수 $g \circ f$는

$$g\circ f: X \to Z,\ g\circ f: x \to g(f(x)),\ (g\circ f)(x) = g(f(x))(x \in X)$$

2 합성함수의 성질

(1) $g\circ f \neq f\circ g$(교환법칙이 성립하지 않는다.)

(1) $h\circ(g\circ f) = (h\circ g)\circ f$(결합법칙이 성립한다.)

(1) $I\circ f = f\circ I = f$(I는 항등함수)

잠깐! 1) $g\circ f$와 $f\circ g$의 구별 : $g\circ f$는 함수 f에 함수 g를 합성한 것으로 $g\circ f \to g(f(x))$인 반면 $f\circ g$는 함수 g에 함수 f를 합성한 것인 $f\circ g \to f(g(x))$이다.
2) $h\circ(g\circ f) = (h\circ g)\circ f = h\circ g\circ f = h(g(f(x)))$

바로 바로 CHECK√

01 두 함수 f, g에 대하여 $f(x) = 2x - 1$, $g(x) = x^2 + 1$일 때, $(f\circ g)(2)$의 값은?

① 3 ② 5
③ 7 ④ 9

02 두 함수 f, g에 대하여 $f(x) = 3x + 1$, $g(x) = x - 1$일 때, $(g\circ f)(2) + (f\circ g)(2)$의 값은?

① 12 ② 8
③ 10 ④ 20

01 $(f\circ g)(2) = f(g(2))$
합성함수 $f(g(2))$는
$g(x) = x^2 + 1$에 $x = 2$를 대입하여
$g(2) = 2^2 + 1 = 5$
$f(x) = 2x - 1$에 $x = 5$를 대입하여
$f(5) = 2 \times 5 - 1 = 9$
$\therefore (f\circ g)(2) = 9$

답 ④

02 $(g\circ f)(2) = g(7) = 6$
$(f\circ g)(2) = f(1) = 4$
$\therefore (g\circ f)(2) + (f\circ g)(2)$
$= 6 + 4 = 10$

답 ③

05 역함수

1 역함수의 정의

함수 $f: X \rightarrow Y$가 일대일대응일 때, Y의 각 원소 y에 대하여 $f(x) = y$가 되는 X의 원소 x는 단 하나 존재한다. 따라서 Y의 각 원소 y에 대하여 $f(x) = y$인 X의 원소 x를 대응시키는 대응관계는 Y에서 X로의 함수이다. 이러한 함수를 함수 $f: X \rightarrow Y$의 역함수라 한다.

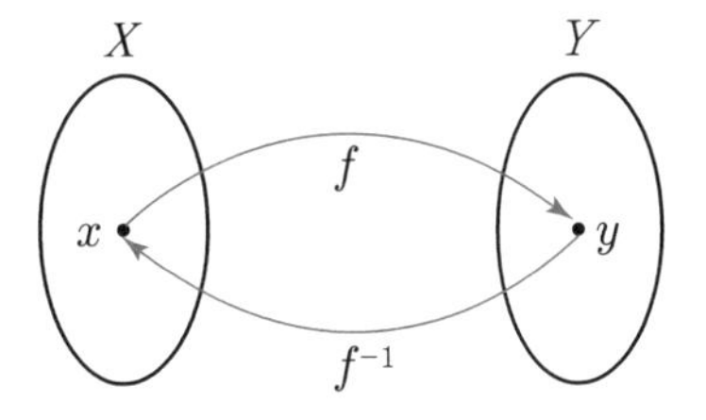

$$f: X \rightarrow Y,\ x \longrightarrow y \Rightarrow f^{-1}: Y \longrightarrow X,\ y \longrightarrow x$$
$$y = f(x) \Longleftrightarrow x = f^{-1}(y)$$

2 역함수의 성질

(1) $f: X \rightarrow Y$가 일대일대응일 때, $f^{-1}: Y \rightarrow X$에 대하여

① 역함수의 역함수는 원함수이다.

$$(f^{-1})^{-1} = f$$

② 역함수와 원함수를 합성하면 항등함수가 된다.

$$f^{-1}(f(x)) = x(x \in X) \text{ 곧, } f^{-1} \circ f = I_X$$
$$f(f^{-1}(y)) = y(y \in Y) \text{ 곧, } f \circ f^{-1} = I_Y$$

(2) 합성함수가 항등함수이면 두 함수는 서로 역함수 관계이다.

$$f : X \rightarrow Y,\ g : Y \rightarrow X\text{에서}$$
$$g \circ f = I_X,\ f \circ g = I_Y \Longleftrightarrow g = f^{-1}$$

(3) 합성함수의 역함수는 두 함수의 역함수의 합성함수이다.
즉, 함수 $f : X \rightarrow Y$, $g : Y \rightarrow Z$가 일대일대응이고, 그 역함수가 각각 f^{-1}, g^{-1}일 때,

$$(g \circ f)^{-1} = f^{-1} \circ g^{-1}$$

3 역함수를 구하는 방법 중요⁺

(1) 주어진 함수가 일대일대응인지를 확인한다. 함수 $f : X \rightarrow Y$가 일대일대응일 때에만 역함수 f^{-1}가 존재하기 때문이다.

(2) $y = f(x)$를 x에 관해 정리하여 $x = f^{-1}(y)$로 고친다.

(3) $x = f^{-1}(y)$에서 x 대신 y, y 대신 x를 대입하여 $y = f^{-1}(x)$로 만든다(이때, 정의역은 역함수의 치역으로, 치역은 역함수의 정의역으로 바꾼다).

예 함수 $y = 2x - 3$는 일대일대응으로 역함수가 존재한다. 주어진 식을 x에 관하여 정리하면 $2x = y + 3 \Rightarrow x = \frac{1}{2}y + \frac{3}{2}$이므로 x와 y를 바꾸면 $y = \frac{1}{2}x + \frac{3}{2}$이다.

4 함수의 그래프와 그 역함수의 그래프와의 관계

함수 $y = f(x)$와 그의 역함수 $y = f^{-1}(x)$의 그래프는 직선 $y = x$에 대하여 서로 대칭이다.

바로바로 CHECK√

01 그림과 같이 주어진 함수 $f : X \to Y$에 대하여 다음 중 옳은 것은? (단, f^{-1}는 f의 역함수이다.)

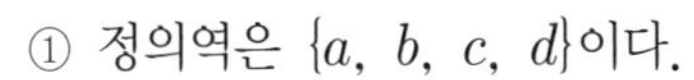
① 정의역은 $\{a, b, c, d\}$이다.

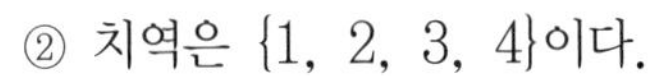
② 치역은 $\{1, 2, 3, 4\}$이다.

③ $f(2) = b$

④ $f^{-1}(a) = 3$

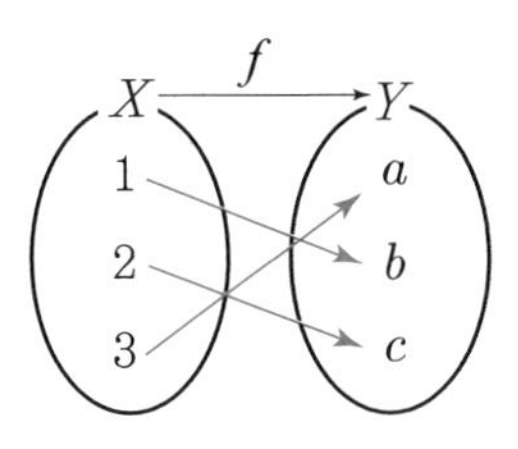

02 함수 $f(x) = 2x + 1$의 역함수를 f^{-1}라 할 때, $(f \circ f^{-1})(1)$의 값은?

① 2　　② 1

③ 4　　④ 3

01 ① 정의역은 $\{1, 2, 3\}$

② 치역은 $\{a, b, c\}$

③ $f(2) = c$

답 ④

02 $f(x) = y = 2x + 1$의 역함수 $f^{-1}(x)$는

$x = 2y + 1 \Rightarrow y = \frac{1}{2}x - \frac{1}{2}$

즉, $f^{-1}(x) = \frac{1}{2}x - \frac{1}{2}$이므로

$(f \circ f^{-1})(1) = f(f^{-1}(1)) = f(0)$

$= 2 \times 0 + 1 = 1$

또한 $f \circ f^{-1}$은 항등함수이므로 1에 대해 1과 대응한다.

답 ②

01 $X = \{1,\ 2,\ 3\}$, $Y = \{0,\ 1,\ 2,\ 3,\ 4,\ 8\}$이고, $f : X \to Y$일 때, 다음 중 함수가 아닌 것은?

① $x \to x+1$　② $x \to 2x-2$
③ $x \to x^2-1$　④ $x \to x^2-2x-1$

02 정의역이 $X = \{-2,\ -1,\ 0,\ 1,\ 2\}$이고, $f : X \to Y$로 정의된 함수가 $f(x) = x^2+1$일 때, 함수 f의 치역을 구하면?

① $\{1,\ 2,\ 3\}$　② $\{1,\ 2,\ 4\}$
③ $\{1,\ 2,\ 5\}$　④ $\{1,\ 2,\ 6\}$

03 두 집합 $A = \{1,\ 2,\ 3\}$, $B = \{a,\ b\}$에 대하여 A에서 B로의 함수의 개수는?

① 4　② 6
③ 8　④ 10

04 다음 중 집합 X에서 집합 Y로의 일대일대응인 것은?

①
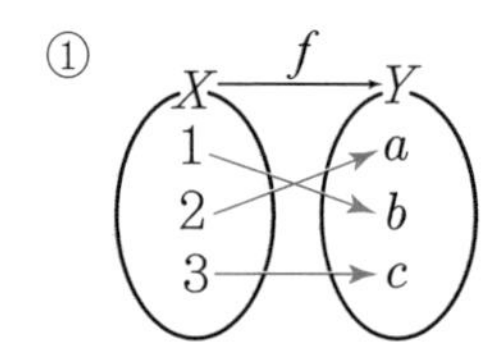

②
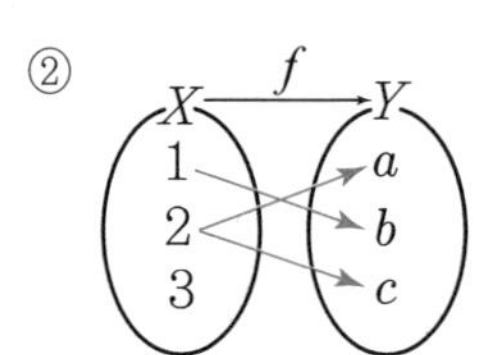

③
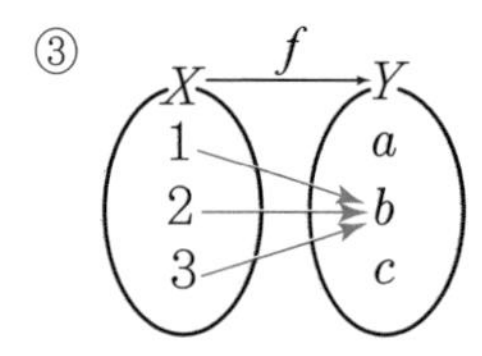

④
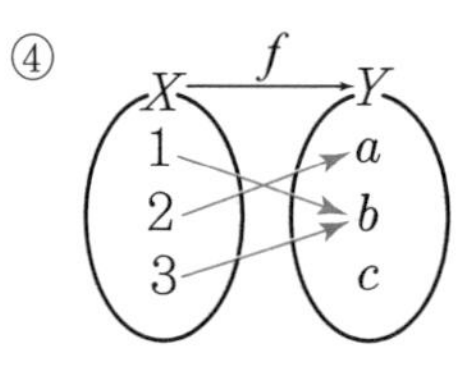

01
④ $f(1) = 1^2 - 2 \times 1 - 1 = -2$
$f(2) = 2^2 - 2 \times 2 - 1 = -1$
$f(3) = 3^2 - 2 \times 3 - 1 = 2$
X의 원소 1, 2가 Y에 대응되는 값이 없으므로 함수가 아니다.

02
$f(-2) = f(2) = 5$
$f(-1) = f(1) = 2$
$f(0) = 1$
$\therefore \{1,\ 2,\ 5\}$

03
$A = \{1,\ 2,\ 3\}$, $B = \{a,\ b\}$이므로
정의역의 각 원소마다 가질 수 있는 치역의 값이 2개이다.
$\therefore 2 \times 2 \times 2 = 8$(개)

04
② 정의역의 원소 3이 대응되는 값이 없으므로 함수가 아니다.
③ 상수함수이다.
④ 치역과 공역이 같지 않고 정의역의 서로 다른 두 원소가 공역의 한 원소에 대응하므로 일대일대응도, 일대일 함수도 아니다.

ANSWER
01. ④　02. ③　03. ③　04. ①

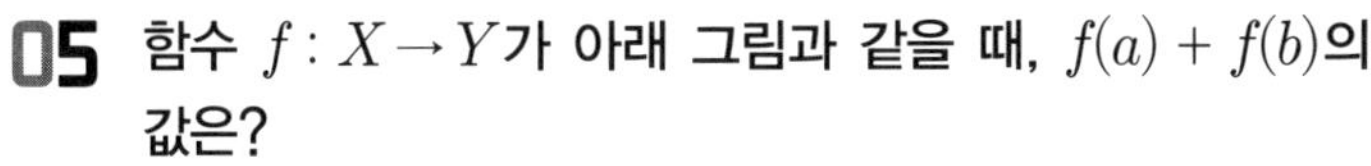

05 함수 $f: X \to Y$가 아래 그림과 같을 때, $f(a) + f(b)$의 값은?

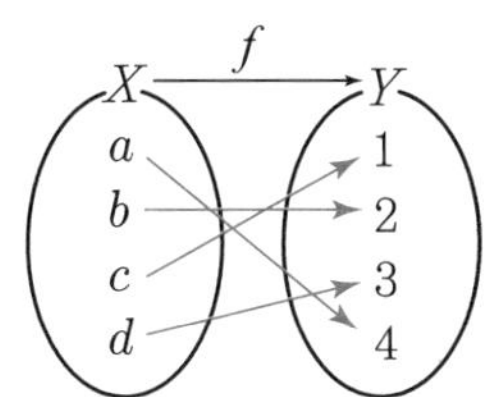

① 3
② 4
③ 5
④ 6

06 기출 정의역이 실수 전체의 집합일 때, 다음 중 함수의 그래프가 아닌 것은?

①
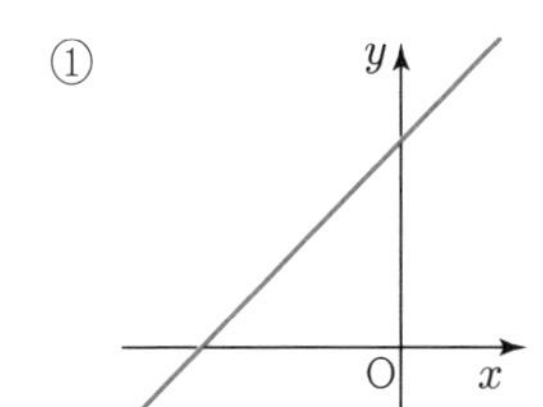

②
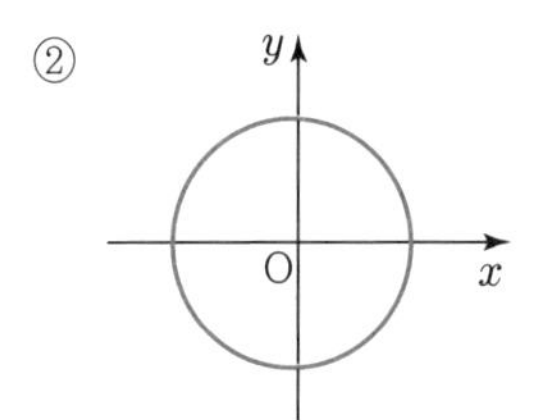

③
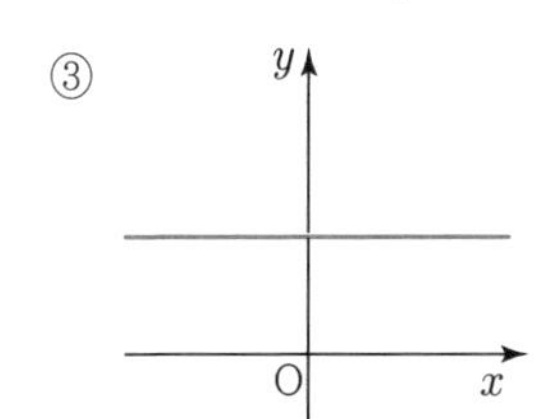

④
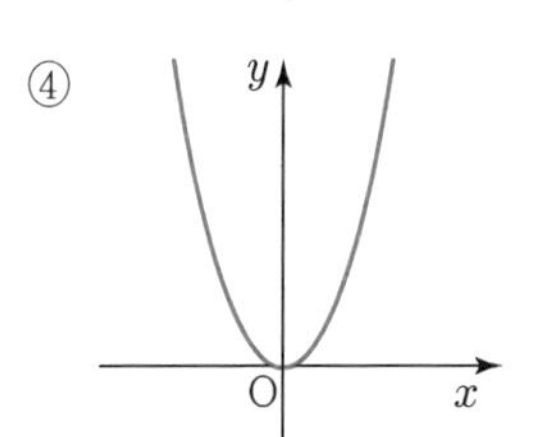

07 집합 $X = \{-1,\ 1\}$을 정의역으로 하는 세 함수 $f(x) = \frac{1}{x}$, $g(x) = |x|$, $h(x) = x$ 중 서로 같은 것은?

① f와 g
② f와 h
③ g와 h
④ 세 함수 모두 같다.

05
함수 f에 의해 a는 4에 대응, b는 2에 대응한다.
$\therefore\ f(a) + f(b) = 4 + 2 = 6$

06
x축과 만나는 점 $a(a > 0)$에 대하여 $-a < x < a$에서 x의 값에 대응하는 y의 값이 2개이므로 함수가 아니다.

07
집합 $X = \{-1,\ 1\}$에서 세 함수의 함숫값을 각각 구하면
$f(-1) = -1,\ f(1) = 1$
$g(-1) = 1,\ g(1) = 1$
$h(-1) = -1,\ h(1) = 1$
따라서 서로 같은 함수는 f와 h이다.

ANSWER
05. ④ 06. ② 07. ②

08 집합 $X = \{1, 2\}$를 정의역으로 하는 두 함수 $f(x) = x + 1$, $g(x) = x^2 + ax + b$에 대하여 $f = g$일 때, $a + b$의 값은?

① -1 ② 0
③ 1 ④ 2

09 $y = (x + a)(x + 1)$인 함수 $f : X \to Y$에서 $f(1) = 2$일 때, $f(2)$의 값은?

① 4 ② 6
③ 8 ④ 10

10 두 집합 $X = \{x \mid 1 \le x \le 3\}$, $Y = \{y \mid 5 \le y \le 9\}$에 대하여 X에서 Y로의 함수 $f(x) = ax + b$가 일대일대응일 때, 상수 $a + b$의 값은? (단, $a > 0$)

① 2 ② 3
③ 4 ④ 5

11 다음 함수 중에서 일대일대응인 것은? (단, 정의역과 공역은 실수의 집합이다)

① $f(x) = 1$ ② $f(x) = -x + 5$
③ $f(x) = x^2$ ④ $f(x) = |x - 1|$

08

두 함수 f, g가 서로 같으므로
$f(1) = g(1)$, $f(2) = g(2)$이다.
$2 = 1 + a + b$, $3 = 4 + 2a + b$
$\therefore a + b = 1$, $2a + b = -1$
두 식을 연립하여 풀면 $a = -2$, $b = 3$
$\therefore a + b = (-2) + 3 = 1$

09

$f(x) = (x + a)(x + 1)$
$f(1) = (1 + a)(1 + 1)$
$= 2(1 + a) = 2$
$a = 0$이므로
$f(x) = x(x + 1)$
$\therefore f(2) = 2 \cdot (2 + 1) = 6$

10

$a > 0$이므로 함수 $f(x) = ax + b$의 그래프는 증가하는 함수이다.
f가 일대일대응이려면 치역과 공역이 일치해야 하므로 다음 그림과 같이 그래프가 두 점 $(1, 5)$, $(3, 9)$를 지나야 한다.

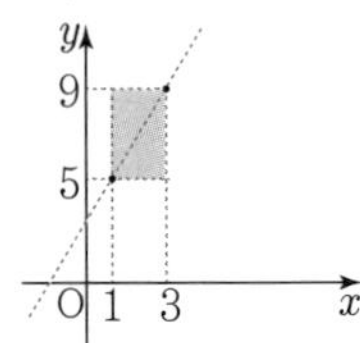

즉, $f(1) = 5$, $f(3) = 9$이므로
$a + b = 5$, $3a + b = 9$
두 식을 연립하여 풀면
$a = 2$, $b = 3$
$\therefore a + b = 5$

11

일대일 대응이란 $f : X \to Y$가 일대일 함수이고 치역과 공역이 같을 때, 이 함수를 일대일 대응이라고 한다.
① 치역은 $\{1\}$
③, ④ 치역은 $\{x \mid x \ge 0\}$

ANSWER
08. ③ 09. ② 10. ④ 11. ②

12 $f(x) = x^2 + 2x + a$에서 $f(2) = 5$일 때, $f(-2)$의 값은?

① -3 ② -2
③ -1 ④ 0

13 두 집합 $X = \{1, 2, 3\}$, $Y = \{4, 5, 6, 7\}$에 대하여 함수 $f : X \to Y$가 상수함수이고 $f(3) = 4$일 때, $f(1)$의 값은?

① 4 ② 5
③ 6 ④ 7

14 기출 두 함수 $f(x) = x^2$, $g(x) = x + 1$의 합성함수 $(g \circ f)(x)$에 대하여 $(g \circ f)(2)$의 값은?

① 2 ② 3
③ 4 ④ 5

15 기출 함수 $f : X \to Y$와 함수 $g : Y \to Z$가 그림과 같을 때, $(g \circ f)(5)$의 값은?

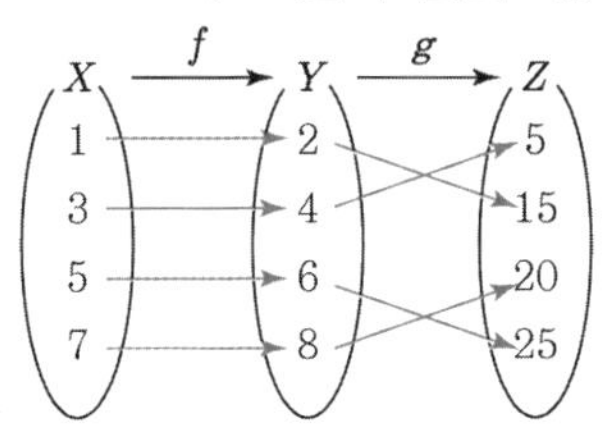

① 5
② 15
③ 20
④ 25

12
$f(2) = 2^2 + 2 \times 2 + a = 5 \Rightarrow a = -3$
$f(x) = x^2 + 2x - 3$
$\therefore f(-2) = (-2)^2 + 2 \times (-2) - 3 = -3$

13
정의역의 모든 원소에 대하여 공역의 단 하나의 원소에 대응하는 함수가 상수함수이다.
$f(3) = 4$이므로 $f(1) = 4$이다.

14
$f(x) = x^2$, $g(x) = x + 1$일 때
$(g \circ f)(2) = g(f(2))$를 구하면
$f(2) = 2^2 = 4$
$g(4) = 4 + 1 = 5$
$\therefore (g \circ f)(2) = 5$

15
$(g \circ f)(5) = g(f(5))$
$= g(6) = 25$

ANSWER
12. ① 13. ① 14. ④ 15. ④

16 두 함수 $f(x)=2x-1$, $g(x)=-x$에 대하여 합성함수 $f(g(x))$를 구하면?

① $-2x-1$ ② $-2x+1$
③ $2x-1$ ④ $2x+1$

17  함수 $f: X \to Y$가 그림과 같을 때 $f^{-1}(a)=4$를 만족하는 상수 a의 값은? (단, f^{-1}는 f의 역함수디다.)

① 2
② 3
③ 4
④ 5

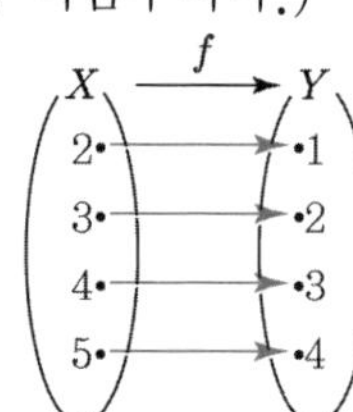

18 기출 일차함수 $y=\frac{1}{2}x-1$의 역함수를 $y=ax+b$라 할 때, ab의 값은?

① 4 ② 2
③ -3 ④ -4

19 $f(x)=3x+a$이고, $f^{-1}(3)=7$일 때, a의 값은? (단, f^{-1}은 f의 역함수이다.)

① -18 ② -15
③ 15 ④ 18

16
$f(g(x)) = 2g(x)-1$
$= 2\times(-x)-1$
$= -2x-1$

17
$f^{-1}(a)=4$이므로 $f(4)=a$
$f(4)=3$이므로 $a=3$

18
$y=\frac{1}{2}x-1$의 역함수는
$\frac{1}{2}y-1=x \Rightarrow y=2x+2$
$a=2$, $b=2$이므로
$\therefore ab=2\times2=4$

19
$f^{-1}(3)=7 \Rightarrow f(7)=3$
$f(7)=3\times7+a=3$
$\therefore a=-18$

ANSWER
16. ① 17. ② 18. ① 19. ①

20 기출 함수 $y = f(x)$와 그 역함수 $y = f(x)$의 그래프가 그림과 같을 때, $(f \circ f^{-1})(1)$의 값은?

① 0
② 1
③ 2
④ 3

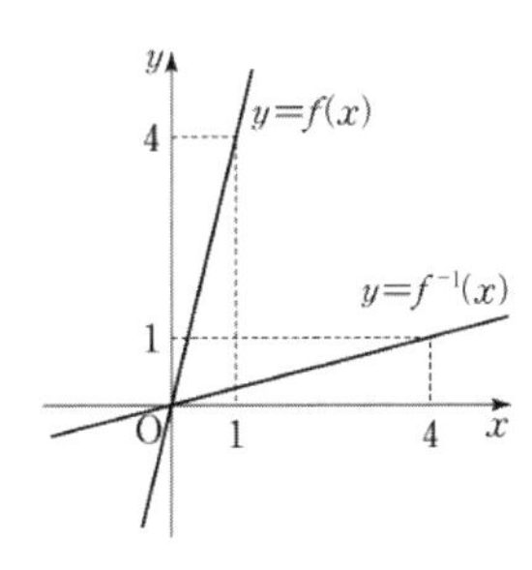

20

$(f \circ f^{-1})(1) = f^{-1}(f(1))$
$= f(4) = 1$

또한 $f \circ f^{-1}$은 항등함수이므로 1에 대해 1과 대응한다.

21 고난도 함수 $f(x) = ax + b(a \neq 0)$의 역함수를 $f^{-1}(x)$라 하자. $f(2) = -3$, $f^{-1}(3) = 5$일 때, 상수 a, b의 값은?

① $a = 2,\ b = 7$
② $a = 2,\ b = -7$
③ $a = -2,\ b = 7$
④ $a = -2,\ b = -7$

21

$f(2) = 2a + b = -3 \cdots$ ㉮
$f^{-1}(3) = 5$에서 $f(5) = 3$이므로
$f(5) = 5a + b = 3 \cdots$ ㉯
㉮식과 ㉯식을 연립하여 풀면
$-3a = -6$
$\therefore\ a = 2,\ b = -7$

ANSWER
20. ② 21. ②

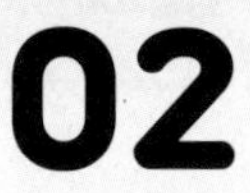

02 여러 가지 함수의 그래프

일차함수, 이차함수의 그래프의 개형에 대한 내용으로 시험에는 자주 출제되지는 않지만 수학을 좀 더 깊게 공부하고자 할 경우에는 상당히 중요한 부분입니다. 각 항의 계수의 부호에 따라 그래프의 개형이 어떻게 달라지는지 살펴봅니다.

01 일차함수

1 다항함수

함수 $y = f(x)$에서 $f(x)$가 x에 관한 다항식일 때, 이 함수를 다항함수라 하고, 특히 다항식이 일차, 이차, 삼차, … 일 때 그 다항함수를 각각 일차함수, 이차함수, 삼차함수, … 라고 한다. 특히, $f(x)$가 상수일 때, 즉 $f(x) = c$는 (c는 상수) 꼴인 함수를 상수함수라고 한다.

2 일차함수의 그래프

(1) 일차함수 $y = ax + b(a \neq 0)$의 그래프의 성질

① 기울기, 절편

㉠ 기울기가 a이고, y절편이 b인 직선이다.

㉡ 직선이 x축의 양의 방향과 이루는 각을 θ라 하면 기울기는 $a = \tan\theta$이다.

② 기울기의 부호에 따른 그래프의 방향

㉠ $a > 0$이면 x의 값이 증가할 때 y의 값도 증가한다. 즉, 오른쪽 위로 향하는 직선이다.

㉡ $a < 0$이면 x의 값이 증가할 때 y의 값은 감소한다. 즉, 오른쪽 아래로 향하는 직선이다.

③ y절편의 부호에 따른 그래프의 위치

㉠ $b > 0$이면 y축의 양의 부분에서 만난다.

㉡ $b < 0$이면 y축의 음의 부분에서 만난다.

㉢ $b = 0$이면 원점을 지난다.

(2) 일차함수 $ax + by + c = 0(a \neq 0,\ b \neq 0)$의 그래프

$ax + by + c = 0$을 $y = -\frac{a}{b}x - \frac{c}{b}$꼴로 고치면 기울기와 y절편은 다음과 같다.

> 기울기 : $-\frac{a}{b}$　　y절편 : $-\frac{c}{b}$

(3) 일차함수 $ax + by + c = 0$의 그래프를 그리는 방법

① x절편과 y절편을 구하여 두 점을 연결한다.

② x절편 : x축과 그래프가 만나는 점으로 $y = 0$을 대입하여 x의 값을 구한다.

③ y절편 : y축과 그래프가 만나는 점으로 $x = 0$을 대입하여 y의 값을 구한다.

바로 바로 CHECK√

일차함수 $y = -2x + b(-1 \leq x \leq 2)$에서 최댓값이 5일 때, 상수 b의 값 및 최솟값을 구하면?

① $b = 3$, 최솟값 -1

② $b = 1$, 최솟값 -1

③ $b = 3$, 최솟값 -3

④ $b = 1$, 최솟값 3

$y = -2x + b = f(x)$라 하면, x가 증가하면 y는 감소하므로 $x = -1$일 때 최댓값을 가진다.

$f(-1) = 2 + b = 5 \Rightarrow b = 3$

$x = 2$일 때 최솟값을 가지므로

$f(2) = -2 \times 2 + 3 = -1$

$\therefore b = 3$, 최솟값 -1

답 ①

02 절댓값 기호를 포함한 식의 그래프

1 절댓값 기호를 포함한 식의 그래프를 그리는 일반적인 방법

절댓값 기호를 포함한 식의 그래프는 절댓값 기호(| |) 안을 0으로 하는 x의 값을 경계로 구간을 나누어 그리는 것이 일반적인 방법이다.

$A \geq 0$일 때 $|A| = A$, $A < 0$일 때 $|A| = -A$

(1) 절댓값 기호 안의 식을 0으로 하는 x의 값을 구한다.

(2) 구한 x의 값을 경계로 구간을 나누어 식을 구한다.

(3) (2)에서 구한 식의 그래프를 범위에 맞게 그린다.

2 절댓값 기호를 포함한 특수한 형태의 식의 그래프(대칭을 이용한 방법)

(1) $y = |-x+1|$

함수 $y = -x+1$의 그래프를 그린 후 y축의 양의 부분만 나타내고 y축의 음의 부분을 x축 위로 꺾어 올린다.

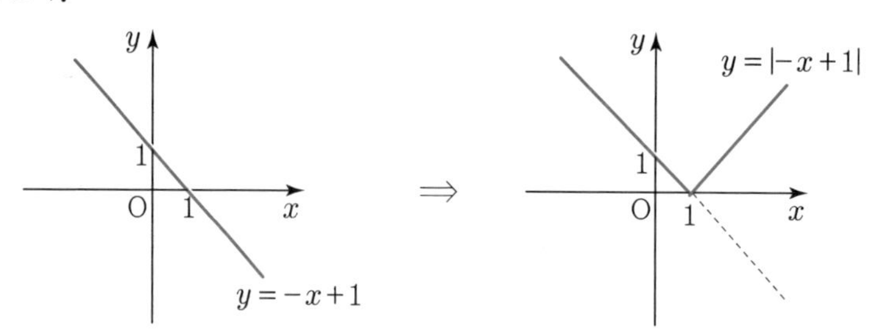

(2) $y = -|x| + 1$

함수 $y = -x + 1$의 그래프를 근린 후 x축의 양의 부분만 나타내고 x축의 음의 부분은 y축에 대칭시킨다.

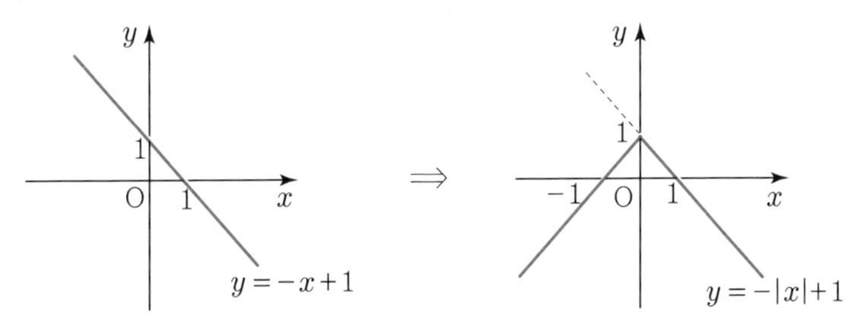

(3) $|y| = -x + 1$

$y = -x + 1$의 그래프를 그린 후 y축의 양의 부분만 나타내고 y축의 음의 부분은 x축에 대칭시킨다.

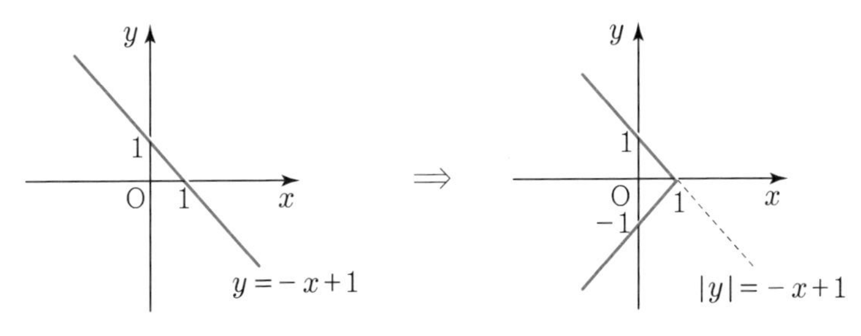

(4) $|y| = -|x| + 1$

함수 $y = -x + 1$의 그래프를 그린 후 x축, y축의 양의 부분만 나타낸 후 x축, y축 및 원점에 대하여 대칭시킨다.

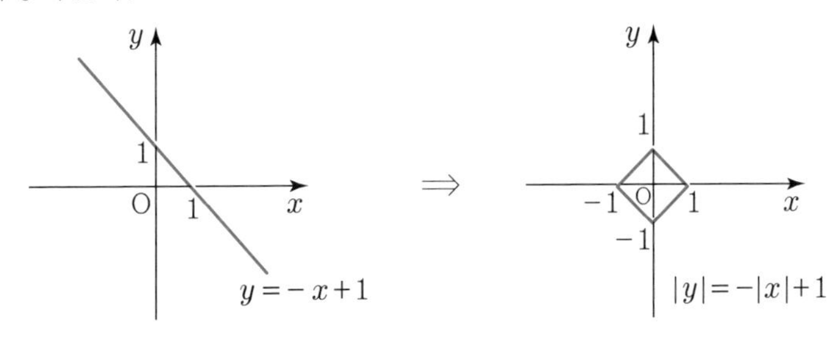

바로 바로 CHECK√

다음 식의 그래프를 그려 보아라.

(1) $y = |x+2| - 1$

(2) $|y-1| = x+2$

(1) $y = |x+2| - 1$에서

$x+2 \geq 0 \Rightarrow x \geq -2$일 때

$y = (x+2) - 1$

$\therefore\ y = x+1$

$x+2 < 0 \Rightarrow x < -2$일 때

$y = -(x+2) - 1$

$\therefore\ y = -x-3$

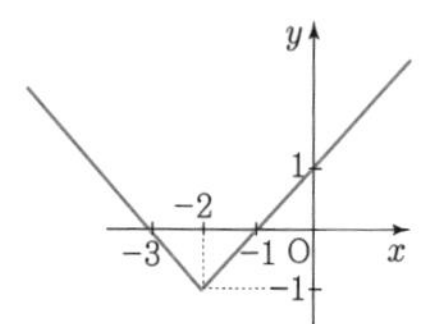

(2) $|y-1| = x+2$에서

$y-1 \geq 0 \Rightarrow y \geq 1$일 때

$(y-1) = x+2$

$\therefore\ y = x+3$

$y-1 < 0 \Rightarrow y < 1$일 때

$-(y-1) = x+2$

$\therefore\ y = -x-1$

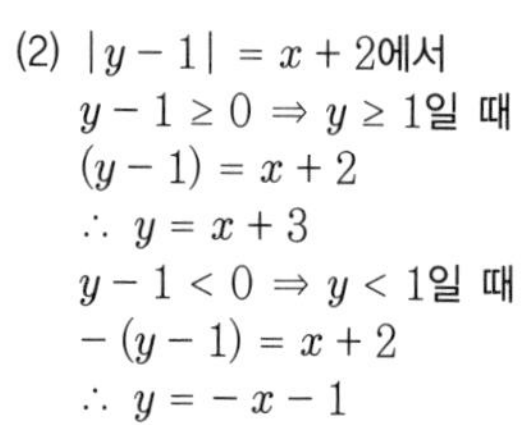

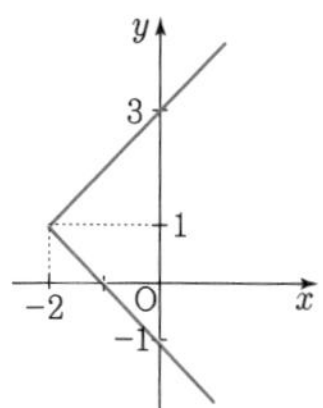

03 이차함수의 그래프

1 이차함수의 정의

함수 $f(x)$가 x의 이차식으로 표시될 때, 즉 $f(x) = ax^2 + bx + c(a \neq 0)$일 때, $f(x)$를 x의 이차함수라 한다.

2 이차함수 그래프의 종류

(1) $y = ax^2(a \neq 0)$의 그래프 ⇐ 기본형

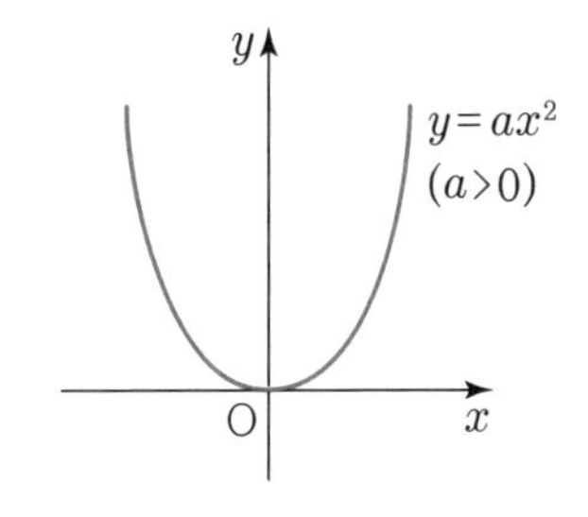

① 꼭짓점 : 원점 (0, 0)

② 대칭축 : $x = 0$(y축)

③ $a > 0$이면 아래로 볼록, $a < 0$이면 위로 볼록

④ $|a|$의 값이 클수록 폭은 좁아지고,(y축에 가까워짐).
$|a|$의 값이 작을수록 폭은 넓어진다.(x축에 가까워짐)

(2) $y = a(x-p)^2(a \neq 0)$의 그래프

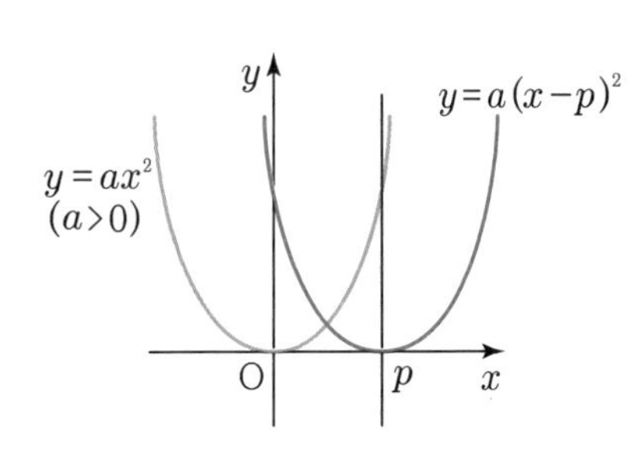

① $y = ax^2$의 그래프를 x축의 방향으로 p만큼 평행이동한 그래프이다.

② 꼭짓점 : $(p, 0)$

③ 대칭축 : $x = p$

(3) $y = ax^2 + q(a \neq 0)$의 그래프

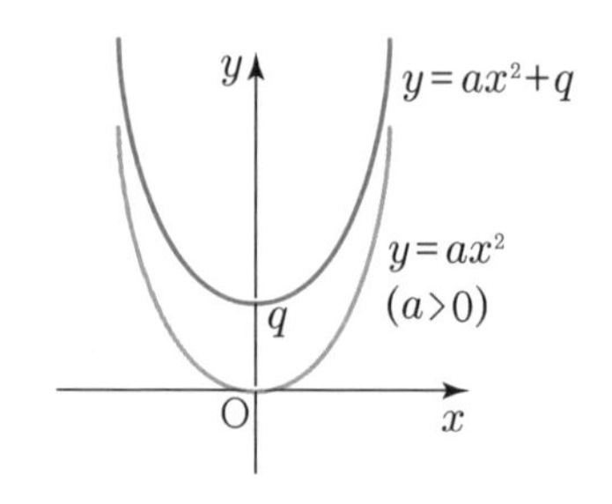

① 함수 $y = ax^2$의 그래프를 y축의 방향으로 q만큼 평행이동한 그래프이다.

② 꼭짓점 : $(0,\ q)$

③ 대칭축 : $x = 0$(y축)

(4) $y = a(x-p)^2 + q(a \neq 0)$의 그래프

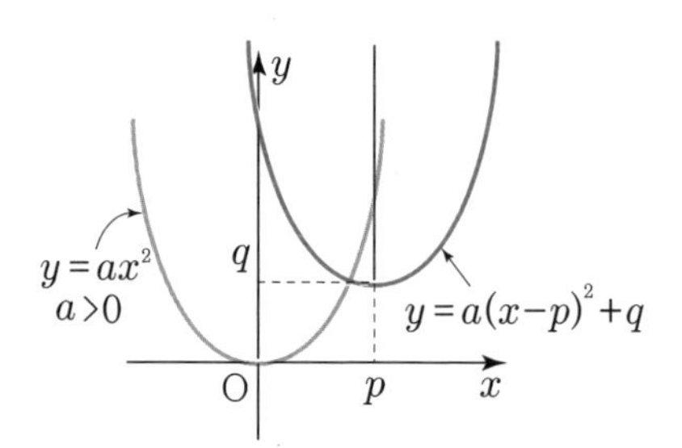

① 함수 $y = ax^2$의 그래프를 x축의 방향으로 p만큼, y축의 방향으로 q만큼 평행이동한 그래프이다.

② 꼭짓점 : $(p,\ q)$

③ 대칭축 : $x = p$

(5) $y = ax^2 + bx + c(a \neq 0)$의 그래프 $\Leftarrow$ 일반형

① $y = ax^2 + bx + c \Longleftrightarrow y = a\left(x + \dfrac{b}{2a}\right)^2 - \dfrac{b^2 - 4ac}{4a}$

② 꼭짓점 : $\left(-\dfrac{b}{2a},\ -\dfrac{b^2 - 4ac}{4a}\right)$

③ 대칭축 : $x = -\dfrac{b}{2a}$

④ y절편 : $(0,\ c)$

3 계수의 부호 결정

계수의 부호를 결정하기 위해서는 그래프의 볼록 방향, 대칭축의 위치, y절편의 위치를 조사한다. $y = ax^2 + bx + c$의 그래프에서 a, b, c의 부호는 다음과 같다.

(1) a의 부호 : 그래프의 모양으로 결정한다.

① $a > 0$이면 그래프가 아래로 볼록

② $a < 0$이면 그래프가 위로 볼록

(2) b의 부호 : 대칭축의 위치로 결정한다.

① 대칭축이 y축의 오른쪽에 있으면 a와 b는 서로 다른 부호

② 대칭축이 y축의 왼쪽에 있으면 a와 b는 서로 같은 부호

③ 대칭축이 y축과 일치하면 $b = 0$

(3) c의 부호 : y절편의 위치로 결정한다.

① y절편이 x축 위쪽에 있으면 $c > 0$

② y절편이 x축 아래쪽에 있으면 $c < 0$

바로바로 CHECK√

01 다음은 이차함수 $y = ax^2 + bx + c$의 그래프이다. a, b, c의 부호를 바르게 나타낸 것은?

① $a > 0$, $b < 0$, $c > 0$

② $a > 0$, $b < 0$, $c < 0$

③ $a < 0$, $b > 0$, $c > 0$

④ $a < 0$, $b > 0$, $c < 0$

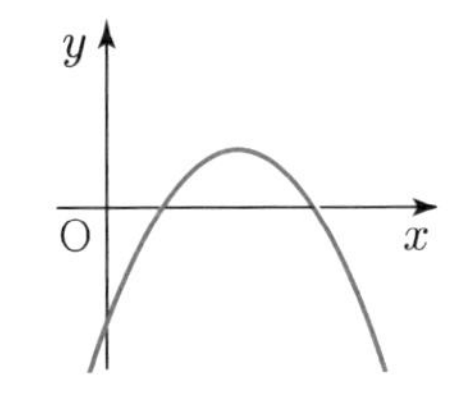

01 $a < 0$, $c < 0$, 대칭축 $x = -\frac{b}{2a} > 0$

$a < 0$이므로 $b > 0$이다.

$\therefore a < 0$, $b > 0$, $c < 0$

답 ④

02 **이차함수 $y = ax^2 + bx + c$의 그래프가 오른쪽과 같을 때, $y = cx^2 - bx + a$의 개형은?**

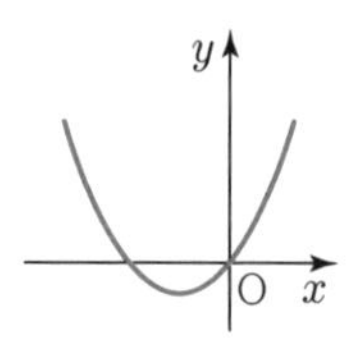

①
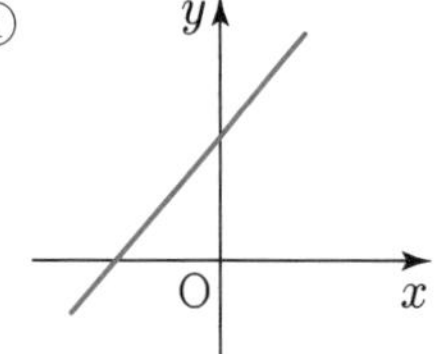

②
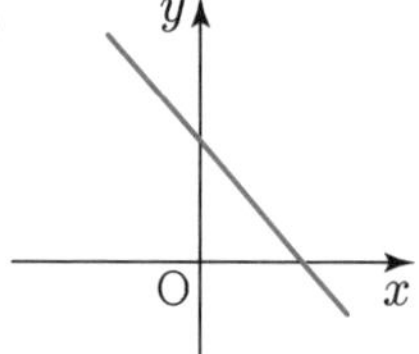

③
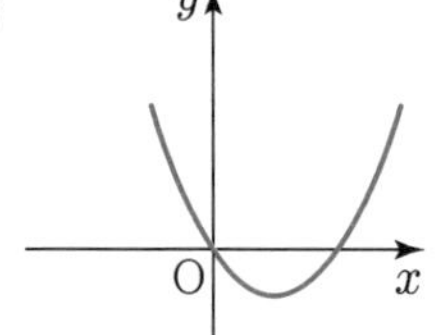

④
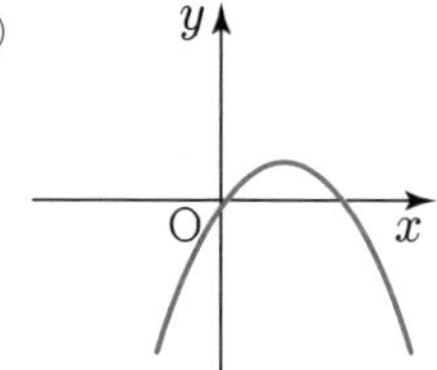

02 $y = ax^2 + bx + c$의 그래프에서
$a > 0$, $b > 0$, $c = 0$이므로 기울기가 음, y절편이 양인 직선이 된다.

답 ②

03 **다음은 꼭짓점의 좌표가 $(1,\ 2)$인 이차함수의 그래프이다. 이 함수의 식은?**

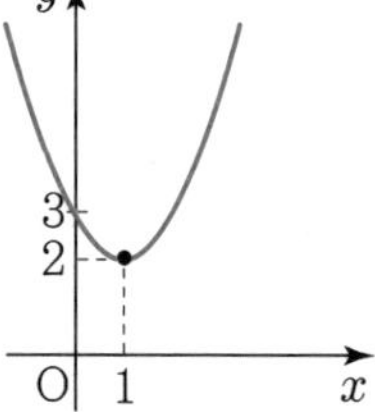

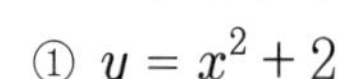

① $y = x^2 + 2$
② $y = 2x^2 - 1$
③ $y = x^2 + x + 1$
④ $y = (x-1)^2 + 2$

03 $y = (x-1)^2 + 2$의 꼭짓점이 $(1,\ 2)$
→ 그래프의 꼭짓점 좌표와 일치하므로 정답
또한 이차함수의 그래프가 $(0,\ 3)$을 지나고 있는데 이 점을 ④에 대입하면 성립하므로 구하고자 하는 함수의 식이 된다.

답 ④

04 **이차함수 $y = (x-1)^2 - 1$의 꼭짓점의 좌표가 $(m,\ n)$일 때, $m + n$의 값은?**

① 0
② 1
③ 2
④ 3

04 이차함수 $y = (x-1)^2 - 1$의 그래프의 꼭짓점의 좌표는 $(1,\ -1)$
$m = 1$, $n = -1$
$\therefore\ m + n = 1 + (-1) = 0$

답 ①

4 이차함수의 식(포물선의 방정식) 구하기

(1) 꼭짓점 $(p,\ q)$가 주어지는 경우 $y = a(x-p)^2 + q$를 이용한다.

(2) x축과의 두 교점 $(\alpha,\ 0)$, $(\beta,\ 0)$이 주어지는 경우 $y = a(x-\alpha)(x-\beta)$를 이용한다.

(3) 세 점이 주어지면 $y = ax^2 + bx + c$에 대입한다.

잠깐! $x = p$에서 x축과 접할 때 $y = a(x-p)^2$을 이용한다.

(1)

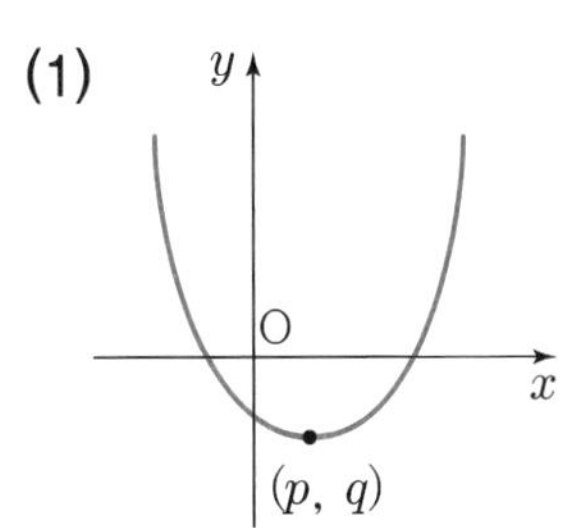

$y = a(x-p)^2 + q$

(2)

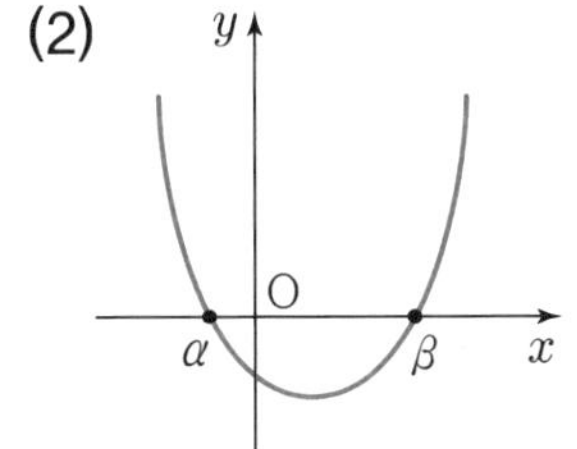

$y = a(x-\alpha)(x-\beta)$

(3)

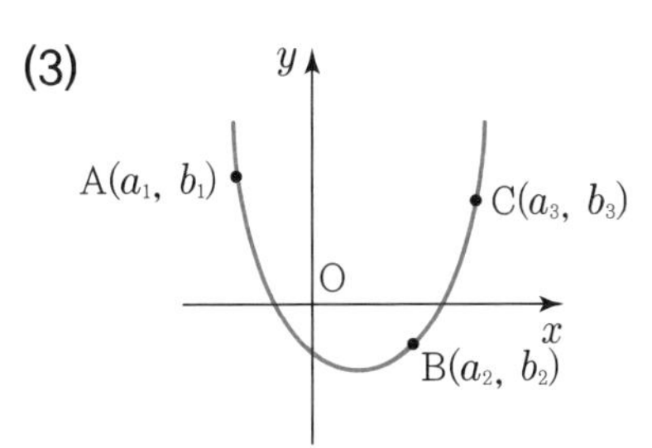

$y = ax^2 + bx + c$

바로 바로 CHECK√

01 이차함수 $y = 2(x-p)^2$의 그래프가 $x = 3$에서 x축과 접할 때, p의 값은?

① 1 ② 2
③ 3 ④ 4

02 x축과의 교점이 $(-1,\ 0)$, $(3,\ 0)$이고 $(0,\ 6)$을 지나는 이차함수는?

① $y = -x^2 + 4x + 6$
② $y = 2x^2 + 4x + 6$
③ $y = -2x^2 + 4x + 6$
④ $y = 2x^2 - 4x + 6$

01 $x = p$에서 x축과 접할 때 $y = a(x-p)^2$을 이용한다.
$\therefore p = 3$

답 ③

02 이차함수 $y = a(x+1)(x-3)$의 그래프가 $(0,\ 6)$을 지나므로
$6 = a(0+1)(0-3) \Rightarrow a = -2$
$y = -2(x+1)(x-3)$
$= -2x^2 + 4x + 6$

답 ③

실력 탄탄 다지기

실전 예상문제

01 다음 각 경우에 대하여 함수 $y = ax + b$의 그래프가 지나지 <u>않는</u> 사분면을 구하여라.

(1) $a > 0,\ b > 0$

(2) $a < 0,\ b > 0$

(3) $a < 0,\ b < 0$

(4) $a > 0,\ b < 0$

02 함수 $ax + by + c = 0$에서 $ab > 0$, $bc < 0$일 때, 지나지 <u>않는</u> 사분면은?

① 제1사분면　　② 제2사분면
③ 제3사분면　　④ 제4사분면

03 직선 $x + y - 2 = 0$과 x축, y축으로 둘러싸인 도형의넓이는?

① 2　　② 4
③ 6　　④ 8

01

(1) (2)

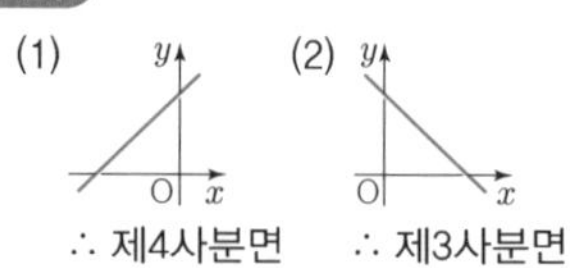

∴ 제4사분면　　∴ 제3사분면

(3) (4)

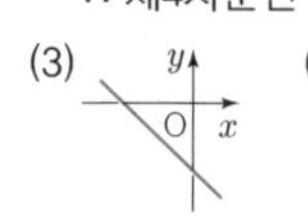

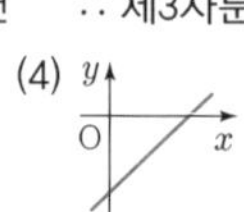

∴ 제1사분면　　∴ 제2사분면

02

$ax + by + c = 0$

$y = -\frac{a}{b}x - \frac{c}{b}$

$a > 0,\ b > 0,\ c < 0$

$\Rightarrow$ 기울기 < 0, y절편 > 0

$a < 0,\ b < 0,\ c > 0$

$\Rightarrow$ 기울기 < 0, y절편 > 0

따라서 그래프가 지나지 않는 사분면은 제3사분면이다.

03

$y = -x + 2,\ x = 0,\ y = 0$

$\therefore\ \frac{1}{2} \cdot 2 \cdot 2 = 2$

ANSWER

01. (1) 제4사분면　(2) 제3사분면
(3) 제1사분면　(4) 제2사분면
02. ③　03. ①

04 일차함수 $y=(a+1)x+(b-1)$의 그래프가 x축의 양의 방향과 45°의 각을 이루고 y절편이 3일 때, $a+b$의 값은?

① 1　　② 2
③ 3　　④ 4

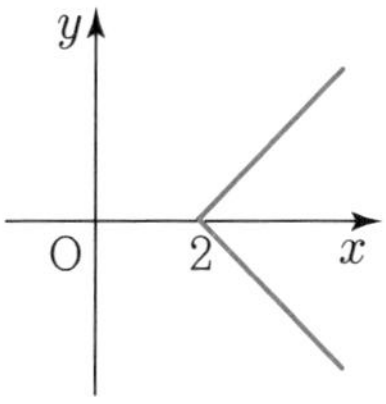

04
$\tan 45^\circ = 1$이므로 기울기는 1이다.
$a+1=1,\ b-1=3$
$a=0,\ b=4$
$\therefore\ a+b=0+4=4$

05 직선 $(a+2)x-y-a+b=0$이 x축의 양의 방향과 60°의 각을 이루고 y절편이 4일 때, $a+b$의 값은?
고난도

① $2\sqrt{3}$　　② $-2\sqrt{3}$
③ $4+2\sqrt{3}$　　④ $4-2\sqrt{3}$

05
$y=(a+2)x-a+b$
$\tan 60^\circ = a+2$
$\sqrt{3}=a+2 \Rightarrow a=\sqrt{3}-2$
y절편이 4이므로
$4=-a+b$
$\quad =-(\sqrt{3}-2)+b$
$b=2+\sqrt{3}$
$\therefore\ a+b=\sqrt{3}-2+2+\sqrt{3}$
$\qquad\quad =2\sqrt{3}$

06 $x+|y|=2$의 그래프로 옳은 것은?

①
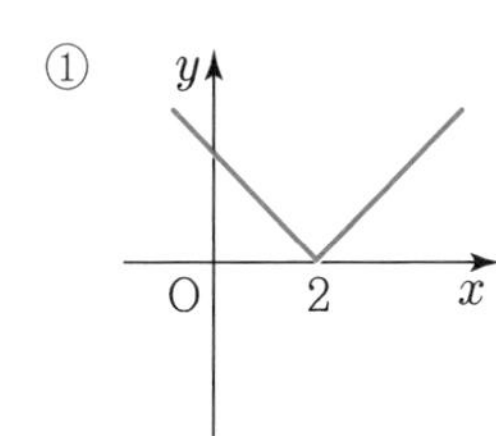

②

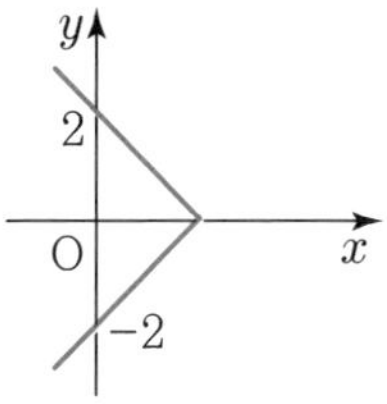

③

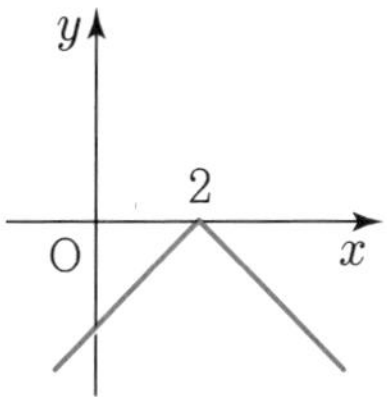

④

06
$y \ge 0,\ y=-x+2$
$y<0,\ -y=-x+2 \Rightarrow y=x-2$

ANSWER
04. ④　05. ①　06. ②

07 $y = |x| + 1$의 그래프로 옳은 것은?

① 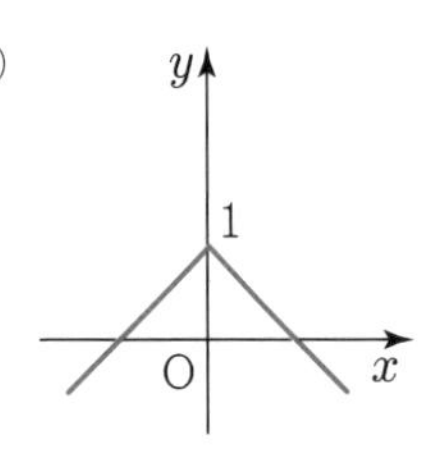

② 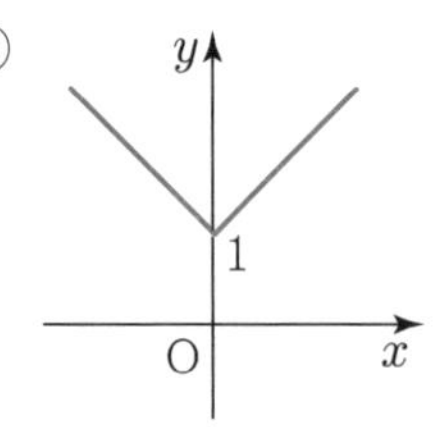

③ 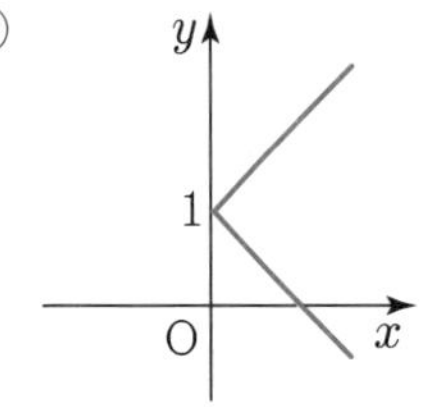

④ 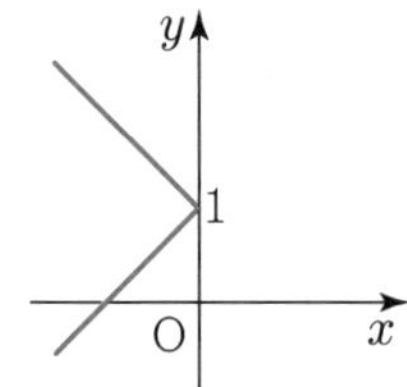

07
$x \ge 0,\ y = x + 1$
$x < 0,\ y = -x + 1$

08 이차함수 $y = ax^2 + bx + c$가 그림과 같을 때, 각 식의 부호를 정하여라.

(1) a
(2) c
(3) $a - b + c$
(4) $4a - 2b + c$

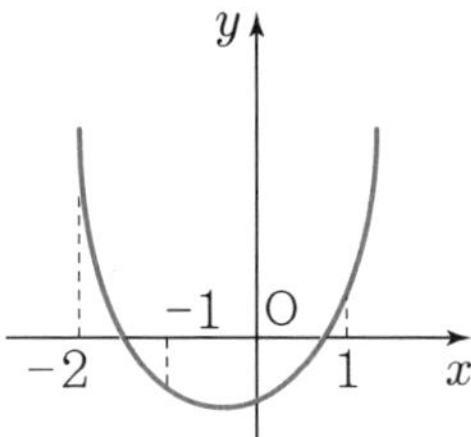

08
(3) $f(-1) = a - b + c < 0$
(4) $f(-2) = 4a - 2b + c > 0$

09 이차함수 $y = -x^2 + 4x + 4$의 꼭짓점이 존재하는 사분면은?

① 제1사분면 ② 제2사분면
③ 제3사분면 ④ 제4사분면

09
$y = -(x^2 - 4x + 2^2 - 2^2) + 4$
$= -(x^2 - 4x + 2^2) + 4 + 4$
$= -(x - 2)^2 + 8$
꼭짓점 : (2, 8)

ANSWER
07. ②
08. (1) $a > 0$ (2) $c < 0$
(3) $a - b + c < 0$
(4) $4a - 2b + c > 0$
09. ①

10 이차함수 $y = x^2 + 2px + q$의 그래프의 꼭짓점의 좌표가 $(3,\ 2)$일 때, p, q의 값은?

① $p = -3,\ q = 9$　　② $p = 3,\ q = 11$
③ $p = -3,\ q = 11$　　④ $p = 3,\ q = 9$

10
$y = (x-3)^2 + 2$
$= x^2 - 6x + 9 + 2$
$= x^2 - 6x + 11$
$= x^2 + 2px + q$
$2p = -6,\ q = 11$
$\therefore\ p = -3,\ q = 11$

11 점 $(1,\ 3)$을 지나고 점 $(2,\ 0)$에서 x축에 접하는 이차함수의 식은?

① $y = 3(x+2)^2$　　② $y = (x+2)^2$
③ $y = 3(x-2)^2$　　④ $y = (x-2)^2$

11
함수 $y = a(x-2)^2$의 그래프가 점 $(1,\ 3)$을 지나므로
$3 = a(1-2)^2$
$a = 3$
$\therefore\ y = 3(x-2)^2$

12 이차함수 $y = -(x-2)^2$의 그래프가 점 $(3,\ k)$를 지날 때, k의 값은?

① -2　　② -1
③ 1　　④ 3

12
$y = -(x-2)^2$에 $(3,\ k)$를 대입
$k = -(3-2)^2$
$\therefore\ k = -1$

13 x축과 $(-1,\ 0)$, $(2,\ 0)$에서 만나고, 점 $(1,\ -4)$를 지나는 이차함수에서 상수항은?

① 2　　② -2
③ 4　　④ -4

13
$y = a(x+1)(x-2)$가 $(1,\ -4)$를 지나므로
$-4 = a(1+1)(1-2) \Rightarrow a = 2$
$y = 2(x+1)(x-2) = 2x^2 - 2x - 4$

ANSWER
10. ③　11. ③　12. ②　13. ④

14 이차함수 $y = x^2 - 1$의 그래프가 x축과 두 점 $(-1,\ 0)$, $(a,\ 0)$에서 만날 때, a의 값은?

① 1
② 2
③ 3
④ 4

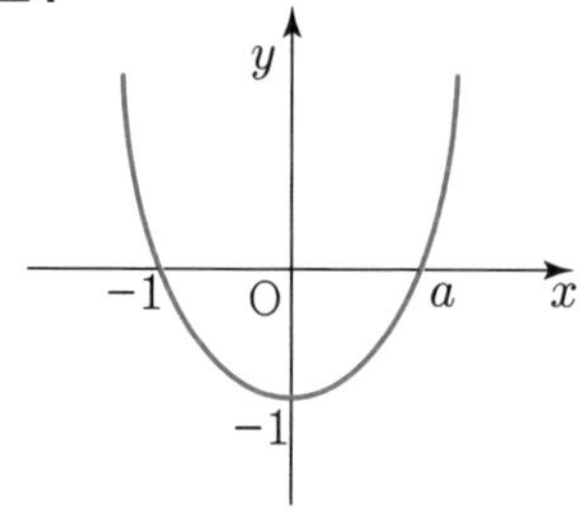

14

이차함수 $y = x^2 - 1$의 그래프가 x축과 만나는 점은 x절편을 의미하므로 x절편을 구하기 위해 $y = 0$을 대입한다.

$0 = x^2 - 1 = (x - 1)(x + 1)$

$x - 1 = 0$ 또는 $x + 1 = 0$

$x = 1$ 또는 $x = -1$

x축과 만나는 두 점은 $(-1,\ 0)$, $(1,\ 0)$

$\therefore\ a = 1$

15  축의 방정식이 $x = -2$이고, 두 점 $(0,\ 6)$, $(-3,\ 0)$을 지나는 이차함수의 그래프가 점 $(1,\ k)$를 지날 때, k의 값은?

① 12	② 14
③ 16	④ 18

15

축의 방정식이 $x = -2$이므로

$y = a(x + 2)^2 + q$

$(0,\ 6)$과 $(-3,\ 0)$을 지나므로

$6 = 4a + q,\ 0 = a + q$

두 식을 연립하여 풀면

$a = 2,\ q = -2$

$y = 2(x + 2)^2 - 2$가 $(1,\ k)$를 지나므로

대입하면 $k = 2(1 + 2)^2 - 2 = 16$

16 고난도 꼭짓점의 좌표가 $(3,\ -2)$이고 점 $(1,\ 2)$를 지나는 이차함수의 그래프가 y축과 만나는 점의 좌표는?

① $(0,\ -3)$	② $(0,\ 3)$
③ $(0,\ 5)$	④ $(0,\ 7)$

16

$y = a(x - 3)^2 - 2$가 점 $(1,\ 2)$를 지나므로

대입하면 $2 = a(1 - 3)^2 - 2 \Rightarrow a = 1$

$y = (x - 3)^2 - 2$

y축과 만나는 점의 좌표는 $x = 0$일 때 y의 값이므로 $y = (0 - 3)^2 - 2 = 7$

$\therefore\ (0,\ 7)$

ANSWER

14. ① 15. ③ 16. ④

17 이차함수 $y = x^2 - 3x + 1$의 그래프가 지나지 않는 사분면은?

① 제1사분면 ② 제2사분면
③ 제3사분면 ④ 제4사분면

17

$y = x^2 - 3x + \frac{9}{4} - \frac{9}{4} + 1$

$= (x - \frac{3}{2})^2 - \frac{5}{4}$

꼭짓점 $(\frac{3}{2}, -\frac{5}{4})$, y축과의 교점이 1인 아래로 볼록한 포물선이다.

∴ 그래프가 지나지 않는 사분면은 제3사분면이다.

ANSWER

17. ③

Chapter 03 유리함수

유리함수에서는 대체로 유리함수의 그래프의 개형과 그래프의 평행이동에서 출제됩니다. 그래프로 주어져서 출제되므로 문제를 잘 읽고 어느 방향으로 평행이동했는지만 정확하게 파악하면 됩니다.

01 유리식의 연산

1 유리식의 정의

(1) 다항식과 분수식

이를테면 $\dfrac{x+1}{3}$, $\dfrac{4}{1-3x}$, $\dfrac{4x}{x(x+2)}$, $\dfrac{x^2-1}{x^3-1}$과 같이 두 다항식 A, $B(B \neq 0)$에 대하여 $\dfrac{A}{B}$ 꼴로 나타내어지는 식을 유리식이라 한다. 특히, B가 상수이면 $\dfrac{A}{B}$는 다항식이 되고, 다항식도 유리식이다. 한편, $\dfrac{4}{1-3x}$, $\dfrac{4x}{x(x+2)}$, $\dfrac{x^2-1}{x^3-1}$과 같이 분모가 일차 이상의 다항식, 즉 다항식이 아닌 유리식을 분수식이라고 한다.

유리식 $\dfrac{A}{B}(B \neq 0)$
- 다항식 : B가 상수일 때
- 분수식 : B가 일차 이상일 때 $\left(\dfrac{1}{x}, \dfrac{1}{x^2+1}, \cdots\right)$

(2) 기약분수, 약분, 통분

① **기약분수(식)** : 분모, 분자가 서로소인 분수(식), 즉 더 이상 약분되지 않는 분수(식)

② **약분** : 분모와 분자를 공통인 인수로 나누어서 분수식을 간단히 하는 것

③ **통분** : 분수식의 분모를 같게 하는 것으로, 분모의 최소공배수를 공통분모로 한다.

바로 바로 CHECK√

01 다음 분수식을 약분하여라.

(1) $\dfrac{x^2-4x+3}{x^2-1}$

(2) $\dfrac{a^4+a^2b^2+b^4}{a^3-b^3}$

02 유리식 $\dfrac{a^2-ab}{a-b}$를 간단히 하면?

① a ② b

② ab ④ $a-b$

01 (1) $\dfrac{x^2-4x+3}{x^2-1}$

$=\dfrac{(x-1)(x-3)}{(x+1)(x-1)}=\dfrac{x-3}{x+1}$

(2) $\dfrac{a^4+a^2b^2+b^4}{a^3-b^3}$

$=\dfrac{(a^2+ab+b^2)(a^2-ab+b^2)}{(a-b)(a^2+ab+b^2)}$

$=\dfrac{a^2-ab+b^2}{a-b}$

02 $\dfrac{a^2-ab}{a-b}=\dfrac{a(a-b)}{a-b}=a$

답 ①

2 유리식의 기본 성질

유리식의 분모, 분자에 0이 아닌 같은 수 또는 같은 다항식을 곱하거나 같은 수 또는 같은 다항식으로 나누어도 유리식의 값은 변하지 않는다. 즉, 세 대항식 A, B, $M(B \neq 0,\ M \neq 0)$에 대하여 다음 식이 성립한다.

$$\frac{A}{B}=\frac{A\times M}{B\times M},\ \frac{A}{B}=\frac{A\div M}{B\div M}$$

3 유리식의 사칙연산

(1) 유리식의 덧셈과 뺄셈

① 분모, 분자를 인수분해할 수 있으면 인수분해하고, 또 약분할 수 있으면 약분해서 기약분수식으로 만든다.

② 분모가 같을 때와 다를 때

㉠ 분모가 같을 때

$$\frac{A}{D}+\frac{B}{D}-\frac{C}{D}=\frac{A+B-C}{D}$$

㉡ 분모가 다를 때 : 분모를 통분하여 계산

$$\frac{A}{C}+\frac{B}{D}=\frac{AD+BC}{CD}$$

③ 나온 결과를 다시 약분할 수 있으면 약분해서 기약분수식으로 한다.

바로 바로 CHECK√

다음 식을 간단히 하여라.

$$\frac{2}{x^2+3x+2}+\frac{5x}{x^2-x-6}-\frac{x+2}{x^2-2x-3}$$

$$\frac{2}{x^2+3x+2}+\frac{5x}{x^2-x-6}-\frac{x+2}{x^2-2x-3}$$
$$=\frac{2(x-3)+5x(x+1)-(x+2)(x+2)}{(x+1)(x+2)(x-3)}$$
$$=\frac{4x^2+3x-10}{(x+1)(x+2)(x-3)}$$
$$=\frac{(x+2)(4x-5)}{(x+1)(x+2)(x-3)}$$
$$=\frac{4x-5}{(x+1)(x-3)}$$

(2) 유리식의 곱셈과 나눗셈

① 분모, 분자를 인수분해할 수 있으면 인수분해하고, 또 약분할 수 있으면 약분해서 기약분수식으로 만든다.

② 다음과 같은 방법으로 곱셈, 나눗셈을 한다.

$$\frac{A}{B}\times\frac{C}{D}=\frac{AC}{BD},\ \frac{A}{B}\div\frac{C}{D}=\frac{A}{B}\times\frac{D}{C}=\frac{AD}{BC}$$

③ 나온 결과를 다시 약분할 수 있으면 약분해서 기약분수식으로 만든다.

바로 바로 CHECK√

다음 식을 간단히 하여라.

$$\frac{2x^2-5x+3}{x^2-4x+4} \times \frac{x^3-8}{x^2-1} \div \frac{2x^2+x-6}{x^2-x-2}$$

$\frac{2x^2-5x+3}{x^2-4x+4} \times \frac{x^3-8}{x^2-1} \div \frac{2x^2+x-6}{x^2-x-2}$

$= \frac{(2x-3)(x-1)}{(x-2)^2}$

$\times \frac{(x-2)(x^2+2x+4)}{(x-1)(x+1)}$

$\times \frac{(x-2)(x+1)}{(2x-3)(x+2)}$

$= \frac{x^2+2x+4}{x+2}$

4 특수한 형태의 유리식 계산

분수식의 모양을 간단한 꼴(차수가 낮은 꼴)로 변형하는 방법으로 분리형, 결합형, 이항분리, 번분수꼴이 있다.

(1) **분리형** : 분자의 차수가 분모의 차수보다 높거나 같으면 분자를 분모로 나누어 간단한 꼴로 변형한다(가분수꼴 → 대분수꼴).

예 $\frac{x+1}{x-2} = 1 + \frac{3}{x-2}$, $\frac{2x-3}{x-1} = 2 - \frac{1}{x-1}$

(2) **결합형** : 계산 과정이 간단해지도록 적당한 순서로 결합한다(둘씩 적당히 조를 맞춘다).

예 $\frac{1}{x+1} + \frac{1}{x+2} - \frac{1}{x+3} - \frac{1}{x+4} = \left(\frac{1}{x+1} - \frac{1}{x+3}\right) + \left(\frac{1}{x+2} - \frac{1}{x+4}\right)$

(3) **이항분리** : 분모가 두 인수의 곱으로 되어 있을 때 1개의 분수를 2개 이상의 분수로 나누어 계산한다(부분분수형).

$$\frac{C}{A \times B} = \frac{C}{B-A}\left(\frac{1}{A} - \frac{1}{B}\right)$$

예 $\frac{2}{x(x+1)} = \frac{2}{(x+1)-x}\left(\frac{1}{x} - \frac{1}{x+1}\right) = 2\left(\frac{1}{x} - \frac{1}{x+1}\right)$

(4) **번분수꼴** : 분모 또는 분자가 분수식으로 되어 있는 식으로 분모, 분자를 따로 따로 계산한다.

$$\frac{\frac{A}{B}}{\frac{C}{D}} = \frac{A}{B} \div \frac{C}{D} = \frac{A}{B} \times \frac{D}{C} = \frac{AD}{BC}$$

바로 바로 CHECK√

다음 식을 간단히 하여라.

$$\frac{x}{x-\frac{x+2}{2-\frac{x-1}{x}}}$$

$$\frac{x}{x-\frac{x+2}{2-\frac{x-1}{x}}}$$

$$= \frac{x}{x-\frac{x+2}{\frac{2x-x+1}{x}}} = \frac{x}{x-\frac{x(x+2)}{x+1}}$$

$$= \frac{x}{\frac{x(x+1)-x(x+2)}{x+1}}$$

$$= \frac{x(x+1)}{-x} = -x-1$$

02 유리함수

1 유리함수의 정의

(1) 함수 $y = f(x)$에서 $f(x)$가 x에 대한 유리식일 때, 이 함수를 유리함수라고 한다. 특히 $f(x)$가 x에 대한 다항식으로 나타내어진 함수를 다항함수, $f(x)$가 x에 대한 분수식으로 나타내어진 함수를 분수함수라고 한다.

(2) 다항함수와 분수함수를 통틀어 유리함수라고 한다.

(3) 분수함수의 정의역은 특별히 주어지지 않은 경우 실수 전체의 집합에서 분모를 0으로 하는 원소를 제외한 집합으로 한다.

2 유리함수의 그래프

(1) 함수 $y = \frac{k}{x}\ (k \neq 0)$의 그래프

① 정의역과 치역은 0을 제외한 실수 전체의 집합이다.

② $k > 0$이면 그래프는 제1, 3사분면에 있고, $k < 0$이면 제2, 4사분면에 있다.

③ 원점 및 두 직선에 대하여 대칭이다.

④ $|k|$의 값이 커질수록 곡선은 원점에서 멀어진다.

⑤ 점근선은 x축과 y축이다.

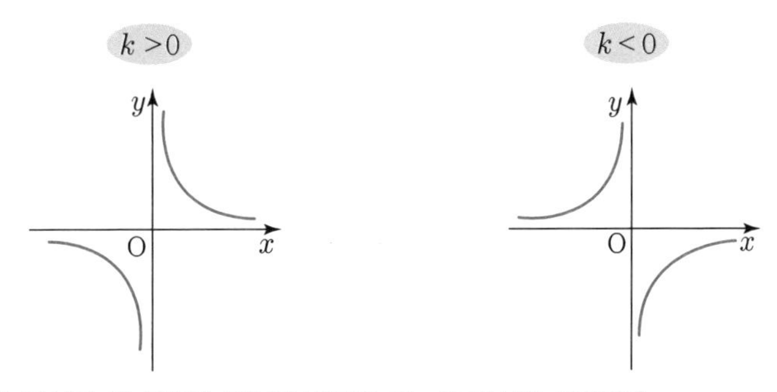

잠깐! 점근선이란 한 곡선이 한 직선에 한없이 접근할 때, 이 직선을 지칭한다.

(2) 함수 $y = \dfrac{k}{x-p} + q\,(k \neq 0)$의 그래프 중요+

① 함수 $y = \dfrac{k}{x}$의 그래프를 x축의 방향으로 p만큼, y축의 방향으로 q만큼 평행이동한 그래프이다.

② 점근선은 $x = p$, $y = q$ 이다.

③ 점 $(p,\ q)$에 대하여 대칭이다.

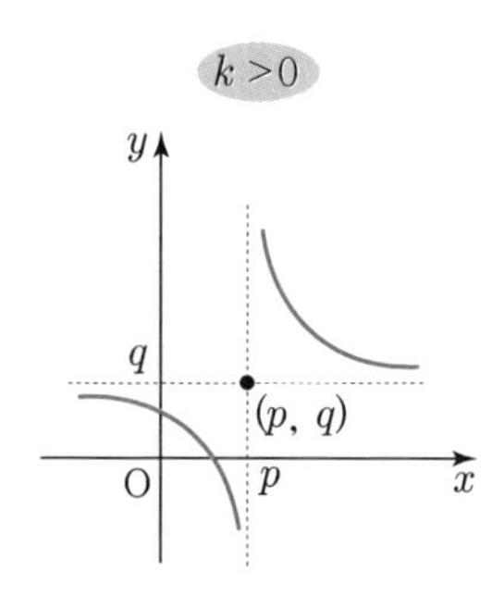

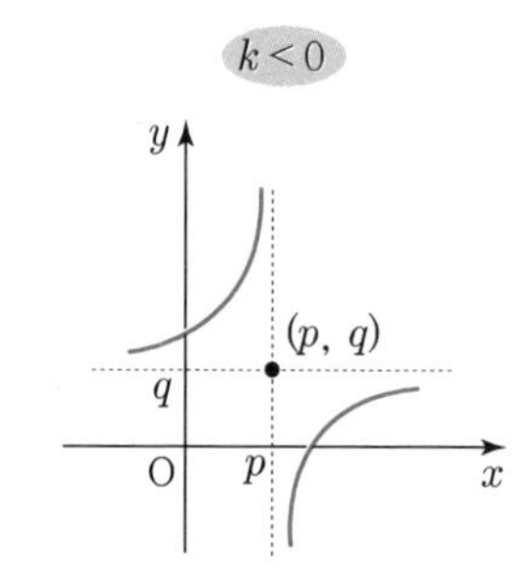

(3) $y = \dfrac{ax+b}{cx+d}\,(c \neq 0,\ ad-bc \neq 0)$의 그래프

① $y = \dfrac{k}{x-p} + q\,(k \neq 0)$의 꼴로 변형한다.

② 점근선은 $x = -\dfrac{d}{c}$(분모를 0으로 하는 x값), $y = \dfrac{a}{c}$(일차항 x의 계수값)이다.

③ 대칭의 중심은 $\left(-\dfrac{d}{c},\ \dfrac{a}{c}\right)$이다.

바로 바로 CHECK√

01 유리함수 $y = \dfrac{1}{x} + 1$의 그래프의 점근선은?

① $x = 0,\ y = 1$　② $x = 0,\ y = -1$
③ $x = 1,\ y = 1$　④ $x = 1,\ y = -1$

01 유리함수 $y = \dfrac{1}{x} + 1$은 $y = \dfrac{1}{x}$을 y축의 방향으로 1만큼 평행이동한 그래프이므로 점근선의 방정식은 $x = 0$, $y = 1$이 된다.

답 ①

02 유리함수 $y = \dfrac{2x-5}{x-3}$의 그래프는 유리함수 $y = \dfrac{1}{x}$의 그래프를 x축으로 a만큼, y축으로 b만큼 평행이동한 것이다. a, b의 값은?

① $\begin{cases} a = -3 \\ b = -2 \end{cases}$ ② $\begin{cases} a = -3 \\ b = 2 \end{cases}$

③ $\begin{cases} a = 3 \\ b = -2 \end{cases}$ ④ $\begin{cases} a = 3 \\ b = 2 \end{cases}$

02 $y = \dfrac{2(x-3)}{x-3} + \dfrac{1}{x-3}$

$= \dfrac{1}{x-3} + 2$

이므로 유리함수 $y = \dfrac{1}{x}$의 그래프를 x축으로 3만큼, y축으로 2만큼 평행이동한 것이다.

$\therefore a = 3,\ b = 2$

답 ④

기초학습 유리함수의 역함수를 구하는 방법

1) 방법1

① $y = f(x)$를 x에 관해 정리하여 $x = f^{-1}(y)$로 고친다.

② $x = f^{-1}(y)$에서 x 대신에 y, y 대신에 x를 대입하여 $y = f^{-1}(x)$로 만든다.

2) 방법2

$f(x) = \dfrac{ax+b}{cx+d}$의 역함수 $f^{-1}(x) = \dfrac{-dx+b}{cx-a}$($a$, d의 부호와 위치만 바뀜)

01 다음 유리식을 약분하여라.

(1) $\dfrac{4ax^3}{2a^2x^2}$　　(2) $\dfrac{18a^3b^2c}{12a^2b^2c^2}$

02 $\dfrac{x^2-5x+6}{x^2-7x+12}$을 기약분수로 고치면?

① $\dfrac{x-2}{x-4}$　　② $\dfrac{x+2}{x+4}$

③ $-\dfrac{x-2}{x-4}$　　④ $-\dfrac{x+2}{x+4}$

03 $\dfrac{1}{x}-\dfrac{1}{x+1}$을 간단히 하면?

① $-\dfrac{2}{x(x+1)}$　　② $-\dfrac{1}{x(x+1)}$

③ $\dfrac{1}{x(x+1)}$　　④ $\dfrac{2x+1}{x(x+1)}$

02

$$\frac{x^2-5x+6}{x^2-7x+12} = \frac{(x-2)(x-3)}{(x-4)(x-3)} = \frac{x-2}{x-4}$$

03

$$\frac{1}{x}-\frac{1}{x+1} = \frac{(x+1)-x}{x(x+1)} = \frac{1}{x(x+1)}$$

ANSWER

01. (1) $\dfrac{2x}{a}$　(2) $\dfrac{3a}{2c}$

02. ①　03. ③

04 기출 $\dfrac{2(x+y)}{x-y}-\dfrac{x-y}{x+y}-\dfrac{x^2+y^2}{x^2-y^2}$을 간단히 하면?

① $\dfrac{6xy}{x^2-y^2}$ ② $-\dfrac{6xy}{x^2-y^2}$

③ $\dfrac{6xy}{x^2+y^2}$ ④ $-\dfrac{6xy}{x^2+y^2}$

05 $a+b+c=0$일 때, $\dfrac{a^2}{b+c}+\dfrac{b^2}{c+a}+\dfrac{c^2}{a+b}$의 값은?

① 1 ② −1

③ 0 ④ 2

06 $a+b+c=0$일 때, $a\left(\dfrac{1}{b}+\dfrac{1}{c}\right)+b\left(\dfrac{1}{c}+\dfrac{1}{a}\right)+c\left(\dfrac{1}{a}+\dfrac{1}{b}\right)$의 값은?

① 3 ② −3

③ 2 ④ −2

04

$=\dfrac{2(x+y)^2-(x-y)^2-(x^2+y^2)}{(x-y)(x+y)}$

$=\dfrac{6xy}{(x-y)(x+y)}=\dfrac{6xy}{x^2-y^2}$

05

$b+c=-a$

$c+a=-b$

$a+b=-c$

$\dfrac{a^2}{-a}+\dfrac{b^2}{-b}+\dfrac{c^2}{-c}$

$=-(a+b+c)=0$

06

$a\left(\dfrac{1}{b}+\dfrac{1}{c}\right)+b\left(\dfrac{1}{c}+\dfrac{1}{a}\right)+c\left(\dfrac{1}{a}+\dfrac{1}{b}\right)$

$=\dfrac{a}{b}+\dfrac{a}{c}+\dfrac{b}{c}+\dfrac{b}{a}+\dfrac{c}{a}+\dfrac{c}{b}$

$=\left(\dfrac{b}{a}+\dfrac{c}{a}\right)+\left(\dfrac{a}{b}+\dfrac{c}{b}\right)+\left(\dfrac{a}{c}+\dfrac{b}{c}\right)$

$=\dfrac{b+c}{a}+\dfrac{a+c}{b}+\dfrac{a+b}{c}$

$=\dfrac{-a}{a}+\dfrac{-b}{b}+\dfrac{-c}{c}$

$=-3$

ANSWER

04. ① 05. ③ 06. ②

07 분모를 0으로 만들지 않는 모든 실수 x에 대하여 등식 $\frac{a}{x+2}+\frac{b}{x-4}=\frac{4x-10}{x^2-2x-8}$ 이 항상 성립할 때, 상수 a, b에 대하여 $a+b$의 값은?

① 3　② 4
③ 5　④ 8

08 $\frac{6x^2-7x-20}{x^2-4}\times\frac{x^2-x-2}{5x-2x^2}\div\frac{3x^2+7x+4}{x^2+2x}$를 간단히 하면?

① x　② $-x$
③ 1　④ -1

09 $\dfrac{\frac{1}{1-x}+\frac{1}{1+x}}{\frac{1}{1-x}-\frac{1}{1+x}}$ 을 간단히 하면?

① x　② $-x$
③ $\frac{1}{x}$　④ $-\frac{1}{x}$

07

$\frac{a(x-4)+b(x+2)}{(x+2)(x-4)}=\frac{4x-10}{x^2-2x-8}$

$\frac{(a+b)x-(4a-2b)}{x^2-2x-8}=\frac{4x-10}{x^2-2x-8}$

$a+b=4,\ 4a-2b=10$

두 식을 연립하여 풀면

$a=3,\ b=1$

$\therefore\ a+b=3+1=4$

08

$=\frac{(2x-5)(3x+4)}{(x+2)(x-2)}\times\frac{(x-2)(x+1)}{x(5-2x)}$

$\times\frac{x(x+2)}{(3x+4)(x+1)}$

$=-1$

09

$\dfrac{\frac{1}{1-x}+\frac{1}{1+x}}{\frac{1}{1-x}-\frac{1}{1+x}}$

$=\dfrac{\frac{2}{1-x^2}}{\frac{2x}{1-x^2}}=\frac{1}{x}$

ANSWER

07. ② 08. ④ 09. ③

10 다음 유리함수 $\frac{k}{x}$의 그래프를 그리시오.

(1) $|y| = \frac{1}{|x|}$　　　　(2) $y = -\frac{1}{x-1} + 2$

11 유리함수 $y =$ $(x > 0)$의 그래프가 점 $(2,\ 3)$을 지날 때, 상수 k의 값은?

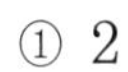

① 2
② 3
③ 5
④ 6

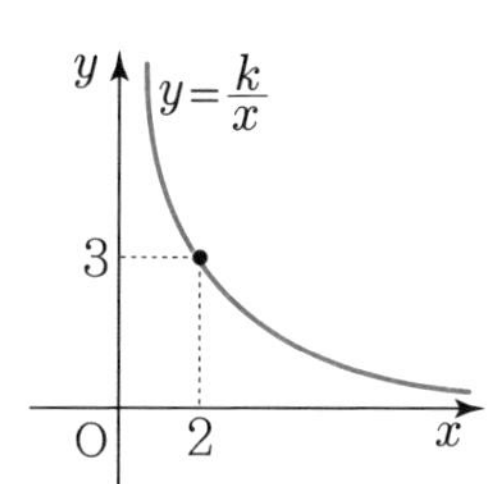

12 **기출** 〈보기〉는 함수 $y = \frac{2}{x}$에 대한 설명이다. 옳은 것을 모두 고른 것은?

보기
㉠ 원점에 대하여 대칭이다. ㉡ 점근선은 x축, y축이다. ㉢ 그래프는 제 2, 4사분면에 있다.

① ㉠, ㉡　　② ㉠, ㉢
③ ㉡, ㉢　　④ ㉠, ㉡, ㉢

10

(1)

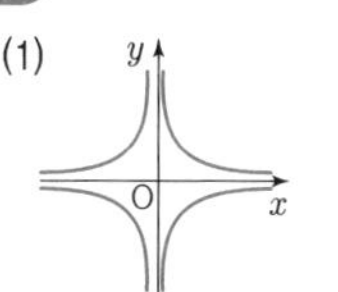

(2)

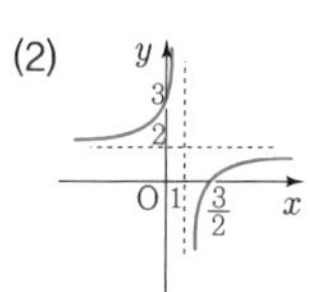

(2) $y = -\frac{1}{x}$의 그래프를 x축 방향으로 1만큼, y축 방향으로 2만큼 평행이동한 그래프이므로
점근선 : $x = 1,\ y = 2$
x절편 : $y = 0$일 때 $x = \frac{3}{2}$
y절편 : $x = 0$일 때 $y = 3$

11

$y = \frac{k}{x}$에 점 $(2,\ 3)$을 대입하면

$3 = \frac{k}{2}$

$\therefore\ k = 6$

12

$y = \frac{2}{x}$의 그래프는 제 1, 3사분면에 있다.

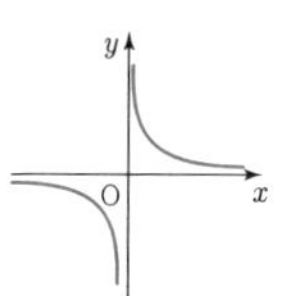

ANSWER
10. 해설 참조　11. ④　12. ①

13 평행이동에 의하여 그래프가 $y=\dfrac{1}{x}$의 그래프와 겹쳐지는 것은?

① $y=\dfrac{x+1}{x-1}$ ② $y=\dfrac{x}{x-1}$

③ $y=\dfrac{x-2}{x-1}$ ④ $y=\dfrac{-x}{x-1}$

13

$y=\dfrac{x}{x-1}=\dfrac{1}{x-1}+1$

이므로 함수 $y=\dfrac{1}{x}$의 그래프를 x축 방향으로 1만큼, y축 방향으로 1만큼 평행이동한 그래프이다.

14 유리함수 $y=\dfrac{1}{x-2}+1$의 그래프의 개형은? 기출

①
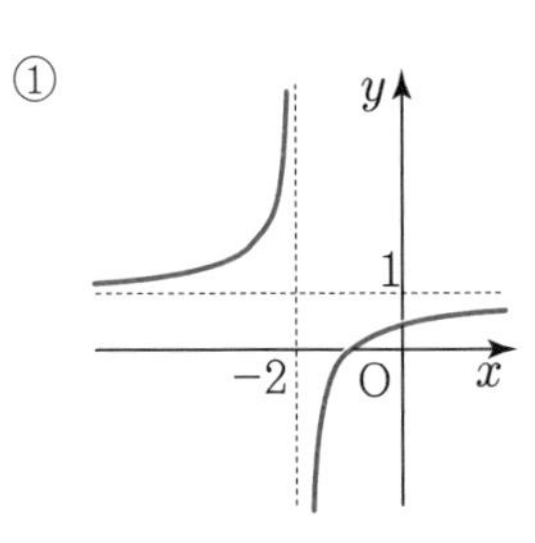

②
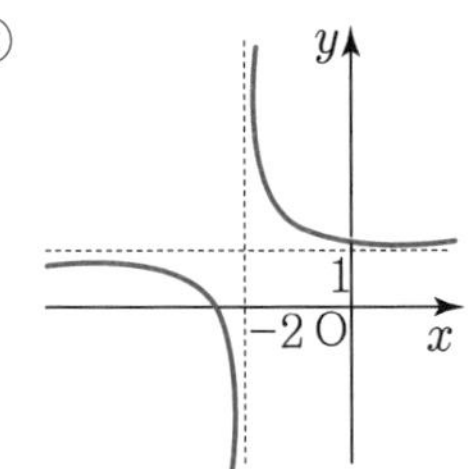

③
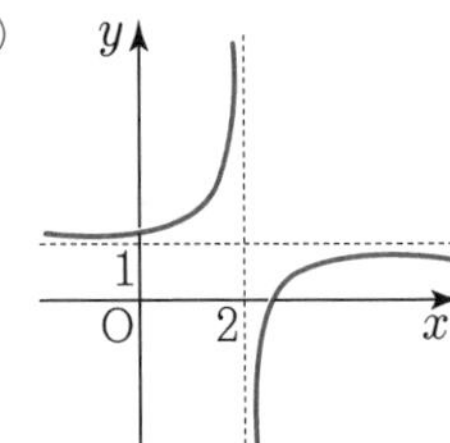

④
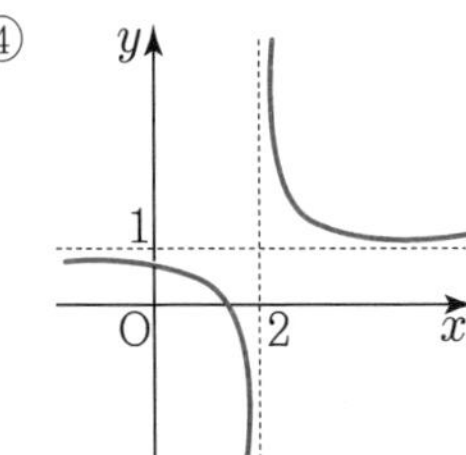

14

유리함수 $y=\dfrac{1}{x+a}+b$의 그래프는 유리함수 $y=\dfrac{1}{x}$의 그래프를 x축의 방향으로 $-a$만큼, y축의 방향으로 b만큼 평행이동한 것이다.

① $y=-\dfrac{1}{x+2}+1$

② $y=\dfrac{1}{x+2}+1$

③ $y=-\dfrac{1}{x-2}+1$

ANSWER

13. ② 14. ④

15 기출 유리함수 $y=-\frac{1}{x-2}+a$의 그래프가 다음과 같을 때, 상수 a의 값은?

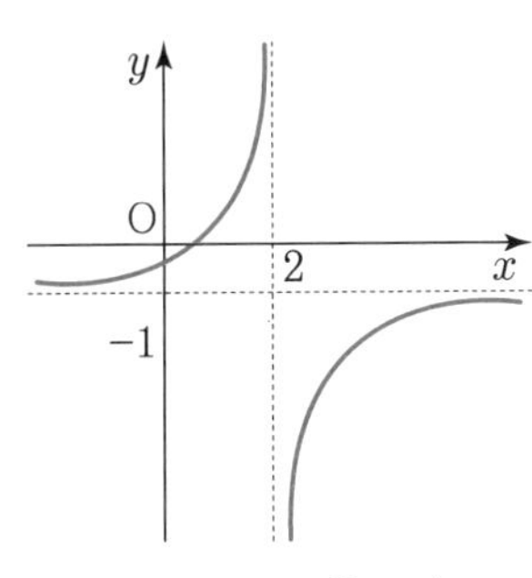

① -2　② -1
③ 1　④ 2

16 고난도 함수 $y=\frac{x+3}{ax+b}$의 그래프가 점 $\left(2,\ \frac{5}{2}\right)$를 지나고, 점근선이 $y=\frac{1}{2}$일 때, 두 상수 a, b에 대하여 $a+b$의 값은?

① 1　② -1
③ 0　④ 2

17 유리함수 $y=\frac{2x+a}{x-2}$의 그래프가 점 $(3,\ 3)$을 지나도록 하는 상수 a의 값은?

① -3　② -1
③ 2　④ 4

15

유리함수 $y=-\frac{1}{x-2}+a(a\neq0)$의 그래프는 유리함수 $y=-\frac{1}{x}$의 그래프를 x축의 방향으로 2만큼, y축의 방향으로 a만큼 평행이동한 그래프이다.
이 그래프의 점근선이 $x=2$, $y=-1$이므로 $y=-\frac{1}{x-2}-1$
$\therefore\ a=-1$

16

점근선이 $y=\frac{1}{2}$이므로
$\frac{1}{a}=\frac{1}{2}\Rightarrow a=2$
점 $\left(2,\ \frac{5}{2}\right)$를 지나므로 $y=\frac{x+3}{ax+b}$에 대입하면, $\frac{5}{2a+b}=\frac{5}{2}\Rightarrow b=-2$
$\therefore\ a+b=2+(-2)=0$

17

점 $(3,\ 3)$을 지나므로
$x=3$, $y=3$을 대입하면
$3=\frac{2\times3+a}{3-2}$
$3=6+a$
$\therefore\ a=-3$

ANSWER
15. ②　16. ③　17. ①

18 유리함수 $y = \dfrac{2x-5}{x-1}$의 그래프가 지나지 않는 사분면은?

① 제1사분면　　② 제2사분면
③ 제3사분면　　④ 제4사분면

18

$y = \dfrac{2x-5}{x-1}$

$= \dfrac{2(x-1)}{x-1} - \dfrac{3}{x-1}$

$= -\dfrac{3}{x-1} + 2$

이므로 유리함수 $y = -\dfrac{3}{x}$의 그래프를 x축 방향으로 1만큼, y축 방향으로 2만큼 평행이동한 그래프이다.

점근선 : $x = 1,\ y = 2$

x절편 : $y = 0$일 때 $x = \dfrac{5}{2}$

y절편 : $x = 0$일 때 $y = 5$

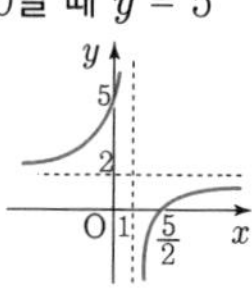

따라서 그래프가 지나지 않는 사분면은 제3사분면이다.

19 유리함수 $y = \dfrac{x+1}{x-2}$의 역함수는?

① $y = \dfrac{2x-1}{x-2}$　　② $y = \dfrac{2x+1}{x-1}$
③ $y = \dfrac{2x-1}{x+1}$　　④ $y = \dfrac{2x+1}{x+1}$

19

(ⅰ) $y = \dfrac{x+1}{x-2}$을 x에 대하여 정리하면

$y(x-2) = x+1,\ xy - 2y = x+1$

$x(y-1) = 2y+1,\ x = \dfrac{2y+1}{y-1}$

x와 y를 서로 바꾸면

$y = \dfrac{2x+1}{x-1}$

(ⅱ) $y = \dfrac{cx+d}{ax+b}$의 역함수가

$y = \dfrac{-bx+d}{ax-c}$임을 이용하여

역함수를 구하면

$y = \dfrac{2x+1}{x-1}$

ANSWER

18. ③　19. ②

20 유리함수 $y = \dfrac{4x-3}{x-2}$의 그래프는 점 $(a,\ b)$에 대하여 대칭이다. 이때, 상수 $a+b$의 값은?

① 5 ② 6

③ 7 ④ 8

20

$y = \dfrac{4x-3}{x-2}$

$= \dfrac{4(x-2)+5}{x-2}$

$= \dfrac{5}{x-2} + 4$

이므로 유리함수 $y = \dfrac{4x-3}{x-2}$의 그래프는 점 $(2,\ 4)$에 대하여 대칭이다.

$\therefore\ a+b = 2+4 = 6$

21 그림은 유리함수 $y = \dfrac{2}{x}$의 그래프를 x축의 방향으로 1만큼, y축의 방향으로 -2만큼 평행이동한 $y = \dfrac{2}{x+a} + b$의 그래프이다. 두 상수 $a,\ b$에 대하여 $a+b$의 값은?

① -3 ② -1

③ 1 ④ 3

21

유리함수 $y = \dfrac{2}{x}$의 그래프를 x축의 방향으로 1만큼, y축의 방향으로 -2만큼 평행이동한 함수의 식은

$y = \dfrac{2}{x-1} - 2$

따라서 $a = -1,\ b = -2$이므로

$a+b = -3$

ANSWER

20. ② 21. ①

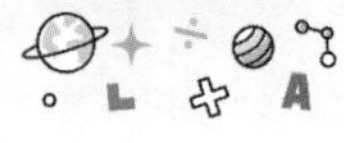

Chapter

04 무리함수

학습 point+

무리함수에서는 유리함수와 마찬가지로 무리함수의 그래프의 개형과 그래프의 평행이동에서 주로 출제됩니다. 그래프의 개형이 유리함수보다는 단순하여 쉽게 답을 찾을 수 있습니다. 아직 출제된 적은 없지만 무리함수의 역함수는 다항함수 꼴이 되므로 역함수 구하는 방법을 익혀두는 것도 좋습니다.

01 제곱근의 계산

1 제곱근

(1) 제곱근

제곱하여 $a(a \geq 0)$가 되는 수, 즉 $x^2 = a$가 되는 x를 a의 제곱근이라 한다. 이때, 양의 제곱근을 $\sqrt{a}$, 음의 제곱근을 $-\sqrt{a}$로 나타낸다.

$$\sqrt{a^2} = |a| = \begin{cases} a(a \geq 0\text{일 때}) \\ -a(a < 0\text{일 때}) \end{cases}$$

바로바로 CHECK√

$0 < a < 1$일 때, $\sqrt{a^2} + |a-1|$을 간단히 계산하면?

① 1 ② 2

③ 3 ④ 4

$\sqrt{a^2} = |a|$에서

$0 < a < 1$이므로, $\sqrt{a^2} = a$

$|a-1|$에서 $0 < a < 1$이므로 $a - 1 < 0$

$\therefore \sqrt{a^2} + |a-1|$

$= a + (-a+1) = 1$

답 ①

(2) 세제곱근 : 세제곱하여 a가 되는 수를 a의 세제곱근이라 한다.

$\sqrt[3]{a^3} = a$(a가 양, 음, 0인 것에 관계없이 성립)

(3) $\sqrt[n]{a^n} = a$

① n이 짝수일 때 : $a(a \geq 0)$, $-a(a < 0)$

② n이 홀수일 때 : a(a의 부호에 관계없이 성립)

기초학습

1) $\sqrt{a}$를 제곱근 a 또는 루트(root) a라고 읽는다.

2) 제곱근 a와 a의 제곱근
① 제곱근 a : $\sqrt{a}$ (예 제곱근 $9 \to \sqrt{9} = 3$)
② a의 제곱근 : $\pm\sqrt{a}$ (예 9의 제곱근 $\to \pm\sqrt{9} = \pm 3$)

3) 0의 제곱근은 0 하나뿐이다.

바로 바로 CHECK√

01 다음 중 옳은 것은?

① 3은 9의 제곱근이다. ② 9의 제곱근은 3이다.
③ 제곱근 9는 ±3이다. ④ 9의 제곱근은 −3이다.

02 다음 식을 간단히 하여라. (단, a는 실수)

(1) $\sqrt{(2-\sqrt{5})^2}$

(2) $\sqrt{a^2-4a+4}$

01 ② $3 \to \pm 3$
③ $\pm 3 \to 3$
④ $-3 \to \pm 3$

답 ①

02 (1) $2-\sqrt{5} < 0$이므로

$\sqrt{(2-\sqrt{5})^2} = -(2-\sqrt{5})$
$= -2+\sqrt{5}$
$= \sqrt{5}-2$

(2) $\sqrt{a^2-4a+4} = \sqrt{(a-2)^2}$에서
$a-2$의 부호를 알 수 없으므로 다음과 같이 나누어 생각해야 한다. 즉,

• $a-2 \geq 0$일 때
$\sqrt{a^2-4a+4} = \sqrt{(a-2)^2}$
$= a-2$

• $a-2 < 0$일 때
$\sqrt{a^2-4a+4} = \sqrt{(a-2)^2}$
$= -(a-2)$
$= 2-a$

2 무리수와 무리식

(1) 무리수

무리수는 유리수가 아닌 실수, 즉 $\frac{a}{b}$(단, a, b는 정수, $b \neq 0$)의 꼴로 나타낼 수 없는 실수를 말한다($\sqrt{2}$, $\sqrt{3}$, $\sqrt{5}$, $\cdots$).

(2) 무리식

① 근호 안에 문자를 포함한 식을 그 문자에 관한 무리식이라 한다.

② 무리식에 어떤 실수를 대입했을 때 얻은 값이 실수가 되려면 근호 안의 식의 값이 음이 아니어야 한다(근호 안 식의 값 ≥ 0, 분모 $\neq 0$).

대수식(식)
- 유리식
  - 다항식 : $2x+1$, x^2-2x+1, x^3-5x+2, $\cdots$
  - 분수식 : $\frac{1}{x}$, $\frac{3x-1}{x+1}$, $3x+\frac{2x+1}{x^2-1}$, $\cdots$
- 무리식 : $\sqrt{x+1}$, $\sqrt{x-3}-1$, $\cdots$

02 무리수와 무리식의 연산

1 제곱근의 계산법칙

일반적으로 제곱근에 대한 다음 계산법칙이 성립한다.

(1) $a > 0,\ b > 0$일 때

① $\sqrt{a}\sqrt{b} = \sqrt{ab}$

② $\sqrt{a^2 b} = a\sqrt{b}$

③ $\dfrac{\sqrt{a}}{\sqrt{b}} = \sqrt{\dfrac{a}{b}}$

④ $\sqrt{\dfrac{a}{b^2}} = \dfrac{\sqrt{a}}{b}$

(2) $a < 0,\ b > 0$일 때 : $\sqrt{a^2 b} = -a\sqrt{b}$

(3) $a < 0,\ b < 0$일 때 : $\sqrt{a}\sqrt{b} = -\sqrt{ab}$

바로바로 CHECK√

01 다음 식을 간단히 하여라.

(1) $2\sqrt{27} - 5\sqrt{3}$

(2) $(2\sqrt{3} - 3\sqrt{2})^2$

02 $(\sqrt{x+3} - \sqrt{x})(\sqrt{x+3} + \sqrt{x})$를 간단히 하면?

① 1　② 2

③ 3　④ 4

01 (1) $2\sqrt{27} - 5\sqrt{3}$

$= 2\sqrt{3^2 \times 3} - 5\sqrt{3}$

$= 2 \times 3\sqrt{3} - 5\sqrt{3}$

$= 6\sqrt{3} - 5\sqrt{3}$

$= \sqrt{3}$

(2) $(2\sqrt{3} - 3\sqrt{2})^2$

$= (2\sqrt{3})^2 - 2 \times 2\sqrt{3} \times 3\sqrt{2} + (3\sqrt{2})^2$

$= 12 - 12\sqrt{6} + 18$

$= 30 - 12\sqrt{6}$

02 $(\sqrt{x+3} - \sqrt{x})(\sqrt{x+3} + \sqrt{x})$

$= (\sqrt{x+3})^2 - (\sqrt{x})^2$

$= x + 3 - x = 3$

답 ③

2 분모의 유리화

(1) 분모의 유리화의 정의

분수에서 분모에 근호가 들어 있는 수 또는 식이 있을 때, 그것의 분모, 분자에 적당한 수나 식을 곱하여 분모에는 근호가 없는 꼴로 변형시키는 것을 분모의 유리화라고 한다.

(2) 분모의 유리화의 방법

① $\dfrac{b}{\sqrt{a}} = \dfrac{b\sqrt{a}}{\sqrt{a}\sqrt{a}} = \dfrac{b\sqrt{a}}{(\sqrt{a})^2} = \dfrac{b\sqrt{a}}{a}$

② $\dfrac{c}{\sqrt{a}+\sqrt{b}} = \dfrac{c(\sqrt{a}-\sqrt{b})}{(\sqrt{a}+\sqrt{b})(\sqrt{a}-\sqrt{b})} = \dfrac{c(\sqrt{a}-\sqrt{b})}{a-b}$ $(a \neq b)$

③ $\dfrac{c}{\sqrt{a}-\sqrt{b}} = \dfrac{c(\sqrt{a}+\sqrt{b})}{(\sqrt{a}-\sqrt{b})(\sqrt{a}+\sqrt{b})} = \dfrac{c(\sqrt{a}+\sqrt{b})}{a-b}$

바로바로 CHECK√

01 다음 식의 분모를 유리화하여라.

(1) $\dfrac{3}{\sqrt{2}}$

(2) $\dfrac{\sqrt{3}-1}{2\sqrt{3}+\sqrt{2}}$

02 $\dfrac{1}{2+\sqrt{3}} + \dfrac{1}{2-\sqrt{3}}$을 간단히 하면?

① -4　② 4

③ $-2\sqrt{3}$　④ $2\sqrt{3}$

01 (1) $\dfrac{3}{\sqrt{2}} = \dfrac{3\sqrt{2}}{\sqrt{2}\sqrt{2}} = \dfrac{3\sqrt{2}}{(\sqrt{2})^2} = \dfrac{3\sqrt{2}}{2}$

(2) $\dfrac{\sqrt{3}-1}{2\sqrt{3}+\sqrt{2}} = \dfrac{(\sqrt{3}-1)(2\sqrt{3}-\sqrt{2})}{(2\sqrt{3}+\sqrt{2})(2\sqrt{3}-\sqrt{2})} = \dfrac{6-\sqrt{6}-2\sqrt{3}+\sqrt{2}}{(2\sqrt{3})^2-(\sqrt{2})^2} = \dfrac{6-\sqrt{6}-2\sqrt{3}+\sqrt{2}}{10}$

02 $\dfrac{1}{2+\sqrt{3}} + \dfrac{1}{2-\sqrt{3}} = \dfrac{(2-\sqrt{3})+(2+\sqrt{3})}{(2+\sqrt{3})(2-\sqrt{3})} = \dfrac{4}{2^2-(\sqrt{3})^2} = 4$

답 ②

3 무리수가 서로 같을 조건

a, b, c, d가 유리수이고, $\sqrt{m}$, $\sqrt{n}$이 무리수일 때, 다음이 성립한다.

(1) $a+b\sqrt{m}=0 \iff a=0,\ b=0$

(2) $a+b\sqrt{m}=c+d\sqrt{m} \iff a=c,\ b=d$

(3) $a+\sqrt{m}=b+\sqrt{n} \iff a=b,\ m=n$

(4) $a\sqrt{2}+b\sqrt{5}=c\sqrt{2}+d\sqrt{5} \iff a=c,\ b=d$

바로바로 CHECK√

01 다음 등식을 만족시키는 유리수 x, y의 값을 구하시오.

(1) $x+1+(2x-y+5)\sqrt{2}=0$

(2) $(x-2)\sqrt{5}+(x+y-1)\sqrt{7}=\sqrt{5}+3\sqrt{7}$

01 (1) $x+1=0$, $2x-y=-5$
이어야 하므로 두 식을 연립하여 풀면
$x=-1$, $y=3$
(2) $x-2=1$, $x+y-1=3$
이어야 하므로 두 식을 연립하여 풀면
$x=3$, $y=1$

03 무리함수

1 무리함수의 정의

함수 $y=f(x)$에서 $f(x)$가 x에 대한 무리식일 때, 이 함수를 무리함수라 한다. 이때, $y=f(x)$의 정의역은 함숫값이 실수가 되도록 근호 안의 값이 음이 되지 않는 변수 x의 값의 범위로 한다.

2 무리함수의 그래프

(1) 무리함수 $y=\sqrt{ax}\,(a\neq 0)$의 그래프 중요+

① 정의역은 $\{x\,|\,ax\geq 0\}$, 치역은 $\{y\,|\,y\geq 0\}$이다.

② $a>0$이면 제1사분면, $a<0$이면 제2사분면에 그래프가 존재한다.

③ 함수 $y=\dfrac{x^2}{a}\,(x\geq 0)$의 그래프와 직선 $y=x$에 대하여 대칭이다.

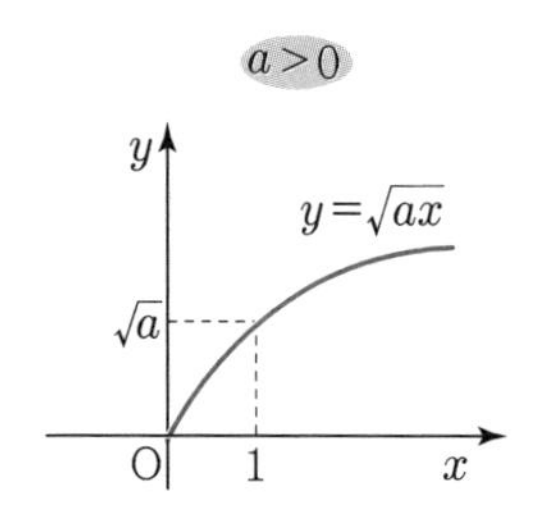

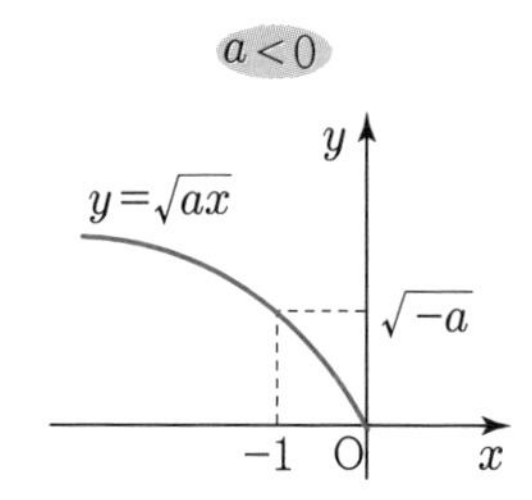

(2) $y=-\sqrt{ax}\,(a\neq 0)$의 그래프

① $y=-\sqrt{ax}$의 그래프는 $y^2=ax$의 그래프 중 $y\leq 0$의 부분인 반 포물선이다.

① 정의역은 $\{x\,|\,ax\geq 0\}$, 치역은 $\{y\,|\,y\leq 0\}$이다.

② $a>0$이면 제4사분면, $a<0$이면 제3사분면에 그래프가 존재한다.

③ 함수 $y=\dfrac{x^2}{a}\,(x\leq 0)$의 그래프와 직선 $y=x$에 대하여 대칭이다.

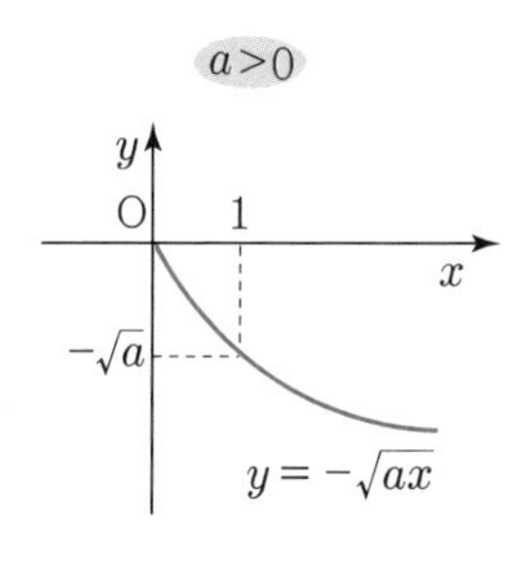

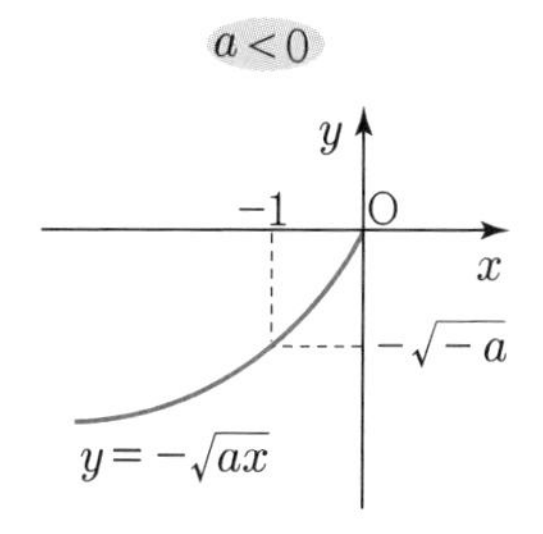

(3) 무리함수 $y=\sqrt{a(x-p)}+q(a\neq0)$의 그래프

무리함수 $y=\sqrt{a(x-p)}+q(a\neq0)$의 그래프는 무리함수 $y=\sqrt{ax}$의 그래프 x축의 방향으로 p만큼, y축의 방향으로 q만큼 평행이동한 것이다.

① $a>0$일 때 정의역은 $\{x\,|\,x\geq p\}$, 치역은 $\{y\,|\,y\geq q\}$

② $a<0$일 때 정의역은 $\{x\,|\,x\leq p\}$, 치역은 $\{y\,|\,y\geq q\}$

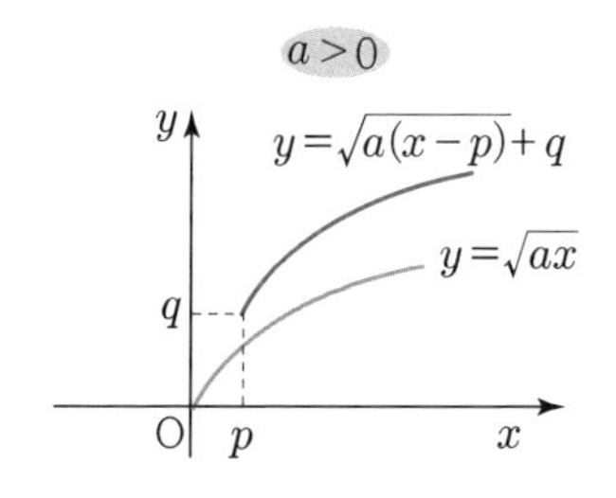

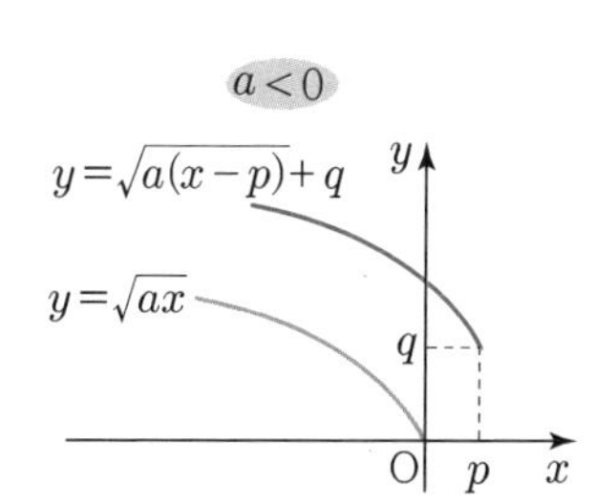

심화학습 **무리함수의 역함수의 그래프**

$f(x)=\sqrt{ax+b}+c$의 역함수 $f^{-1}(x)=\dfrac{(x-c)^2-b}{a}$의 그래프$(a>0,\ b>0,\ c>0)$

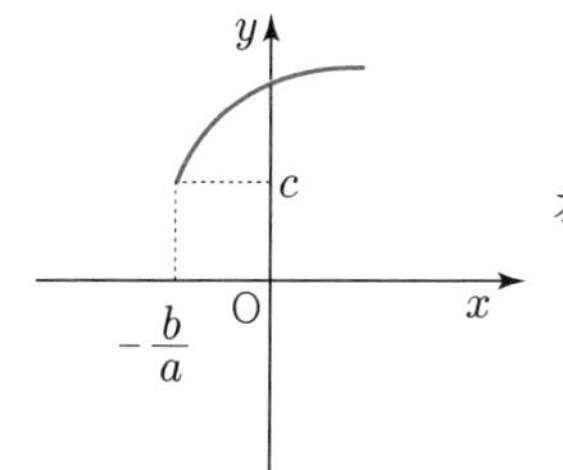

직선 $y=x$에 대칭

$\Rightarrow$

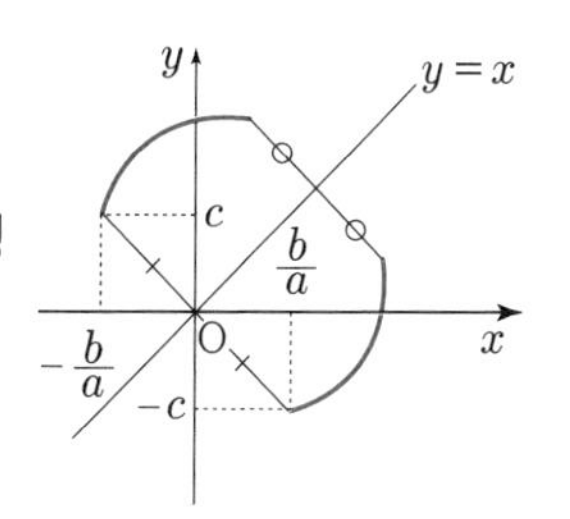

무리함수의 역함수는 다항함수 꼴이 된다.

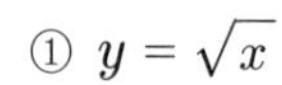

01 다음 무리함수 중 그 그래프가 오른쪽 그림과 같은 것은?

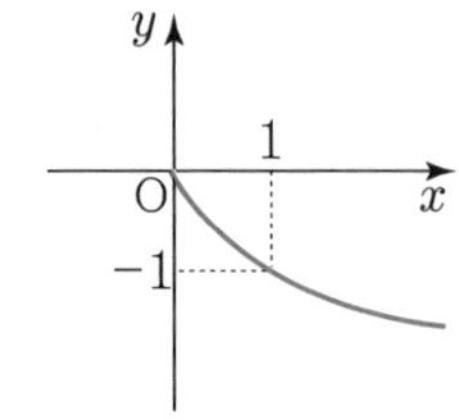

① $y = \sqrt{x}$
② $y = \sqrt{-x}$
③ $y = -\sqrt{x}$
④ $y = -\sqrt{-x}$

01 그래프는 (정의역) ≥ 0, (치역) ≤ 0이고, 제4사분면에 위치한다.

답 ③

02 함수 $y = \sqrt{\frac{1}{3}x - 2} + 1$의 정의역을 바르게 나타낸 것은?

① $\{x \mid x \geq 6,\ x\text{는 실수}\}$
② $\{x \mid x \geq 2,\ x\text{는 실수}\}$
③ $\{x \mid x \geq 1,\ x\text{는 실수}\}$
④ $\left\{x \mid x \geq \frac{1}{3},\ x\text{는 실수}\right\}$

02 $y = \sqrt{\frac{1}{3}x - 2} + 1$에서 정의역은

$\frac{1}{3}x - 2 \geq 0$이어야 하므로 $\frac{1}{3}x \geq 2$

$\therefore\ x \geq 6$

답 ①

01 다음 식을 근호 없이 나타내어라.

(1) $\sqrt{\dfrac{25}{16}}$ (2) $\sqrt{(\sqrt{3}-2)^2}$

(3) $\sqrt[3]{27}$ (4) $\sqrt[3]{-64}$

02 다음 식을 간단히 하여라.

(1) $\sqrt{18}-\sqrt{32}+\sqrt{50}$

(2) $\sqrt{\dfrac{3}{10}}\left(\sqrt{\dfrac{5}{6}}-\sqrt{\dfrac{2}{15}}\right)$

03 다음 식의 분모를 유리화하여라.

(1) $\dfrac{4}{\sqrt{2}}$ (2) $\dfrac{\sqrt{3}+\sqrt{2}}{\sqrt{3}-\sqrt{2}}$

04 기출 $\sqrt{(3+\sqrt{2})^2}+\sqrt{(3-\sqrt{2})^2}$을 간단히 하면?

① 3 ② 6

③ $\sqrt{6}$ ④ $2\sqrt{2}$

01

(2) $\sqrt{3}-2<0$이므로

$=\sqrt{(\sqrt{3}-2)^2}=|\sqrt{3}-2|$

$=2-\sqrt{3}$

02

(1) $\sqrt{18}-\sqrt{32}+\sqrt{50}$

$=\sqrt{3^2\times2}-\sqrt{4^2\times2}+\sqrt{5^2\times2}$

$=3\sqrt{2}-4\sqrt{2}+5\sqrt{2}=4\sqrt{2}$

(2) $\sqrt{\dfrac{3}{10}}\left(\sqrt{\dfrac{5}{6}}-\sqrt{\dfrac{2}{15}}\right)$

$=\sqrt{\dfrac{3}{10}}\times\sqrt{\dfrac{5}{6}}-\sqrt{\dfrac{3}{10}}\times\sqrt{\dfrac{2}{15}}$

$=\sqrt{\dfrac{1}{2^2}}-\sqrt{\dfrac{1}{5^2}}=\dfrac{1}{2}-\dfrac{1}{5}=\dfrac{3}{10}$

03

(1) $\dfrac{4\times\sqrt{2}}{\sqrt{2}\times\sqrt{2}}=\dfrac{4\sqrt{2}}{2}=2\sqrt{2}$

(2) $\dfrac{(\sqrt{3}+\sqrt{2})(\sqrt{3}+\sqrt{2})}{(\sqrt{3}-\sqrt{2})(\sqrt{3}+\sqrt{2})}$

$=5+2\sqrt{6}$

04

$3+\sqrt{2}>0,\ 3-\sqrt{2}>0$이므로

$\sqrt{(3+\sqrt{2})^2}+\sqrt{(3-\sqrt{2})^2}$

$=(3+\sqrt{2})+(3-\sqrt{2})=6$

ANSWER

01. (1) $\dfrac{5}{4}$ (2) $2-\sqrt{3}$

(3) 3 (4) -4

02. (1) $4\sqrt{2}$ (2) $\dfrac{3}{10}$

03. (1) $2\sqrt{2}$ (2) $5+2\sqrt{6}$

04. ②

05 $(\sqrt{3}+\sqrt{2})^2-(\sqrt{3}-\sqrt{2})^2$을 간단히 하면?

① $4\sqrt{6}$ ② $-4\sqrt{6}$
③ $2\sqrt{6}$ ④ $-2\sqrt{6}$

06 $a=\sqrt{5}-2$일 때 a^2+a의 값은?

① $7+3\sqrt{5}$ ② $7-3\sqrt{5}$
③ $-7+3\sqrt{5}$ ④ $-7-3\sqrt{5}$

07 $1<a<3$일 때, $\sqrt{(a-3)^2}+\sqrt{(a-1)^2}$의 값은?

① -2 ② 2
③ $2a-4$ ④ $2a+5$

08 $\dfrac{\sqrt{3}-\sqrt{2}}{2\sqrt{3}-3\sqrt{2}}$를 간단히 하면?

① $-\dfrac{\sqrt{6}}{6}$ ② $-\sqrt{6}$
③ $-\dfrac{\sqrt{3}}{3}$ ④ $-\sqrt{3}$

05

$(\sqrt{3}+\sqrt{2})^2-(\sqrt{3}-\sqrt{2})^2$
$=(3+2\sqrt{6}+2)-(3-2\sqrt{6}+2)$
$=5+2\sqrt{6}-5+2\sqrt{6}$
$=4\sqrt{6}$

06

$a^2+a=(\sqrt{5}-2)^2+(\sqrt{5}-2)$
$=5-4\sqrt{5}+4+\sqrt{5}-2$
$=7-3\sqrt{5}$

07

$1<a<3$이므로
$|a-3|+|a-1|$
$=-(a-3)+(a-1)$
$=-a+3+a-1=2$

08

$\dfrac{(\sqrt{3}-\sqrt{2})(2\sqrt{3}+3\sqrt{2})}{(2\sqrt{3}-3\sqrt{2})(2\sqrt{3}+3\sqrt{2})}$
$=\dfrac{\sqrt{6}}{(2\sqrt{3})^2-(3\sqrt{2})^2}$
$=-\dfrac{\sqrt{6}}{6}$

ANSWER

05. ① 06. ② 07. ② 08. ①

09 $\dfrac{2\sqrt{5}+\sqrt{10}}{2\sqrt{5}-\sqrt{10}}$ 을 간단히 하면?

① $3+2\sqrt{2}$ ② $3-2\sqrt{2}$

③ 20 ④ $4\sqrt{2}$

10 $x=\sqrt{2}$ 일 때, $\dfrac{\sqrt{x+1}-\sqrt{x-1}}{\sqrt{x+1}+\sqrt{x-1}}$ 의 값은?

고난도

① $-\sqrt{2}+1$ ② $-\sqrt{2}-1$

③ $\sqrt{2}+1$ ④ $\sqrt{2}-1$

11 다음 무리함수의 정의역과 치역을 각각 구하여라.

(1) $y=\sqrt{2x+3}+1$

(2) $y=-\sqrt{1-x}+2$

(3) $y=\sqrt{2-x}$

(4) $y=1-\sqrt{x-2}$

09

$\dfrac{(2\sqrt{5}+\sqrt{10})(2\sqrt{5}+\sqrt{10})}{(2\sqrt{5}-\sqrt{10})(2\sqrt{5}+\sqrt{10})}$

$=\dfrac{20+4\sqrt{50}+10}{10}$

$=\dfrac{30+4\sqrt{5^2\times2}}{10}$

$=3+2\sqrt{2}$

10

$\dfrac{\sqrt{x+1}-\sqrt{x-1}}{\sqrt{x+1}+\sqrt{x-1}}$

$=\dfrac{(\sqrt{x+1}-\sqrt{x-1})^2}{(\sqrt{x+1}+\sqrt{x-1})(\sqrt{x+1}-\sqrt{x-1})}$

$=\dfrac{x+1+x-1-2\sqrt{x^2-1}}{(x+1)-(x-1)}$

$=\dfrac{2x-2\sqrt{x^2-1}}{2}$

$=x-\sqrt{x^2-1}=\sqrt{2}-1$

ANSWER

09. ① 10. ④

11. (1) 정의역 : $\left\{x \mid x \geq -\dfrac{3}{2}\right\}$

치 역 : $\{y \mid y \geq 1\}$

(2) 정의역 : $\{x \mid x \leq 1\}$

치 역 : $\{y \mid y \leq 2\}$

(3) 정의역 : $\{x \mid x \leq 2\}$

치 역 : $\{y \mid y \geq 0\}$

(4) 정의역 : $\{x \mid x \geq 2\}$

치 역 : $\{y \mid y \leq 1\}$

12 다음 중 무리함수인 것은?

기출

① $y = 2x + \frac{1}{x}$　　② $y = \frac{3}{x} + \sqrt{5}$

③ $y = \sqrt{2}\,x + 1$　　④ $y = \sqrt{x-1} + 3$

13 무리함수 $f(x) = \sqrt{ax}$의 그래프가 그림과 같이 점 $(1,\ 2)$를 지날 때, 실수 a의 값은?

기출

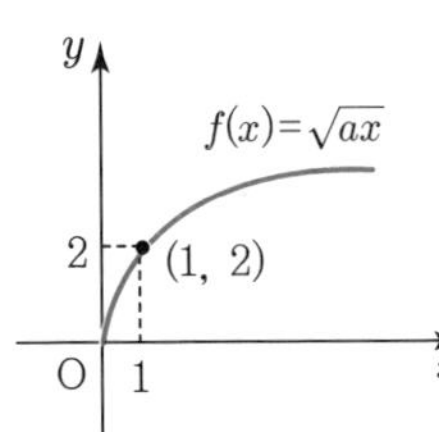

① 1
② 2
③ 3
④ 4

14 무리함수 $y = \sqrt{x}$의 그래프를 x축의 방향으로 p만큼, y축의 방향으로 q만큼 평행이동하면 $y = \sqrt{x-1} + 2$의 그래프가 된다. $p + q$의 값은?

기출

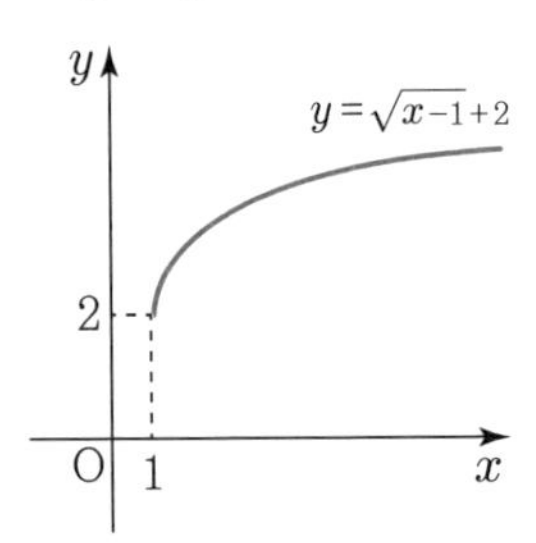

① 1　　② 2
③ 3　　④ 4

12

함수 $f(x)$에서 $f(x)$가 x에 대한 무리식일 때 무리함수라 하고, $y = \sqrt{ax+b} + c$의 형태로 나타낼 수 있다.

13

$f(x) = \sqrt{ax}$의 그래프가 점 $(1,\ 2)$를 지나므로

$f(1) = \sqrt{a \times 1} = 2$

$\therefore\ a = 4$

14

$y = \sqrt{x-p} + q$는 $y = \sqrt{x}$의 그래프를 x축 방향으로 p만큼, y축 방향으로 q만큼 평행이동한 그래프이다.

$p = 1,\ q = 2$

$\therefore\ p + q = 1 + 2 = 3$

ANSWER

12. ④　13. ④　14. ③

15 무리함수 $y = \sqrt{x+1} - 1$의 그래프는?

기출

①

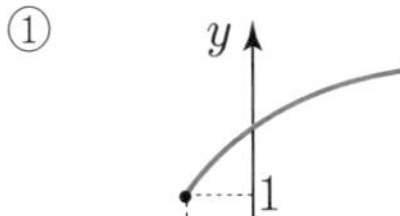

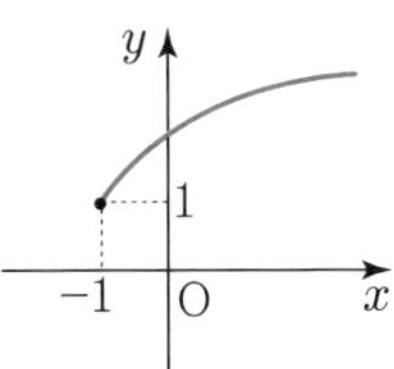

②

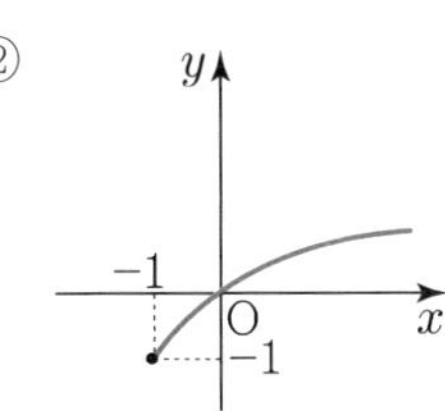

③

④

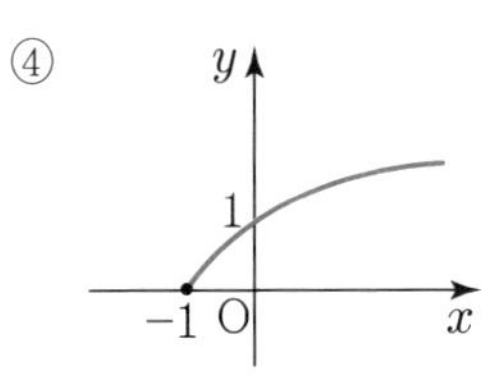

16 무리함수 $y = \sqrt{x-2} + 1(x \geq 2)$의 역함수의 정의역을 구하면?

고난도

① $\{x \mid x \geq 1\}$　② $\{x \mid x$는 모든 실수$\}$

③ $\{x \mid x < 1\}$　④ $\{x \mid x \leq 2\}$

15

무리함수 $y = \sqrt{x+1} - 1$의 꼭짓점(시작점)은 $\sqrt{\ }$ 안의 식이 0이 되는 x의 값을 x좌표로 삼고, 그 때 상수값(y의 값)을 y좌표로 삼는다.

$x = -1,\ y = -1$

$\therefore$ 꼭짓점이 $(-1,\ -1)$인 그래프

16

주어진 무리함수의 역함수는

$x = \sqrt{y-2} + 1$에서

$x - 1 = \sqrt{y-2}$

양변을 제곱하면,

$(x-1)^2 = y - 2$

$y = (x-1)^2 + 2(y \geq 2)$

따라서 정의역은 $\{x \mid x \geq 1\}$이다.

ANSWER

15. ②　16. ①

NOTE

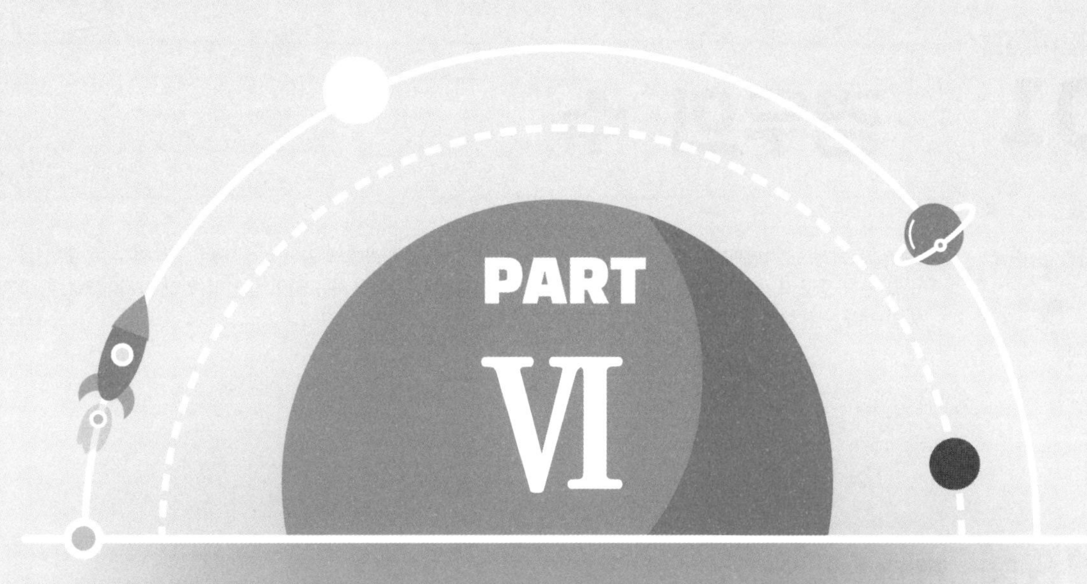

순열과 조합

Chapter

01 경우의 수

학습 point⁺

2015교육과정으로 바뀌면서 새롭게 추가된 단원입니다. 다양한 상황에서 일어날 수 있는 경우의 수를 합의 법칙, 곱의 법칙 등을 이용하여 구해 보는 연습을 합니다. 경우의 수 문제에서는 풀이 방법이 여러 가지이므로 한 가지 방법으로만 생각하는 것보다 다양한 방법으로 접근해 보는 것도 좋습니다.

01 경우의 수

1 사건과 경우의 수

(1) 사건 : 실험이나 관찰에 의하여 나타나는 결과

예 주사위를 던지는 시행, 동전을 던지는 시행 등

(2) 경우의 수 : 사건이 일어날 수 있는 모든 경우의 가짓수

(3) 수형도 : 나뭇가지 모양의 그림으로 경우의 수를 구할 때 주로 사용된다.

예 3장의 숫자 카드 [1], [2], [3]을 한 장씩 사용하여 세 자리 자연수를 만드는 경우의 수

[1] ┌ [2] − [3]
    └ [3] − [2]
[2] ┌ [1] − [3]
    └ [3] − [1]
[3] ┌ [1] − [2]
    └ [2] − [1]

기초학습 사건과 경우의 수의 구체적 사례

예를 들어, 1개의 주사위를 던지는 시행을 생각해 보자.
주사위 1개를 던지면 1부터 6까지의 눈이 나온다. 이와 같이 주사위 1개를 던지는 행동을 사건이라 한다. 또한, 주사위를 던졌을 때 나올 수 있는 모든 경우는 1, 2, 3, 4, 5, 6의 6가지이므로 경우의 수는 6이다.

2 합의 법칙

두 사건 A, B가 동시에 일어나지 않을 때, 사건 A, B가 일어나는 경우의 수가 각각 m, n이면 사건 A 또는 사건 B가 일어나는 경우의 수는 $m+n$이다.

이때, 두 사건 A, B가 동시에 일어나는 경우의 수가 l이면 사건 A 또는 사건 B가 일어나는 경우의 수는 $m+n-l$이다.

3 곱의 법칙

두 사건 A, B에 대하여 사건 A가 일어나는 경우의 수가 m이고, 그 각각에 대하여 사건 B가 일어나는 경우의 수가 n일 때, 두 사건 A, B가 동시에 일어나는 경우의 수는 mn이다.

심화학습 **동시에 일어나는 사건의 수학적 의미**

일반적으로 두 사건이 동시에 일어난다고 하는 것은 같은 시점에서 두 사건이 동시에 일어난다는 것을 의미하지만 수학에서는 같은 시점에서 동시에 일어날 수 없다. 즉, 동시에 일어나는 사건의 수학적 의미는 두 사건이 연달아 일어나는 것을 의미한다.

바로바로 CHECK√

01 1부터 20까지의 자연수가 각각 하나씩 적힌 20장의 카드 중에서 한 장의 카드를 택할 때, 다음 사건이 일어나는 경우의 수를 각각 구하여라.

(1) 5의 배수 또는 6의 배수인 경우의 수

(2) 3의 배수 또는 4의 배수인 경우의 수

01 (1) 한 장의 카드를 택할 때, 5의 배수의 눈이 나오는 사건을 A, 6의 배수의 눈이 나오는 사건을 B라 하면 사건 A가 일어나는 경우는 5, 10, 15, 20의 4가지, 사건 B가 일어나는 경우는 6, 12, 18의 3가지이고, 사건 A와 사건 B가 동시에 일어나는 경우는 없으므로 구하는 경우의 수는

$4+3=7$

(2) 한 장의 카드를 택할 때, 3의 배수의 눈이 나오는 사건을 C, 4의 배수의 눈이 나오는 사건을 D라 하면 사건 C가 일어나는 경우는 3, 6, 9, 12, 15, 18의 6가지, 사건 D가 일어나는 경우는 4, 8, 12, 16, 20의 5가지이고, 사건 C와 사건 D가 동시에 일어나는 경우는 12의 1가지이므로 구하는 경우의 수는

$6+5-1=10$

02 여러 가지 경우의 수

1 도로망에서의 경우의 수

한 지점에서 다른 지점으로 이동할 때 중간 지점을 경유하는 경우에는 다음과 같은 방법을 이용한다.

(1) 동시에 갈 수 없는 길 ⇒ 합의 법칙을 이용한다.

(2) 같은 중간 지점을 경유하는 길 ⇒ 곱의 법칙을 이용한다.

2 금액을 지불하는 경우의 수

x원, y원, z원, ⋯ 동전이 각각 a개, b개, c개, ⋯ 있을 때, 이 동전을 지불할 수 있는 경우는 $a+1$가지, $b+1$가지, $c+1$가지, ⋯임을 이용한다.

(1) 지불할 수 있는 방법의 수

곱의 법칙을 이용한다.

(2) 지불할 수 있는 금액의 수

500원짜리 동전 1개는 100원짜리 동전 5개, 100원짜리 동전 1개는 50원짜리 동전 2개, 50원짜리 동전 1개는 10원짜리 동전 5개와 금액이 같으므로 겹치는 부분을 제외하고 구한다.

3 색칠하는 경우의 수

색을 칠하는 경우의 수는 다음과 같은 방법으로 구한다.

(1) 모두 다른 색을 칠할 때

각 영역은 서로 구분되어 있고, 한 영역에 색을 칠하면 다른 영역에는 칠할 수 없으므로 가짓수를 하나씩 줄여가면서 곱의 법칙을 이용한다.

(2) 같은 색을 중복하여 칠할 때

한 영역에 색을 칠하면 그와 이웃하지 않는 영역은 다시 칠할 수 있다. 이에 주의하여 곱의 법칙을 이용한다.

잠깐! 처음 칠할 영역을 정할 때 이웃한 영역이 많은 곳을 선택하면 경우의 수를 구하기 쉽다.

바로 바로 CHECK√

01 다음 그림과 같이 세 지점 A, B, C를 연결하는 길이 있다. A지점에서 출발하여 C지점으로 이동하는 방법의 수는?

① 8
② 10
③ 12
④ 14

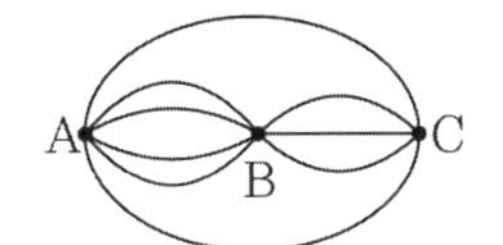

02 1000원짜리 지폐 1장, 500원짜리 동전 4개, 100원짜리 동전 3개가 있을 때, 이들을 일부 또는 전부를 사용하여 지불 할 수 있는 금액의 수는? (단, 0원을 지불하는 것은 제외한다.)

① 23　② 27
③ 31　④ 35

03 다음 그림과 같이 A, B, C, D의 4개의 영역을 서로 다른 4가지의 색을 이용하여 칠하려고 한다. 같은 색을 중복하여 사용해도 좋으나 이웃하는 영역은 서로 다른 색으로 칠하는 방법의 수는? (단, 각 영역에는 한 가지 색만 칠한다.)

① 24
② 36
③ 48
④ 60

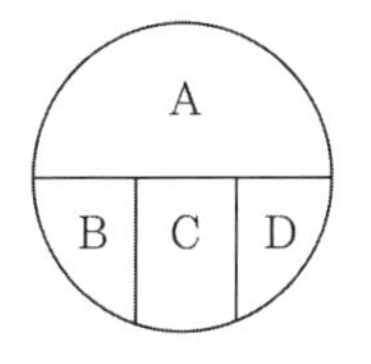

01 (ⅰ) B지점을 지나가는 경우
A지점에서 B지점으로 가는 방법의 수는 4, B지점에서 C지점으로 가는 경우의 수는 3이므로 B지점을 지나는 방법의 수는 $4 \times 3 = 12$
(ⅱ) B지점을 지나지 않는 경우
A지점에서 B지점을 지나지 않고 C지점으로 가는 방법의 수는 2
(ⅰ)과 (ⅱ)는 동시에 일어나지 않으므로 구하는 방법의 수는 $12 + 2 = 14$

답 ④

02 1000원짜리 지폐 1장으로 500원짜리 동전 2개로 바꿀 수 있으므로 구하는 경우의 수는 500원짜리 동전 6개와 100원짜리 동전 3개로 지불할 수 있는 금액의 수와 같다.
500원짜리 동전 6개로 지불할 수 있는 금액은 7가지, 100원짜리 동전 3개로 지불할 수 있는 금액은 4가지이다. 이때, 0원을 지불하는 경우는 제외해야 하므로 구하는 금액의 수는 $7 \times 4 - 1 = 27$

답 ②

03 A에 칠할 수 있는 색은 4가지, B에 칠할 수 있는 색은 A에 칠한 색을 제외한 3가지, C에 칠할 수 있는 색은 A, B에 칠한 색을 제외한 2가지, D에 칠할 수 있는 색은 A, C에 칠한 색을 제외한 2가지이므로 구하는 방법의 수는 $4 \times 3 \times 2 \times 2 = 48$(가지)

답 ③

01 2종류의 연필과 3종류의 볼펜이 있을 때, 이 중 하나를 선택하는 방법의 수는?

① 2　　② 3
③ 4　　④ 5

01
연필을 선택하는 경우와 볼펜을 선택하는 경우는 동시에 일어나지 않으므로 구하는 방법의 수는 $2+3=5$

02 한 개의 주사위를 던질 때 나온 눈의 수가 2의 배수인 경우의 수는?

① 1　　② 2
③ 3　　④ 4

02
한 개의 주사위를 던졌을 때 나온 눈의 수가 2의 배수인 경우는 2, 4, 6이므로 구하는 경우의 수는 3이다.

03 서로 다른 두 개의 주사위를 동시에 던질 때, 나온 눈의 수의 합이 5의 배수 또는 7의 배수가 되는 경우의 수는?

① 11　　② 13
③ 15　　④ 17

03
(i) 나온 눈의 수의 합이 5의 배수일 때 눈의 수의 합이 5인 경우는 (1, 4), (2, 3), (3, 2), (4, 1)의 4가지 눈의 수의 합이 10인 경우는 (4, 6), (5, 5), (6, 4)의 3가지이므로 5의 배수인 경우의 수는 $4+3=7$
(ii) 나온 눈의 수의 합이 7의 배수일 때 눈의 수의 합이 7인 경우는 (1, 6), (2, 5), (3, 4), (4, 3), (5, 2), (6, 1)의 6가지
(i)과 (ii)는 동시에 일어나지 않으므로 구하는 경우의 수는 $7+6=13$

04 서로 다른 두 주머니에 1, 2, 3, 4가 하나씩 적혀 있는 4개의 공이 각각 들어 있다. 각각의 주머니에서 공을 한 개씩 꺼낼 때, 꺼낸 공에 적힌 수의 차가 2 이상이 되는 경우의 수는?

① 6　　② 7
③ 8　　④ 9

04
(i) 적힌 수의 차가 2인 경우
(1, 3), (2, 4), (3, 1), (4, 2)의 4가지
(ii) 적힌 수의 차가 3인 경우
(1, 4), (4, 1)의 2가지
(i), (ii)는 동시에 일어나지 않으므로 구하는 경우의 수는 $4+2=6$

ANSWER
01. ④　02. ③　03. ②　04. ①

05 한 방정식 $x+6y=30$을 만족시키는 자연수 x, y의 순서 쌍 (x, y)의 개수는?

① 2 ② 3
③ 4 ④ 5

06 방정식 $x+3y+5z=20$을 만족시키는 세 자연수 x, y, z의 순서쌍 (x, y, z)의 개수는?

① 7 ② 8
③ 9 ④ 10

07 부등식 $3x+y \le 13$을 만족시키는 자연수 x, y의 순서쌍 (x, y)의 개수는?

① 13 ② 16
③ 19 ④ 22

05

y의 계수가 x의 계수보다 크므로
y의 값에 따른 x의 값을 구하면
$y=1$일 때 $x=24$, $y=2$일 때 $x=18$,
$y=3$일 때 $x=12$, $y=4$일 때 $x=6$
따라서 순서쌍 (x, y)의 개수는 4이다.

06

z의 계수, y의 계수, x의 계수가 차례로 크므로 z의 값에 따른 y, x의 값을 살펴보면
(ⅰ) $z=1$일 때
$y=1$이면 $x=12$, $y=2$이면 $x=9$,
$y=3$이면 $x=6$, $y=4$이면 $x=3$
(ⅱ) $z=2$일 때
$y=1$이면 $x=7$, $y=2$이면 $x=4$,
$y=3$이면 $x=1$
(ⅲ) $z=3$일 때
$y=1$이면 $x=2$
(ⅰ), (ⅱ), (ⅲ)은 동시에 일어나지 않으므로 구하는 순서쌍 (x, y, z)의 개수는
$4+3+1=8$

07

x의 계수가 y의 계수보다 크므로
x의 값에 따른 y의 값을 구하면
$x=1$일 때 y의 값은 $1, 2, 3, \cdots, 10$
$x=2$일 때 y의 값은 $1, 2, 3, \cdots, 7$
$x=3$일 때 y의 값은 $1, 2, 3, 4$
$x=4$일 때 y의 값은 1
따라서 순서쌍 (x, y)의 개수는
$10+7+4+1=22$이다.

ANSWER
05. ③ 06. ② 07. ④

08 두 집합 $A = \{1, 2, 3\}$, $B = \{1, 2, 3, 4\}$에 대하여 각 집합에서 한 개의 원소를 택할 때, 두 수의 합이 짝수인 경우의 수는?

① 3 ② 4
③ 5 ④ 6

09 (고난도) 두 집합 $A = \{2, 4, 7\}$, $B = \{2, 3, 5, 8\}$에 대하여 각 집합의 원소들 중에서 하나씩 선택하여 얻은 것을 a, b라 하자. 이때, $a < b$인 경우의 수는?

① 3 ② 4
③ 5 ④ 6

10 서로 다른 티셔츠 4벌과 바지 3벌이 있다. 티셔츠와 바지를 각각 하나씩 택하는 방법의 수는?

① 7 ② 9
③ 10 ④ 12

11 다항식 $(a+b)(k+l+m)(p+q)$를 전개할 때, 항의 개수는?

① 2 ② 6
③ 7 ④ 12

08

두 수의 합이 짝수가 되는 경우는
(ⅰ) 짝수 + 짝수
집합 A의 원소 중에서 짝수의 개수는 1, 집합 B의 원소 중에서 짝수의 개수는 2이므로 두 수의 합이 짝수인 경우의 수는 $1 \times 2 = 2$
(ⅱ) 홀수 + 홀수
집합 A의 원소 중에서 홀수의 개수는 2, 집합 B의 원소 중에서 홀수의 개수는 2이므로 두 수의 합이 홀수인 경우의 수는 $2 \times 2 = 4$
(ⅰ)과 (ⅱ)는 동시에 일어나지 않으므로 구하는 경우의 수는 $2 + 4 = 6$

09

(ⅰ) $a = 2$일 때, b의 값이 될 수 있는 것은 3, 5, 8의 3가지
(ⅱ) $a = 4$일 때, b의 값이 될 수 있는 것은 5, 8의 2가지
(ⅲ) $a = 7$일 때, b의 값이 될 수 있는 것은 8의 1가지
(ⅰ), (ⅱ), (ⅲ)은 동시에 일어나지 않으므로 구하는 경우의 수는 $3 + 2 + 1 = 6$

10

티셔츠를 선택하는 방법의 수는 4, 바지를 선택하는 방법의 수는 3이다. 티셔츠와 바지를 동시에 선택해야 하므로 곱의 법칙에 의해 구하는 방법의 수는 $4 \times 3 = 12$

11

각 다항식에서 항을 한 개씩 택하는 경우의 수와 같으므로 구하는 항의 개수는
$2 \times 3 \times 2 = 12$

ANSWER
08. ④ 09. ④ 10. ④ 11. ④

12 72의 양의 약수의 개수는?

① 8　② 12
③ 16　④ 18

13 36과 60의 양의 공약수의 개수는?

① 6　② 8
③ 12　④ 18

14 다음 그림과 같이 네 지점 A, B, C, D를 연결하는 길이 있다. B지점에서 출발하여 D지점으로 가는 방법의 수는? (단, 같은 지점은 한 번만 지난다.)

고난도

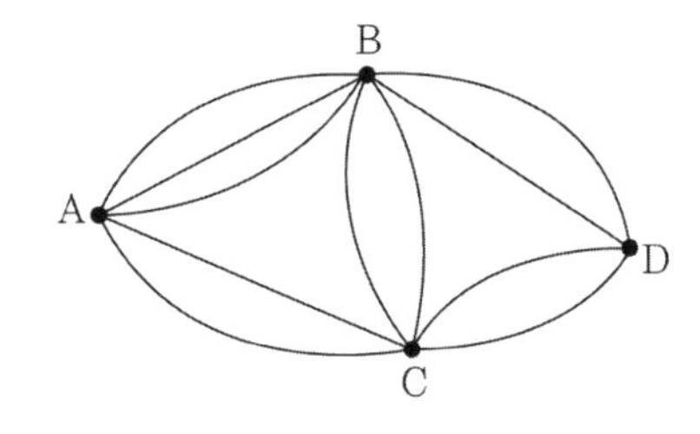

① 18　② 24
③ 36　④ 48

12

72를 소인수분해하면 $72 = 2^3 \times 3^2$이다.
이때, 2^3의 약수는 1, 2, 2^2, 2^3의 4개, 3^2의 약수는 1, 3, 3^2의 3개이다.
이때, 2^3의 약수와 3^2의 약수 중 하나씩 선택하여 곱한 수는 모두 72의 약수가 되므로 곱의 법칙에 의해 약수의 개수는 $4 \times 3 = 12$

13

36과 60의 최대공약수가 12이고, 양의 공약수의 개수는 최대공약수의 약수의 개수와 같다. 이때, $12 = 2^2 \times 3$이므로 다음과 같이 각 소인수가 곱해진 경우를 표로 나타내면

$\times$	$2^0(=1)$	2^1	2^2
$3^0(=1)$	1	2	4
3^1	3	6	12

따라서 양의 공약수의 개수는 6이다.

14

B지점에서 출발하여 D지점으로 가는 방법은
B → D로 가는 방법은 2가지,
B → C → D로 가는 방법은
$2 \times 2 = 4$(가지),
B → A → C → D로 가는 방법은
$3 \times 2 \times 2 = 12$(가지)
따라서 구하는 방법의 수는
$2 + 4 + 12 = 18$

ANSWER

12. ② 13. ① 14. ①

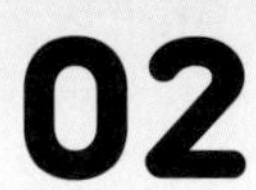

Chapter 02 순 열

2015교육과정으로 바뀌면서 새롭게 추가된 단원입니다. 순열의 개념을 이해하고, 계승이라는 뜻을 가진 !을 이용하여 순열의 수를 구하는 공식을 반드시 익혀야 합니다. 이를 통해 여러 가지 상황에서 순열을 어떻게 이용하는지도 파악해야 합니다.

01 순 열

1 순열의 뜻

서로 다른 n개에서 $r(0 < r \leq n)$개를 택하여 일렬로 나열하는 것을 n개에서 r개를 택하는 순열이라 하고, 기호로 ${}_n\mathrm{P}_r$와 같이 나타낸다.

$${}_n\mathrm{P}_r$$

서로 다른 것의 개수 (n) / 택하는 것의 개수 (r)

2 순열의 수

서로 다른 n개에서 $r(0 < r \leq n)$개를 택하는 순열의 수는 ${}_n\mathrm{P}_r = n(n-1)(n-2)\cdots(n-r+1)$

심화학습 순열의 수 공식에서 $(n-r+1)$인 이유

서로 다른 n개에서 r개를 택하여 일렬로 나열할 때의 과정을 살펴보면 다음과 같다.
첫 번째 자리에 올 수 있는 경우는 n가지, 두 번째 자리에 올 수 있는 경우는 첫 번째 자리에 온 경우를 제외한 $n-1$가지, 세 번째 자리에 올 수 있는 경우는 첫 번째, 두 번째 자리에 온 경우를 제외한 $n-2$가지, $\cdots$, r번째 자리에 올 수 있는 경우는 첫 번째, 두 번째, $\cdots$, $r-1$번째 자리를 제외한 $n-(r-1)=n-r+1$가지이므로 곱의 법칙에 의하여 서로 다른 n개에서 r개를 택하는 순열의 수는 ${}_n\mathrm{P}_r = n(n-1)(n-2)\cdots(n-r+1)$이 된다. 이때, r번째 자리에 올 수 있는 경우의 수는 $r-1$번째까지 $r-1$가지가 선택됐으므로 전체 n에서 선택된 $r-1$을 뺀 $n-(r-1)=n-r+1$이 된다.

3 순열 ${}_{n}\mathrm{P}_{r}$의 계산

(1) n의 계승

1부터 n까지의 자연수를 차례로 곱한 것을 n의 계승이라 하고 n 팩토리얼로 읽기도 하며 기호로 $n!$와 같이 나타낸다. 즉,

$n! = n \times (n-1) \times (n-2) \times \cdots \times 3 \times 2 \times 1$

(1) $n!$을 이용한 순열의 수

① ${}_{n}\mathrm{P}_{n} = n!$

② ${}_{n}\mathrm{P}_{0} = 1$

③ $0! = 1$

④ ${}_{n}\mathrm{P}_{r} = \dfrac{n!}{(n-r)!}$ (단, $0 \le r \le n$)

기초학습 $0! = 1$인 이유

${}_{n}\mathrm{P}_{r} = \dfrac{n!}{(n-r)!}$에서 $r = 0$이면 ${}_{n}\mathrm{P}_{0} = \dfrac{n!}{(n-r)!} = \dfrac{n!}{n!} = 1$이다.

또한, ${}_{n}\mathrm{P}_{r} = n(n-1)(n-2)\cdots(n-r+1)$에서 r 대신 n을 대입하면

${}_{n}\mathrm{P}_{n} = n(n-1)(n-2)\cdots 3 \times 2 \times 1 = n!$이고, ${}_{n}\mathrm{P}_{r} = \dfrac{n!}{(n-r)!}$에서 r 대신 n을 대입하면

${}_{n}\mathrm{P}_{n} = \dfrac{n!}{(n-n)!} = \dfrac{n!}{0!} = n!$이므로 $0! = 1$이 된다.

바로바로 CHECK√

01 다음을 계산하여라.

(1) $4!$　　(2) $\frac{5!}{2}$

(3) ${}_5P_0$　　(4) $0! \times 2!$

02 다음 등식을 만족시키는 n 또는 r의 값을 구하여라.

(1) ${}_nP_2 = 56$

(2) ${}_8P_r = 336$

(3) ${}_nP_5 = 30{}_nP_3$ (단, $n \geq 5$)

01 (1) $4! = 4 \times 3 \times 2 \times 1 = 24$

(2) $\frac{5!}{2} = \frac{5\times4\times3\times2\times1}{2}$

$= \frac{120}{2} = 60$

(3) ${}_5P_0 = 1$

(4) $0! \times 2! = 1 \times 2 \times 1 = 2$

02 (1) ${}_nP_2 = n(n-1) = 56$이므로

$n^2 - n - 56 = 0$, $(n+7)(n-8) = 0$

$\therefore n = 8 (\because n > 0)$

(2) $8 \times 7 \times 6 = 336$이므로 $r = 3$

(3) $n(n-1)(n-2)(n-3)(n-4)$

$= 30 \times n(n-1)(n-2)$

$(n-3)(n-4) = 30$,

$n^2 - 7n - 18 = 0$,

$(n+2)(n-9) = 0$

$\therefore n = 9 (\because n > 0)$

02 여러 가지 순열의 수

1 일렬로 세우는 순열의 수

(1) 특정 조건이 없는 경우

일렬로 세우는 경우의 수를 구할 때 특정 조건이 없는 경우에는 기본적인 순열 공식을 이용하여 구한다.

(2) 특정 조건이 있는 경우

직책이 다른 대표를 뽑는 문제와 같은 경우는 순서를 생각하는 것과 같으므로 순열을 이용한다.

2 이웃하거나 이웃하지 않는 순열의 수

이웃하거나 이웃하지 않는 순열의 수를 구할 때는 다음과 같은 순서로 구한다.

(1) 이웃하는 것이 있는 순열의 수

① 이웃하는 것을 하나로 생각한 후 순열의 수를 구한다.

② 이웃하는 것끼리 자리를 바꾸는 경우를 구한다. 이때, 이웃하는 것이 n개일 때는 $n!$이 된다.

③ ①, ②에서 구한 순열의 수를 곱한다.

(2) 이웃하지 않는 것이 있는 순열의 수

① 먼저 이웃해도 되는 것을 일렬로 나열하는 순열의 수를 구한다.

② 이웃해도 되는 것들의 사이사이와 양 끝에 이웃하지 않는 것을 나열하는 순열의 수를 구한다.

③ ①, ②에서 구한 순열의 수를 곱한다.

3 자리가 정해진 순열의 수

자리가 정해진 순열의 수는 다음과 같은 순서로 구한다.

(1) 양 끝에 특정 문자를 배열하는 경우

① 특정 문자를 제외한 나머지 문자를 일렬로 나열하는 순열의 수를 구한다.

② 양 끝에서 자리를 바꾸는 경우의 수 2와 ①에서 구한 순열의 수를 곱한다.

(2) 두 문자 사이에 n개의 문자가 있는 경우

① 두 문자 사이를 포함하여 한 문자로 생각한 후 순열의 수를 구한다.

② 두 문자 사이의 n개의 문자에 올 수 있는 순열의 수를 구한다.

③ 두 문자의 자리를 바꾸는 경우의 수 2와 ①, ②에서 구한 순열의 수를 모두 곱한다.

4 '적어도 ~인'을 포함한 순열의 수

'적어도 ~인'을 포함한 문제는 다음과 같은 순서로 구한다.

(1) 전체 순열의 수를 구한다.

(2) '적어도 ~인'의 부정, 즉 '하나도 ~가 아닌'에 해당하는 순열의 수를 구한다.

(3) (1)에서 구한 순열의 수에서 (2)에서 구한 순열의 수를 뺀다.

잠깐! 이 방법은 반드시 '적어도 ~인'을 포함한 순열의 수를 구할 때만 사용되는 것은 아니다. 구하고자 하는 순열의 수보다 그와 반대되는 순열의 수가 더 적을 때 사용될 수도 있다.

5 자연수를 만드는 순열의 수

자연수를 만드는 순열의 수는 다음과 같은 방법으로 구한다.

(1) 0을 포함하지 않는 경우

0을 포함하지 않는 경우에는 각 자리에 모든 숫자가 올 수 있으므로 일반적인 순열 공식을 이용하여 구한다.

(2) 0을 포함하는 경우

맨 앞자리에는 0이 올 수 없으므로 맨 앞자리에는 0을 제외한 나머지 숫자가 올 수 있는 경우를 생각하고 나머지 자리는 (1)과 같은 방법으로 구한다.

(3) 특정 조건이 주어진 경우

짝수, 홀수, 5의 배수, 10의 배수 등과 같이 특정 조건이 주어진 경우 각 조건의 특성을 생각하여 일의 자리에 올 수 있는 경우를 먼저 생각한다.

6 사전식 배열을 이용하여 문자를 찾는 순열의 수

사전식 배열을 이용하여 문자를 찾는 순열의 수는 다음과 같은 순서로 구한다.

(1) 문자의 순서를 파악한다.

(2) 맨 앞자리의 문자보다 앞선 문자가 있는 경우 그에 대한 문자 배열의 수를 구한다.

(3) 다음 자리부터 (2)의 과정을 반복하여 주어진 문자가 몇 번째에 오는지 구한다.

바로 바로 CHECK√

01 5명의 학생이 있을 때, 다음을 각각 구하여라.

(1) 5명을 일렬로 세우는 방법의 수

(2) 5명 중 3명을 뽑아 일렬로 세우는 방법의 수

(3) 5명 중에서 회장과 부회장을 뽑는 방법의 수

02 5명의 학생 A, B, C, D, E가 일렬로 설 때, A와 E가 서로 이웃하여 서는 방법의 수를 구하여라.

03 hospital의 8개의 문자를 일렬로 나열할 때, 다음을 구하여라.

(1) h가 맨 처음에, l이 맨 마지막에 오는 방법의 수

(2) h와 l 사이에 3개의 문자가 있는 방법의 수

01 (1) 서로 다른 5개에서 5개를 택하는 순열의 수와 같으므로 $_5P_5 = 5! = 120$

(2) 서로 다른 5개에서 3개를 택하는 순열의 수와 같으므로
$_5P_3 = 5 \times 4 \times 3 = 60$

(3) 서로 다른 5개에서 2개를 택하는 순열의 수와 같으므로
$_5P_2 = 5 \times 4 = 20$

02 A와 E를 한 사람으로 생각하면 4명이 일렬로 서는 방법의 수는
$4! = 24$
A와 E가 자리를 바꾸는 방법의 수는
$2! = 2$
따라서 구하는 방법의 수는
$24 \times 2 = 48$

03 (1) h와 l의 자리는 이미 정해졌으므로 구하는 방법의 수는 두 문자를 제외한 나머지 6개의 문자를 일렬로 나열하는 방법의 수와 같다.
따라서 구하는 방법의 수는 $6! = 720$

(2) h○○○l을 한 문자로 생각하여 4개의 문자를 일렬로 나열하는 방법의 수는
$4! = 24$
h와 l 사이에 3개의 문자를 나열하는 방법의 수는 $_6P_3 = 6 \times 5 \times 4 = 120$
h와 l의 자리를 바꾸는 방법의 수는
$2! = 2$
따라서 구하는 방법의 수는
$24 \times 120 \times 2 = 5760$

04 **각각 다른 숫자가 적혀있는 빨간색 의자 3개와 파란색 의자 2개를 일렬로 나열할 때, 적어도 한쪽 끝에 파란색 의자를 나열하는 방법의 수를 구하여라.**

05 **4개의 숫자 0, 1, 2, 3에서 서로 다른 3개의 숫자를 택하여 세 자리 자연수를 만들 때, 다음을 구하여라.**

(1) 세 자리 자연수의 개수

(2) 홀수의 개수

06 **4개의 문자 a, m, r, s, y를 한 번씩만 사용하여 사전식으로 배열할 때, 다음 물음에 답하여라.**

(1) $sayrm$은 몇 번째에 오는지 구하여라.

(2) 51번째 오는 문자열을 구하여라.

04 구하는 방법의 수는 전체에서 양 끝에 빨간색 의자가 오는 경우를 뺀 것과 같다.
전체 5개의 의자를 일렬로 나열하는 방법의 수는 $5! = 120$
양 끝에 나열할 빨간색 의자를 택하는 방법의 수는 ${}_3P_2 = 3 \times 2 = 6$
남은 3개의 의자를 일렬로 나열하는 방법의 수는 $3! = 6$
따라서 구하는 방법의 수는
$120 - 6 \times 6 = 84$

05 (1) 3개의 숫자로 세 자리 자연수를 만들기 위해서는 백의 자리에는 0을 제외한 1, 2, 3 중 하나의 숫자가 위치해야 한다. 남은 두 자리에는 0을 포함한 나머지 세 개의 숫자 중 둘이 배치된다.
따라서 구하는 방법의 수는
$3 \times {}_3P_2 = 3 \times 3 \times 2 = 18$

(2) 홀수가 되기 위해서는 1, 3 중 하나의 숫자가 일의 자리에 위치해야 한다. 또한 백의 자리에는 둘 중 남은 하나의 숫자와 2 중 하나가 위치할 수 있다. 남은 숫자는 0을 포함하여 두 개로, 십의 자리에는 어느 것이나 위치할 수 있다.
따라서 구하는 방법의 수는
$2 \times 2 \times 2 = 8$

06 (1) a□□□□ 꼴인 문자열의 개수는
$4! = 24$
b□□□□ 꼴인 문자열의 개수는
$4! = 24$
r□□□□ 꼴인 문자열의 개수는
$4! = 24$
sam□□ 꼴인 문자열의 개수는
$2! = 2$
sar□□ 꼴인 문자열의 개수는
$2! = 2$
$sayrm$은 say□□ 꼴에서 두 번째 오는 문자열이므로
$24+24+24+2+2+2=78$번째 오는 문자열이다.

(2) (1)의 풀이에서 49번째 오는 문자열은 $ramsy$, 50번째 오는 문자열은 $ramys$이므로 51번째 오는 문자열은 $rasmy$이다.

01 $5!$의 값은?

① 80 ② 100
③ 120 ④ 160

02 등식 $8! = 6! \times n$을 만족시키는 자연수 n의 값은?

① 7 ② 8
③ 28 ④ 56

03 다음 등식 중 옳지 <u>않은</u> 것은?

① $3! = 6$ ② $4! \times 0! = 5!$
③ $2! \times 2! \times 3! = 4!$ ④ $5! \times 3! = 6!$

04 ${}_7P_3$의 값은?

① 42 ② 120
③ 210 ④ 840

05 등식 ${}_6P_r \times 3! = 720$을 만족시키는 r의 값은?

① 2 ② 3
③ 4 ④ 5

01
$5! = 5 \times 4 \times 3 \times 2 \times 1 = 120$

02
$8 \times 7 \times \cdots 2 \times 1$
$= 6 \times 5 \times \cdots \times 2 \times 1 \times n$
$\therefore\ n = 8 \times 7 = 56$

03
$5! \times 0! = 4! \times 1 = 4!$

04
${}_7P_3 = 7 \times 6 \times 5 = 210$

05
${}_6P_r \times 3! = 720$에서
${}_6P_r \times 3 \times 2 \times 1$
$= 6 \times 5 \times 4 \times 3 \times 2 \times 1 = 720$
${}_6P_r = 6 \times 5 \times 4 \qquad \therefore r = 3$

ANSWER
01. ③ 02. ④ 03. ② 04. ③ 05. ②

06 등식 $_nP_2 = 9n$을 만족시키는 자연수 n의 값은?

① 8 ② 9
③ 10 ④ 11

07 6명의 학생을 일렬로 세우는 방법의 수는?

① 120 ② 360
③ 720 ④ 1080

08 8명의 학생 중에서 회장, 부회장, 서기를 각각 한 사람씩 뽑는 경우의 수는?

① 216 ② 336
③ 432 ④ 576

09 네 학생 A, B, C, D가 봉사 활동을 하는 4일 동안 하루에 한 명씩 네 명 모두 식사 당번을 하려고 한다. 식사 당번 순서를 정할 때, A가 셋째 날에 식사 당번을 하도록 하는 경우의 수는?

① 6 ② 8
③ 12 ④ 15

10 남자 3명과 여자 4명을 일렬로 세울 때, 남자 3명이 서로 이웃하도록 세우는 방법의 수는?

① 720 ② 840
③ 960 ④ 1080

06
$_nP_2 = 9n$에서
$n(n-1) = 9n$, $n^2 - 10n = 0$
$n(n-10) = 0$
$\therefore n = 10$

07
서로 다른 6개에서 6개를 일렬로 나열하는 순열의 수와 같으므로
$_6P_6 = 6! = 720$

08
구하는 경우의 수는 서로 다른 8개에서 3개를 뽑아 일렬로 나열하는 경우의 수와 같으므로
$_8P_3 = 8 \times 7 \times 6 = 336$

09
학생 A의 당번 날이 정해졌으므로 구하는 경우의 수는 나머지 세 학생 B, C, D를 일렬로 나열하는 경우와 같다. 따라서 구하는 경우의 수는 $3! = 3 \times 2 \times 1 = 63!$

10
남자 3명을 한 사람으로 생각하면 5명이 일렬로 나열하는 방법의 수는 $5! = 120$,
남자 3명이 서로 자리를 바꾸는 경우의 수는 $3! = 6$이므로 구하는 방법의 수는
$120 \times 6 = 720$

ANSWER
06. ③ 07. ③ 08. ② 09. ① 10. ①

11 남학생 4명과 여학생 2명을 일렬로 세울 때, 적어도 한 쪽 끝에 여학생이 오도록 세우는 방법의 수는?
고난도

① 288　② 324
③ 360　④ 432

12 society의 7개의 문자를 일렬로 나열할 때, s와 y 사이에 1개의 문자가 오도록 하는 경우의 수는?

① 1200　② 1300
③ 1400　④ 1500

13 6개의 숫자 0, 1, 2, 3, 4, 5에서 서로 다른 3개의 숫자를 택하여 세 자리 자연수를 만드는 방법의 수는?

① 100　② 120
③ 160　④ 180

14 4개의 문자 a, b, c, d를 한 번씩만 사용하여 사전식으로 배열할 때, 17번째 오는 문자열은?

① $cabd$　② $cbda$
③ $cdab$　④ $dabc$

11

전체 6명을 일렬로 세우는 방법의 수는
$6! = 720$
구하는 방법의 수는 전체 방법의 수에서 양 끝에 남학생이 서는 방법의 수를 뺀 것과 같다.
양 끝에 설 남학생 2명을 뽑는 방법의 수는
${}_4P_2 = 4 \times 3 = 12$
각각에 대하여 남은 4명의 학생을 일렬로 세우는 방법의 수는 $4! = 24$
따라서 구하는 방법의 수는
$720 - 12 \times 24 = 432$

12

s○y를 한 묶음으로 생각하여 5개의 문자를 일렬로 나열하는 방법의 수는 $5! = 120$
s와 y 사이에 1개의 문자를 나열하는 방법의 수는 5
s와 y의 자리를 바꾸는 방법의 수는 $2! = 2$
따라서 구하는 방법의 수는
$120 \times 5 \times 2 = 1200$

13

백의 자리에 올 수 있는 숫자는 0을 제외한 5가지, 십의 자리에 올 수 있는 숫자는 백의 자리에 온 숫자를 제외한 5가지, 일의 자리에 올 수 있는 숫자는 백의 자리, 십의 자리에 온 숫자를 제외한 4가지이므로 구하는 세 자리 자연수의 개수는
$5 \times 5 \times 4 = 100$

14

a□□□ 꼴인 문자열의 개수는
$3 \times 2 \times 1 = 6$
b□□□ 꼴인 문자열의 개수는
$3 \times 2 \times 1 = 6$
ca□□ 꼴인 문자열의 개수는
$2 \times 1 = 2$
cb□□ 꼴인 문자열의 개수는
$2 \times 1 = 2$
따라서 17번째 오는 문자열은 $cdab$이다.

ANSWER
11. ④　12. ①　13. ①　14. ③

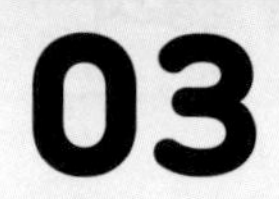

Chapter 03 조 합

2015교육과정으로 바뀌면서 새롭게 추가된 단원입니다. 앞에서 배운 순열에서 순서를 고려하지 않은 것을 조합이라 이해하면 쉽게 이해할 수 있습니다. 다만, 순열에서 출제되는 문제 유형과 조합에서 출제되는 문제 유형이 조금씩 다르므로 차이점을 구별하여 순열과 조합을 각각 적용하면 됩니다.

01 조 합

1 조합의 뜻

서로 다른 n개에서 순서를 생각하지 않고 $r(0 < r \le n)$개를 택하는 것을 n개에서 r개를 택하는 조합이라 하고, 기호로 ${}_n\mathrm{C}_r$와 같이 나타낸다.

2 조합의 수

서로 다른 n개에서 r개를 택하는 조합의 수는

$${}_n\mathrm{C}_r = \frac{{}_n\mathrm{P}_r}{r!} = \frac{n!}{r!(n-r)!} \ (\text{단, } 0 \le r \le n)$$

기초학습 순열과 조합의 관계

세 문자 a, b, c에서 순서를 생각하여 2개를 택하는 경우를 생각해 보자. 순서를 생각한다고 했으므로 이 경우에는 순열을 이용하면 된다. 즉, 순서쌍으로 나타내면 (a, b), (a, c), (b, a), (b, c), (c, a), (c, b)이고, ${}_3\mathrm{P}_2 = 3 \times 2 = 6$이 된다.
만일 순서를 생각하지 않는다고 생각하면 순서쌍 (a, b)와 (b, a)는 결국 a와 b를 택한 것이므로 같은 것이라고 볼 수 있다. 즉, 자리가 바뀐 것을 1가지로 생각하므로 2를 나눈 것과 같다. 즉, 순서쌍으로 나타내면 (a, b), (a, c), (b, c)이고, ${}_3\mathrm{C}_2 = \dfrac{3!}{2!(3-2)} = \dfrac{3!}{2!} = 3$이 된다.

3 조합 $_nC_r$의 계산

(1) $_nC_n = 1$, $_nC_0 = 1$

(2) $_nC_r = {}_nC_{n-r}$ (단, $0 \le r \le n$)

(3) $_nC_r = {}_{n-1}C_{n-r} + {}_{n-1}C_r$ (단, $1 \le r < n$)

기초학습 $_nC_r = {}_nC_{n-r}$인 이유

$$_nC_r = \frac{n!}{r!(n-r)!},\ _nC_{n-r} = \frac{n!}{(n-r)!(n-(n-r))!} = \frac{n!}{r!(n-r)!}$$

r의 값이 커서 계산하기 복잡한 경우 이 공식을 이용하면 간단히 계산할 수 있다.

예 $_{100}C_{98} = {}_{100}C_{100-98} = {}_{100}C_2 = \frac{100 \times 99}{2 \times 1} = 4950$

바로 바로 CHECK√

01 다음을 계산하여라.

(1) $_6C_2$　　(2) $_{10}C_3$

(3) $_5C_0$　　(4) $_8C_2$

02 다음을 계산하여라.

(1) 서로 다른 5개의 연필 중에서 2개를 택하는 방법의 수

(2) 12명의 야구 선수 중에서 대표로 뽑힐 3명의 선수를 선발하는 방법의 수

01 (1) $_6C_2 = \frac{6!}{2!4!} = \frac{6 \times 5}{2 \times 1} = 15$

(2) $_{10}C_3 = \frac{10!}{3!7!} = \frac{10 \times 9 \times 8}{3 \times 2 \times 1} = 120$

(3) $_5C_0 = 1$

(4) $_8C_2 = \frac{8!}{2!6!} = \frac{8 \times 7}{2 \times 1} = 28$

02 (1) 구하는 방법의 수는 서로 다른 5개에서 순서를 생각하지 않고 2개를 택하는 조합의 수와 같으므로

$_5C_2 = \frac{5!}{2!3!} = \frac{5 \times 4}{2 \times 1} = 10$(가지)

(2) 구하는 방법의 수는 서로 다른 12개에서 순서를 생각하지 않고 3개를 택하는 조합의 수와 같으므로

$_{12}C_3 = \frac{12!}{3!9!} = \frac{12 \times 11 \times 10}{3 \times 2 \times 1} = 220$

03 다음 등식을 만족시키는 n 또는 r의 값을 구하여라.

(1) ${}_{n}C_3 = 35$

(2) ${}_{n}C_4 = {}_{n}C_6$

(3) ${}_{n+3}C_2 = {}_{n}C_2 + {}_{n-2}C_2$

03 (1) ${}_{n}C_3 = \frac{{}_{n}P_3}{3!} = 35$이므로

$${}_{n}P_3 = 35 \times 3! = 7 \times 5 \times 3 \times 2 \times 1 = 7 \times 6 \times 5$$

$\therefore n = 7$

(2) $\frac{n(n-1)(n-2)(n-3)}{4\times3\times2\times1} = \frac{n(n-1)(n-2)(n-3)(n-4)(n-5)}{6\times5\times4\times3\times2\times1}$

$\frac{(n-4)(n-5)}{30} = 1$

$(n-4)(n-5) = 30$

$n^2 - 9n - 10 = 0$

$(n-10)(n+1) = 0$

$n \geq 7$이므로

$\therefore n = 10$

(3) $\frac{(n+3)(n+2)}{2} = \frac{n(n-1)}{2} + \frac{(n-2)(n-3)}{2}$

$n^2 + 5n + 6 = n^2 - n + n^2 - 5n + 6$

$n^2 - 11n = 0,\ n(n-11) = 0$

$\therefore n = 11\ (\because n \geq 4)$

02 여러 가지 조합의 수

1 조건이 주어진 조합의 수

조건이 주어진 조합의 수는 다음과 같이 구한다.

(1) 두 개 이상의 집단에서 뽑는 경우

개체수가 각각 m, n인 두 집단 A, B에 대하여 집단 A에서 $p(0 \leq p \leq m)$개, 집단 B에서 $q(0 \leq q \leq n)$개를 뽑는 경우의 수는 ${}_{m}C_p \times {}_{n}C_q$

(2) '적어도 ~인'을 포함한 방법의 수

'적어도 ~인'을 포함한 문제는 순열에서 구한 것과 같은 방법으로 구한다. 즉, 전체에서 '하나도 ~가 아닌'에 해당하는 조합의 수를 뺀다.

2 뽑은 후 나열하는 방법의 수

두 개 이상의 집단에서 각각 몇 개를 뽑아 나열하는 경우는 단순히 순열만 가지고는 구할 수 없다. 이 경우에는 단계로 나누어 계산한다.

(1) 두 개 이상의 집단에서 각각 몇 개를 뽑는 경우에는 조합을 이용한다.

(2) (1)에서 뽑은 것을 일렬로 나열하는 경우에는 순열을 이용한다.

3 직선, 삼각형, 사각형의 개수

(1) 직선의 개수

두 점을 지나는 직선은 오직 한 개이므로 직선의 개수는 두 점을 택하는 방법의 수와 같다. 이때, 일직선 위에 있는 2개 이상의 점으로 만들 수 있는 직선은 오직 1개임에 주의한다.

(2) 삼각형의 개수

삼각형의 개수는 3개의 점을 택하는 방법의 수와 같다. 이때, 일직선 위에 있는 3개의 점으로는 삼각형을 만들 수 없음에 주의한다.

(3) 사각형의 개수

사각형은 보통 평행선들이 주어진 상태로 제시되는데 가로로 평행한 m개의 직선과 세로로 평행한 n개의 직선이 있을 때 각각의 평행선에서 2개씩 택하면 평행사변형이 만들어지므로 만들 수 있는 평행사변형의 개수는 ${}_mC_2 \times {}_nC_2$이다.

바로 바로 CHECK√

01 서로 다른 교과서 6권과 서로 다른 자습서 5권이 들어 있는 가방에서 4권을 꺼내려고 한다. 다음을 구하여라.

(1) 교과서 2권과 자습서 2권을 꺼내는 방법의 수

(2) 교과서를 3권 이상 꺼내는 방법의 수

(3) 교과서와 자습서가 각각 적어도 한 권씩 포함되도록 꺼내는 방법의 수

02 다음을 각각 구하여라.

(1) 남자 3명과 여자 4명 중에서 남자 2명과 여자 3명을 뽑아서 일렬로 세우는 방법의 수

(2) 8명 중에서 A와 B를 포함한 5명을 뽑아서 일렬로 세울 때, A, B 두 사람을 서로 이웃하게 세우는 방법의 수

01 (1) 서로 다른 교과서 6권 중에서 2권을 꺼내는 방법의 수는 ${}_6C_2 = \frac{6\times5}{2\times1} = 15$ 이고, 서로 다른 자습서 5권 중에서 2권을 꺼내는 방법의 수는

${}_5C_2 = \frac{5\times4}{2\times1} = 10$이므로 구하는 방법의 수는 $15 \times 10 = 150$

(2) 1) 교과서 3권, 자습서 1권

구하는 방법의 수는

${}_6C_3 \times {}_5C_1 = \frac{6\times5\times4}{3\times2\times1} \times 5 = 100$

2) 교과서 4권, 자습서 0권

구하는 방법의 수는

${}_6C_4 \times {}_5C_0 = {}_6C_2 \times 1 = \frac{6\times5}{2\times1} = 15$

1), 2)는 동시에 일어나지 않으므로 구하는 방법의 수는 $100 + 15 = 115$

(3) 전체 11권 중에서 4권을 꺼내는 방법의 수는 ${}_{11}C_4 = \frac{11\times10\times9\times8}{4\times3\times2\times1} = 330$

교과서만 4권 꺼내는 방법의 수는

${}_6C_4 = {}_6C_2 = \frac{6\times5}{2\times1} = 15$,

자습서만 4권 꺼내는 방법의 수는

${}_5C_4 = {}_5C_1 = 5$

따라서 구하는 방법의 수는

$330 - 15 - 5 = 310$

02 (1) 남자 3명 중에서 2명을 뽑는 방법의 수는 ${}_3C_2 = 3$, 여자 4명 중에서 3명을 뽑는 방법의 수는 ${}_4C_3 = 4$

이때, 뽑힌 5명이 일렬로 서는 방법의 수는 $5! = 120$이므로 구하는 방법의 수는 $3 \times 4 \times 120 = 1440$

(2) 8명 중에서 A, B를 포함한 5명을 뽑는 방법의 수는 A, B를 제외한 6명 중에서 3명을 뽑는 방법의 수와 같으므로

${}_6C_3 = \frac{6\times5\times4}{3\times2\times1} = 20$

뽑힌 5명 중에서 A와 B가 서로 이웃하게 선다고 했으므로 한 사람으로 생각하여 4명이 일렬로 서는 방법의 수는 $4! = 24$, A와 B가 자리를 바꾸는 방법의 수는 $2!$이므로 구하는 방법의 수는

$20 \times 24 \times 2 = 960$

03 **다음 그림과 같이 반원 위에 7개의 점이 있다. 다음을 각각 구하여라.**

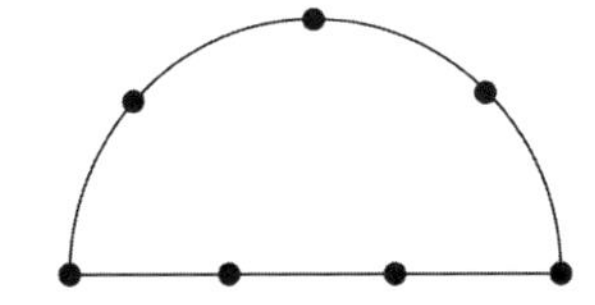

(1) 두 점을 연결하여 만들 수 있는 서로 다른 직선의 개수

(2) 세 점을 꼭짓점으로 하여 만들 수 있는 삼각형의 개수

04 **다음 그림과 같이 4개의 평행선과 6개의 평행선이 만날 때, 이 평행선으로 만들어지는 평행사변형의 개수를 구하여라.**

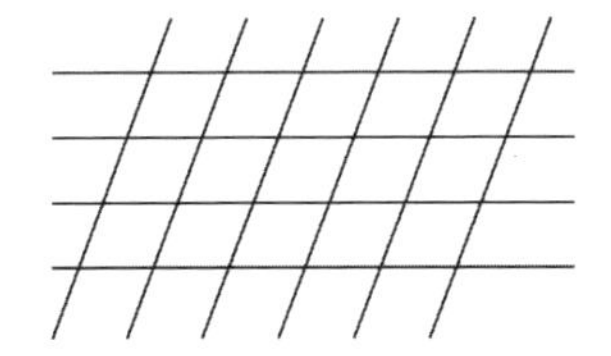

03 (1) 7개의 점 중에서 2개를 택하는 방법의 수는 ${}_7C_2 = \frac{7\times6}{2\times1} = 21$

일직선 위에 있는 4개의 점 중에서 2개를 택하는 방법의 수는

${}_4C_2 = \frac{4\times3}{2\times1} = 6$

이때, 일직선 위에 있는 점으로 만들 수 있는 직선은 1개이므로 구하는 직선의 개수는 $21 - 6 + 1 = 16$

(2) 7개의 점 중에서 3개를 택하는 방법의 수는 ${}_7C_3 = \frac{7\times6\times5}{3\times2\times1} = 35$

일직선 위에 있는 4개의 점 중에서 3개를 택하는 방법의 수는

${}_4C_3 = 4$

따라서 만들 수 있는 삼각형의 개수는 $35 - 4 = 31$

04 가로로 평행한 평행선 4개 중에서 2개를 택하는 방법의 수는

${}_4C_2 = \frac{4\times3}{2\times1} = 6$

세로로 평행한 평행선 6개 중에서 2개를 택하는 방법의 수는

${}_6C_2 = \frac{6\times5}{2\times1} = 15$

가로로 평행한 평행선 2개와 세로로 평행한 평행선 2개를 택하면 평행사변형 1개가 만들어지므로 구하는 평행사변형의 개수는

$6 \times 15 = 90$

실력 탄탄 다지기

실전 예상문제

01 $_8C_3$의 값은?

① 28　② 56
③ 70　④ 84

02 $_5C_1 + {_5C_2}$의 값은?

① 5　② 10
③ 15　④ 20

03 등식 $_nC_3 = {_nC_4}$를 만족시키는 자연수 n의 값은?

① 5　② 6
③ 7　④ 8

04 등식 $_nP_2 - {_7C_2} = 21$을 만족시키는 자연수 n의 값은?

① 6　② 7
③ 8　④ 9

01

$$_8C_3 = \frac{8\times7\times6}{3\times2\times1} = 56$$

02

$$_5C_1 + {_5C_2} = 5 + \frac{5\times4}{2\times1} = 5 + 10 = 15$$

03

$_nC_3 = {_nC_4}$에서

$$\frac{n(n-1)(n-2)}{3\times2\times1} = \frac{n(n-1)(n-2)(n-3)}{4\times3\times2\times1}$$

$1 = \frac{n-3}{4}$, $n-3=4$　$\therefore n=7$

04

$_nP_2 - {_7C_2} = 21$에서

$n(n-1) - \frac{7\times6}{2\times1} = 21$,

$n^2 - n - 42 = 0$

$(n+6)(n-7) = 0$

$\therefore n = 7$

ANSWER

01. ②　02. ③　03. ③　04. ②

05 6명의 학생 A, B, C, D, E, F중에서 임의로 대표 2명을 뽑는 경우의 수는?

① 15 ② 20
③ 30 ④ 40

05

구하는 경우의 수는 서로 다른 6개에서 순서를 생각하지 않고 2개를 택하는 조합의 수와 같으므로

$_6C_2 = \frac{6\times5}{2\times1} = 15$

06 남학생 5명, 여학생 6명 중에서 대표 3명을 뽑을 때, 남학생 2명과 여학생 1명을 뽑을 경우의 수는?

① 45 ② 50
③ 55 ④ 60

06

남학생 5명 중에서 2명, 여학생 6명 중에서 1명을 뽑아야 하므로 구하는 경우의 수는

$_5C_2 \times {_6C_1} = \frac{5\times4}{2\times1} \times 6 = 10 \times 6 = 60$

07 남학생 4명, 여학생 5명 중에서 대표 3명을 뽑을 때, 적어도 한 명은 여학생을 뽑는 경우의 수는?

① 60 ② 72
③ 80 ④ 84

07

전체 9명 중에서 대표 3명을 뽑는 경우의 수는 $_9C_3 = \frac{9\times8\times7}{3\times2\times1} = 84$

대표 3명 중에서 여학생이 한 명도 포함되지 않은, 즉 남학생만 3명을 뽑는 경우의 수는 $_4C_3 = 4$

따라서 구하는 경우의 수는 $84 - 4 = 80$

ANSWER

05. ① 06. ④ 07. ③

08 어느 세 점도 한 직선 위에 있지 않은 5개의 점 중 세 점을 꼭짓점으로 하는 삼각형의 개수는?

① 4　② 6
③ 8　④ 10

09 다음 중 옳지 않은 것은? (단, $n \geq 2$)

① ${}_nC_r = {}_nC_{n-r}$　② ${}_nC_r = \frac{{}_nP_r}{r!}$
③ ${}_nC_n = 1$　④ ${}_nP_n = 1$

08

어느 세 점도 한 직선 위에 있지 않으므로 구하는 임의의 세 점을 택하면 삼각형 1개가 결정된다. 따라서 삼각형의 개수는

${}_5C_3 = \frac{5\times4\times3}{3\times2\times1} = 10$

09

④ ${}_nP_n = n!$
$= n \times (n-1) \times \cdots \times 2 \times 1$

ANSWER
08. ④ 09. ④

고졸 검정고시 **수학**

2025년 1월 10일 개정6판 발행
2017년 1월 9일 초판 발행

편 저 자 검정고시 학원연합회
발 행 인 전 순 석
발 행 처 정 훈 사
주 소 서울특별시 중구 마른내로72, 421호
등 록 제2014-000104호
전 화 737-1212
팩 스 737-4326